北一輝
Kita Ikki

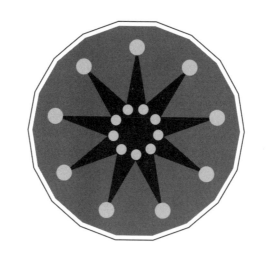

董炯明、王敬翔 譯

支那革命的真相

——來自日本的視角與立場

《支那革命的真相》，譯自北一輝的《支那革命外史》前十四章。原書共二十章。作者於一九一五年寫了前八章，以《支那革命外史》書名出版，次年增補了第九章至十九章；再後來出增訂本，又多寫一章，如是而成二十章的洋洋大著。八旗翻譯的版本，因為某種原因而非常遺憾地省略了後面六章——主要是北氏的政論，包括日支同盟、抗俄、論東洋的共和政治、武力統一、日美同盟等等。這六章也非常精彩，更是把辛亥革命放到更大的國際格局下去思考，也體現了北一輝本人的政治理想。當然，真實的歷史並沒有按照北一輝的設想而發展。

——編輯說明

目錄

導讀

北一輝的思想和
影響近代日本的《支那革命外史》

文／六辻彰二（橫濱市立大學講師）
譯／董炯明，審校／日吉秀松

序

在戰前、戰時的日本思想家當中，像北一輝這樣的奇特人物，堪稱鳳毛麟角——這不僅在於他那些以文語體（Classical Japanese Language）這種獨特體裁書寫的著作，更在於其曲折的人生經歷。

北一輝原名北輝次郎，幼名輝次，一八八三年四月三日生於新潟縣佐渡市。十七歲時，他從佐渡中學（現新潟縣立高等學校）退學，之後便刻苦自學。作為自學的成果，在二十三歲那年，即一九〇六年五月，北一輝自費出版了旨在批判日本天皇制的《國體論與純正社會主義》（以下簡稱《國體論》），但是五天後該書即被政府以「對天皇不敬」的理由禁止銷售。儘管受到當局的監視，他仍於同年十一月，在宮崎滔天的介紹下加入「革命評論社」，又於十二月成為「中國同盟會」的會員。就在這個時候，北一輝邂逅了宋教仁。辛亥革命爆發後的一九一一年十一月，他接受宋教仁的邀請，以黑龍會首名外派人員的身份而前往中國。但是，一九一三年三月宋教仁不幸遭到暗殺，該年四月份，上海的日本總領事勒令北一輝回國，並且在其後的三年內不得踏足中國土地。回國後北一輝專心撰寫《支那革命外史》[1]（以下簡稱《外史》），於一九一五年十二月和一九一六年四月兩次送印，並向各方派發（其增補版則在一九二一年十一月二十五日，由內海文宏堂書店發行）。與此同時，他的名字也改為具有中國色彩的「一輝」。

一九一六年六月，北一輝再度回到上海。凡爾賽和約簽訂後，在五四運動的熱潮中，北一輝抱著「徹底改變日本」的宗旨，於一九一九年八月發表《國家改造案原理大綱》（以下簡稱《原理大綱》）。同年十二月，他接受猶存社的滿川龜太郎、大川周明等人的邀請而回到日本。一九二〇年一月，北一輝對《原理大綱》的部份內容做了修改，易名為《國家改造法案大綱》（以下簡稱《改造法案》）並印刷散發（該書在刪除部份文字後於一九二三年再版）。一九二三年，他又發表了《斥責越飛君的公開信》（ヨッフェ君に訓ふる公開狀），嚴詞批判蘇聯的外交政策。由於大川等人頗重視與莫斯科的關係，因此他們與北一輝反目，猶存社也隨之而解散。此後，北一輝與弟子西田稅（曾擔任日本陸軍少尉）一起，牽涉安田共濟事件[2]、宮內省怪文書事件[3]等，暗中活躍於政經界的背後。一九二七年，西田稅聯合他在陸軍士官學校的後輩大藏榮一、管波三郎等人，成立天劍黨；並且與倡導改造國家體制、成員以陸海軍年輕士官為主的血盟團展開緊密合作。由於西田稅的積極宣傳，認為寡頭統治制度使貧困和壓迫在日本社會蔓延、因而對其持批判態度的這些年輕軍官們，開始研讀北一輝的《外史》和《改

北一輝肖像。他在十六歲時患嚴重眼病，導致其右目失明。

造法案》。作為其後果，一九三六年，提出「昭和維新」口號的年輕軍官們發動了二．二六政變，而北一輝本人在事後受到牽連而遭逮捕，翌年八月十九日，他被軍法會議以這場政變的思想主導犯起訴，之後被處決。

僅僅從以上所述的簡歷，我們已可明白北一輝的生涯與二十世紀上半葉的日本歷史是如何的密切相關。而且，日本政府直至戰後長期沒有解除對其著作之禁售處分，這也成為許多人關注北一輝的原因。事實上，丸山真男、三島由紀夫、松本清張等眾多代表著戰後日本社會思潮的知識分子和作家，都試圖超越他們的意識形態立場，對北一輝作出評價。

談論北一輝的思想時，人們最經常思考的問題是：「北一輝屬於右派還是左派」以及「北一輝是立場一以貫之的人？還是不斷改變其看法的人」。關於前一個問題，丸山真男認為北一輝是「日本法西斯主義的教祖」[4]；而作為馬克思主義者的瀧村隆一，則認為「至少在把握近代社會政治思想的根本原理、也就是『國家』與『社會』的結構關連方面，基本不懂外文的北一輝比起那些掌握多門語言的學院派『進步』學者，更加忠實地表達和繼承了科學社會主義。」[5]關於後一個問題，松本清張論斷說：「北一輝以社會主義者始，以國家主義者終。」[6]而渡邊京三卻認為「其實，北一輝是自始之終隱藏著法西斯本質的『共同社會』主義者。」[7]總之，雖然可以看到北一輝的思想變化，但也不難發現他政治立場的連貫性。

之所以出現如此莫衷一是的評價，主要原因恐怕是由於北一輝在寫作文字的當時，有著逃避當局審查或者招募革命支持者的需要。因此，他著作中的要點往往有意沒有直截了當的表現出來，特別是後面要講到的、關於北一輝主張廢除天皇制的論述，可以發現他的思想乃是揉合多种要素的大雜燴，隨著不同時期而發生變化，正如北一輝在軍事法庭上自白的那樣，即使他的思想「一以貫之」，但具體的著力點也是不斷轉移的。而在這種轉移當中，《外史》成為決定性的契機。以下，筆者將用有限的篇幅，探討《外史》所顯示出的轉機，以及它對近代日本的影響。

1 北一輝出生的時代

◎社會主義的傳入

任何一種思想，其產生都與當時的政治、經濟、社會等狀況有關，而它也受到在此之前產生的思想的束縛，所以，北一輝的思想，也必然與他當時身處之環境密切相連。正如下一節將要討論的那樣，北一輝的思想，表現出特別濃厚的社會主義和國家主義色彩。而作為討論之前提，有必要先梳理在北一輝撰寫他最初的重要著作《國體論》之前、也就是十九世紀末至二十世紀初的日本歷史位相與思想史背景。

這一時期的日本，正在發展為近代國家，國內外的各種矛盾衝突紛至沓來，與此同時日本社會也迎來了思想的變革期。一八八九年的《大日本帝國憲法》與翌年《教育詔敕》的頒布，鼓吹日本乃是由萬世一系之現人神——天皇統治的國家的所謂「國體論」於是成為正統意識形態，同時政府日益強化思想管制，因此使得在明治維新之後發展起來的自由民權運動迅速陷入低潮，自由主義者、社會主義者、基督教徒等群體都不得不強調他們的思想信條與「國體論」並不矛盾。

在思想持續受壓廹的同時，日本取得日清戰爭的勝利，政府以清國賠款作為資本而設立八幡製鐵所等國營工廠，這加速了日本的工業化。而隨著資本主義經濟的發達，工人的生活變得日益困苦，由此引起的罷工事件頻頻發生。作為高峰期的一八九八年，罷工在全國多達四十三起。一八九九年日本政府頒布「治安維持法」，對工人運動加以限制，此後罷工次數逐漸減少。[8]

在這樣的時代背景下，作為最嚴厲批判既有體制的意識形態——社會主義，從一八九〇年代末期起，在知識分子中得以普及。一八九七年四月，日本第一個社會主義團體「社會問題研究會」成立，翌年十月又成立了「社會主義研究會」，一八九九年其會長村井知至出版日本最早的社會主義教科書《社會主義》，這對社會主義思想的普及貢獻卓著。一九〇一年五月，「社會主義研究會」改組為日本最早的社會主義政黨——「社會民主黨」。可是，「社會民主黨」在成立當日就遭到解散，這意味著日本的社會主義運動從一開始遭到政府的強力鎮壓。

◎國家主義的高漲

從這樣的思路來分析，日清戰爭成了社會主義在日本普及的開端；但是另一方面，這場日本近代的第一次對外戰爭，也成為在日本人當中廣泛喚起民族主義情感的契機。尤其是一八九五年在俄國、法國、德國三國干涉之下，日本不得不歸還此前根據《馬關條約》而獲得的遼東半島，此一事態大大刺激了民眾的愛國情緒。國體論作為正統意識形態的強制力也隨之而進一步強化，這期間東京帝國大學的教授穗積八束提出「天皇主權說」，這論述給國體論塗上厚厚的學術色彩。

但是，隨著近代國家體制的確立，元老們以及新崛起的政府官僚、軍隊士官、資本家等人掌握了實際的政治權力，而這種狀況使得作為理論的國體論與政治現實產生巨大的落差。自由民權運動退潮後，在藩閥政治，官僚制度、資本主義的同時急速發展下，日本社會變得多元化了。這其中，那些為征韓論尋求理論依據的部份前民權論者，作為積極鼓吹國體論的勢力而冒起。集合在以頭山滿為中心的玄洋社（一八八一年成立）、由其弟子宮崎滔天組織的黑龍社（一九〇一年成立）麾下的「支那浪人」就是典型。他們中的大多數人，在信奉復古的皇室中心主義和民族主義的同時，提出驅逐西方列強、在亞洲確立以日本為中心的所謂大亞洲主義秩序。

而在另一方面，在一八九〇年代的日本，不以皇室中心主義為重點的保守主義潮流，也開始滲透到中間階層。這種潮流，以「近代化的普遍性」概念來替代象徵天皇制的「日本特殊性」，也就是說採用近代的政治思考模式。被認為代表了明治時期新聞記者界的德富蘇峰，就是這種潮流的象徵人物。

由德富蘇峰主持的民友社所發行之《國民之友》在一八八〇年代積極倡導「歐化」，而以具有近代國民意義的「國粹」為志向、以陸羯南為中心的政教社則發行雜誌《日本》，兩者都旨在爭奪以中間階層青年為主的讀者群。但是，已「歐化」的日本卻被歐美列強所排擠，受到三國干涉還遼事件的衝擊，為了揚棄近代化這種普遍潮流與日本特殊性的背離，超然於民族國家之上的意識因而成為主流。[9]給日本帶來近代化的西方列強就這樣變成了威脅日本獨立性的存在，而在這種帝國主義肆虐的時代背景下，替擁有絕對權力的日本政府尋找邏輯和規範化意義的國家主義理論也興旺起來。其結果是，即便在新聞界，也能聽到國家主義的論調，它不再是什麼不可思議的事。

就在這個日本大變動時期，北一輝迎來了他的青年時代。據當時與北一輝同住在佐渡中學宿舍、他的弟弟北昤吉的說法，在聰敏早慧的北一輝的書架上，放著《國民之友》

雜誌。一九〇一年——也就是北一輝從佐渡中學退學後的翌年，他從家中不辭而別、前往東京。這時候，北一輝邂逅了日本社會主義運動的其中一位核心人物幸德秋水，這成為他開始熱衷於社會主義的契機。在下一節，我們將討論在這樣的時代背景和思想潮流之下所產生的北一輝之思想的概略。

2 北一輝的思想沿革

◎來自浪漫主義的影響

北一輝在猶存社的同志滿川龜太郎說：「北君既討厭所謂的社會主義，也厭惡皇室中心主義。」[10]確實，北一輝的思想包含著幾個側面。以下，僅根據他最初的重要著作《國體論》，探討其思想之沿革。

若斗膽將其思想加以概括，不妨說北一輝這一時期的思想底色乃是「人的解放」。他在《國體論》中寫道：「歷史的進化在於個體人格的覺醒」[11]，「個人自由被蹂躪的國家無法進入世界文明之林，那麼，作為國家單位進行生存競爭必處於劣勢」[12]，由此可見北一輝非常強調個人的自由。正如前面所述，一八八〇年代以降的日本，政府進一步強化了對民眾思想信仰自由和言論自由的壓制。在這樣的環境下，北一輝對抑制個性發揮的國家和社會的種種弊端加以強調，並提出廢除包含華族制度在內的身份差別制度，直至鼓勵自由戀愛等各種大膽舉措的主張。毋寧說，它與明治時期在日本文學界產生的浪漫主義相通相連。

在這裡，我們不妨探討一下浪漫主義與北一輝的關聯性。伴隨自由民權運動的退潮，一八九〇年代起陸續出現把政治思想的批判鋒芒運用在文學中的人物，其中以二葉亭四迷為代表的一群寫實主義作家，描寫了雖然已實現近代化卻依然彌漫著封建風潮、並由於在這樣的社會中生活而感到苦惱的近代人的醒覺。與此相反，以尾崎紅葉、幸田露伴等人為代表的所謂浪漫主義作家們，雖然也描寫近代化與封建制度混雜的社會是如何不公正，但他們的文字重點則是積極肯定人類本身所擁有的力量[13]。例如在尾崎的書中，往往有著對性格懦弱者拔刀相助的充滿「俠氣」的人物。片岡良一認為這反映了以解放人類為目標的浪漫主義文學特徵[14]。另一方面，在詩歌領域，以與謝野鐵幹、晶子夫婦為中心，於一九〇〇年創刊的《明星》也不可忽視。《明星》雖特別強調藝術至上主義，但在拒絕資本主義文化和封建形式道德方面，與尾崎一派也是聲氣相通[15]。

這樣的浪漫主義文學，是不可能不對正處於青春期的北一輝產生影響的。據前面提到的北昤吉所說，中學時代北一輝喜歡閱讀的書籍中，就有尾崎紅葉全集和幸田露伴全集[16]。不僅如此，在他從佐渡中學退學的翌年（即一九〇一年），北一輝還寫了短歌[17]向《明星》投稿，其中有兩首獲得採用。由此可見，北一輝深受明治時期浪漫主義文學的影響。

◎依靠國家解放人

但是，與試圖用浪漫主義情懷以達致《萬葉集》所描述的自由、樸素的人類精神的《明星》及其他刊物不同，北一輝旨在利用國家的力量來解決近代社會的各種矛盾。我們可以藉由《國體論》關於國家制度的評論而確認這一點。

北一輝把日本歷史上的政體分類為：天皇掌握絕對權力的君主國家（從大化革新到平安時代末期），天皇接受形式上的擁戴、但由軍事強人掌握實際權力的貴族國家（從鎌倉時代到江戶時代），然後是基於近代憲法、天皇僅僅作為名義元首的民主國家。這樣的分類，正如北一輝本人也承認的，是受到當時剛傳入日本、馬克思等人主張的社會進化論的深刻影響。由於遵循人類社會的普遍進化法則，並導入規定「國家並非由擁有特定血統的個人所私有」的憲法，北一輝把明治維新以降的日本稱為「民主國家」。

按照北一輝的理論，國家必需具有法律上的人格，所以天皇的地位和權限是被認可的。但在《國體論》中，天皇被定位於「具有特權的國家一分子」[18]，否定了當時作為主流觀點的視天皇為「家長」、民眾為「赤子」的家族國家觀。這就是說，北一輝的理論，其實等同於所謂的「天皇機關說」[19]，因為它的邏輯結論是：「若不被國家認可，天皇的權限是可以被剝奪的」。所以，雖然北一輝沒有明說，但從其理論的邏輯延伸，不難解讀出「廢除天皇制」的意思[20]。關於這一點，筆者在此不打算作進一步的討論，但從以上所述，至少可以明白北一輝與堅持皇室不容侵犯原則的多數支那浪人之間的差異了。

總之，在《國體論》中，北一輝對於明治維新後的日本雖然從法理角度而言已成為「不屬於某人私有物的國家」、但實態並非如此的這種狀況予以猛烈抨擊。明治維新所宣揚的「萬機應決於公論」和「人人平等」精神徒具形式，元老、藩閥政治家、官僚、資本家、地主等霸占了政治權力和經濟特權。而作為明治政府主流意識形態的國體論，不過是一塊掩蓋這些醜行的遮羞布。北一輝在書中寫道：「所謂皇室在二千五百年間持續受到擁戴的這種日本歷史結論純屬虛構。」[21]將國體論作為正統意識形態，從而對特權階級將國家私有化的行為加以合理解釋，他對這樣的做法並不贊同。北一輝特別強調，必須利用國家力量來禁止寡頭們的恣意支配。由此可以看出，「依靠國家解放人」是北一輝思想的主旋律。

不過，北一輝並非無條件的鼓勵個性的自由解放。北一輝認為，個人於社會中生存、因此前者是後者的一分子。北一輝還進一步寫道，國家就是「被當今的地理範圍所限定的社會」[22]，它是「以被空間隔開的人作為分子的大個體。也即由各個個體以其本身的目的生存和進化結合而成的有機體。」[23]這就是說，在北一輝看來，國家與社會並非互不相屬，而個人也與它們同時存在有機的連結。從這樣的觀點出發，北一輝把僅僅以自利為目的、因此可能給社會帶來混亂的個人主義叫做「極端個人主義」，它與過分強調社會重要性而壓抑個人的「極端社會主義」，兩者都是應該被否定的。

所以，北一輝主張每個人都必須顧及自己和包含自己在內的社會整體兩方面的平衡，試圖以此來緩和個人與社會的緊張關係。「每個個體，在具有作為個人的個體意識的同時，也應具有作為社會一分子的社會之個體意識。」[24]北一輝把每個人都有的利己心和公益心分別叫做「小我」和「大我」，雖然歸根究底應該是後者優先於前者，但對前者的尊重則有利於促進社會的進化。「吾人之純正社會主義提倡為了社會進化應當尊重個人自由，這不是說在思想信仰方面存在原始的先天性的個人之獨立自由，而是為了社會的進化，懷抱尊重個人自由的社會良心，容許思想之獨立和信仰之自由。」[25]按照這樣的理論，只要順應國家、社會的發展，就容許個性的發揮。所以，北一輝的思想基底，乃認為國家與社會處於比個人優先的地位。

不僅如此，北一輝認為個人意志最終必定會自然地與整體意志調和。「個人是社會的一分子，社會由個人組成，那麼，個人的目的自然而然就是社會的目的了。」[26]如此說來，個人不會單純地受到整體的壓迫，因為前者能夠自發地與後者保持一致——北一輝的後期著作進一步明顯地表現出極權主義的傾向。關於這一點，下一節再做論述。

◎與當時的社會主義者之差異

就這樣，《國體論》主張構築能夠發揮個性的社會。但妨礙北一輝這種設想的最大原因是經濟上的貧富差距。正如前所述，以日清戰爭為契機，日本的工業化開始急速發展，但需要膨大經費的日俄戰爭雖然給一部份資本家帶來利益，卻讓多數國民的生活變得更加窮困。「吾人成為與土地一起可供買賣的農奴，或被工資束縛的奴隸。叫做地主的黃金貴族[27]持土地為己有，把吾人當做莊稼漢；叫做資本家的經濟藩侯占據稱之謂工廠的封建城堡，把吾人變成了市井小民。」[28]資本家和地主不僅支配了大多數人的經濟收入，而且讓尊貴的議員們也成為他們的傳聲筒。北一輝把這種狀態叫做「經濟家長國」。為了維護明治維新的精神和恢復受《大日本帝國憲法》保障的個人財產權，北一輝認為必須在日本發動「第二革命」。他提議實行國家整體的托拉斯化，用這樣的辦法，在大大提高生產力的同時，也能有效地打破多數人在經濟上被控制的狀態。

不僅提出改善貧富差距和實行計劃經濟，還包含接受前述的社會進化論的影響，可以確認北一輝的思想基本上與以幸德秋水為代表的當時大多數日本社會主義者是相通的。但是，北一輝本人卻堅決與其他社會主義者劃清界線。雙方主要存在著三大差異。

第一個差異是對「平等」的認識，北一輝對於「把富者的利益分配給貧者」的所謂「平均主義」並不贊同，他的看法是：「社會的進化在於個人在社會階層的級別遞進，漸漸地從下層進化至上層」。因此，北一輝想實現的目標是：「讓現今的佃戶和工薪勞動者都能在經濟上實現像貴族一般的幸福，與此同時在政治德性方面也得到提升，從而進化到全社會的貴族主義。」[29]對他而言，所謂平等，乃在於保障每個人都有機會因應其個性和能力，而得以充分發揮其作用。

第二個差異在於如何展開「第二革命」，北一輝很重視國家的職責。而像幸德秋水這些當時的日本社會主義者，由於受到激進工會主義和虛無主義的影響，多數都傾向於無政府主義。早在符拉基米爾．列寧發動革命的十一年之前，北一輝就指出可以經由國家組織實現社會主義。不過，在《國體論》中，作為「第二革命」的手段，只是推行普選制度而已。所以至少在這個時候，北一輝尚不鼓吹暴力革命。「投票是最能反映社會勢力的革命途徑，是比炸彈和罷工更健康正確且可以升上理想之階的光明大道。」[30]更值得我們注意的是，關於如何進行「第二革命」，北一輝也不看重由工會領導的、伴隨暗殺等暴力行為的群眾運動。對於重視國家和社會整體性的北一輝來說，階級鬥爭甚至是可以被拋棄的。

第三個差異在於對國際形勢的分析。具體來說，持批判帝國主義立場的幸德秋水及其他大多數日本社會主義者都反對日本與俄國開戰，與此相反，北一輝從國防觀點出發，支持這場戰爭。更有甚者，北一輝視帝國主義為「以征服吞併的形式促進社會進化」的力量[31]，承認國家為了社會進化必須進行生存競爭。由此可見，北一輝的思想立場與當時日本社會主義的主流思潮是格格不入的。

不過從另一方面來看，北一輝對於帝國主義也不是一味讚揚而不加批判。「如果對忘卻當今世界之大我，一切行動只以國家的小我為中心的帝國主義者予以褒揚，那實際上就是國家犯下了無視社會倫理制度的罪行。」[32]北一輝還提出「世界聯邦」可作為實現世界整體進化的路徑。「……現今國家之間的競爭，仍然採用外交上的陰謀詭計和殺人放火等戰爭行為。展望未來，可以用投票來代替階級鬥爭。那就是世界聯邦制了。」[33]我們從北一輝對個人與國家、社會的關係之議論可以看出，他提出的「小我」雖應得到尊重但最終應以「大我」為優先的主張，也可援用於個別國家與國際社會的關係。也就是說，按照北一輝的邏輯，強調國家之「小我」的帝國主義，也應讓位於世界人類進化的這個「大我」。如是這般，我們從《國體論》可以看出，北一輝的思考，在專注於策劃日本第二革命的同時，也不忘關注世界革命的部分。[34]

3 伴隨「武力」的國家改造

◎《外史》所展現的立場轉換

前面簡單介紹了《國體論》的相關觀點，但到了北一輝約在這九年後發表的第二部主要著作《支那革命外史》中，則有了很大的轉變。《外史》是北一輝的辛亥革命見聞錄，也是他關於革命理論的著作，更是其向日本政府提出的對華政策建言書。這裡頭，特別是關於第二方面，正如荻原稔指出的那樣，《外史》的的前半部分內容，即第一章至第八章，與後半部分內容（第九章至第二十章）[35]的論調截然不同。[36]大致上來說，《外史》的前半部分主張近似於《國體論》，而它的後半部分則與之後發表的《改造法案》大有關聯。

如前所述，《外史》在一九一五年十二月與一九一六年四月分兩次印刷，分發各方。象徵大正民主主義的民本主義者吉野作造在讀過《外史》的前半部份之後，甚至特地親自登門拜訪北一輝。由此可見其內容引起了時人的不少關心和讚賞。但是對於《外史》的後半部份，吉野的態度就完全相反，他指出：「……前半部寫得非常之好，被認為是近來的『名論』，我本想在國家學會雜誌上對此暢談一番，可是後半部與我的觀點相左，故最後決定不予置評，實在令人遺憾。」[37]

之所以分為兩次發表，乃因為在最初針對一九一五年十二月袁世凱提出的稱帝計劃，中國各地的都督聯合而成「護國軍」，發起了所謂的「三次革命」。為了配合三次革命，北一輝忙於為訪日的譚人鳳與大偎內閣的交涉奔波牽線，故一時中斷了《外史》的寫作，為此，就把已寫好的前八章以《外史》前半部份的名義印刷。然後，當一九一六年三月袁世凱宣布撤回稱帝計劃，北一輝繼續寫作，完成了《外史》的後半份。荻原認為，「三次革命的意外成功」給北一輝的革命思想帶來巨大的影響。[38]正如《外史》的後半部份所寫的那樣：「國民因此而聽到了神的聲音，那就是進行『討袁革命』」[39]，北一輝開始強調超自然的「天意」是革命的重要因素了。[40]顯然，這與他在《國體論》中所鼓吹的象徵社會進化論的個體理性與道德正當性觀念大相逕庭。

順理成章，《外史》的後半部分明顯傾向於暴力革命。例如，在《國體論》中被全面否定的暗殺，在這裡則被視為推動革命的巨大動力。北一輝強調，袁世凱在北京受到炸彈襲擊，雖然好運拾回一命，但因此而加速了袁氏廢絕清朝帝制的決心。「作為傾頹的亡國階級代表者，袁氏不再拾起掉在路邊的良心，只是將肉體載在馬車上便逃之夭夭。即便有日英兩國作後盾使他在外交上取得成功，但仍不足以緩和一枚炸彈帶來的戰慄。袁世凱決定不再做忠臣義士了。」[41]北一輝在《國體論》受到禁售處分後的一九〇六年，曾以「外柔」筆名在革命評論社的雜誌《革命評論》上發表《自殺與暗殺》一文，在這篇文章中，他預見到當局的言論控制和思想彈壓必然導致暗殺的橫行。而在《外史》的後半部份，則更加積極肯定暗殺可以作為革命的有效手段。

◎反自由主義的加速

隨著對人類理性的日益懷疑，北一輝革命理論中的反自由主義色彩也日漸濃厚起來。如前所述，在《國體論》中，北一輝強調實行普通選舉可作為日本第二革命的手段，即便在《外史》的前半份，也有「東方共和政體」的記述，期待議會政治。自認為是宋教仁戰友的北一輝，看過就任臨時政府法制局總裁的宋教仁等人所起草的「中華民國臨時約法」，它類似法國的第三共和制，大總統只限於儀典方面的職務，議會擁有很大的權力。北一輝把這樣的體制叫做「東方的共和政體」，他對由民選議會掌握實質權力的體制予以肯定的評價。事實上，在《國體論》中，北一輝曾樂觀地認為實行普通選舉可消除因為半封建的陋習和資本主義經濟引起的貧富差距，並有效打破一部份特權階級（北一輝稱之為「亡國階級」）對政治權力的壟斷。

但是，到《外史》的後半部份，北一輝明顯懷疑通過國民的廣泛政治參與來進行第二革命的做法，取而代之的是以拿破崙為例，鼓吹會導致流血的武裝政變。「拿破崙乃自由主義之狂熱追隨者。但是，當議會被反動勢力占據時，就要毫不猶豫，敢於武裝起義……若作為執政官的拿破崙不進行武裝政變，任由大多數保皇黨投票表決，就會發生復辟中世紀體制的反動。共和政治的本義即在於此。」[42]

反自由主義的調門升溫了，並且強調革命中的權力一元化。北一輝認為，中間階層的增加和個體自由的普及不會導致革命，只有革命才能孕育社會自由和肩負個體自由的中間階層。[43]基於這種理論，與《外史》的前半部份不同，在後半部份，北一輝認為在國民的「自由覺醒度」不夠充分的中國，要成功實現東方共和政體，必須借助於某種天縱之才，猶如蒙古帝國的英雄窩闊台汗。北一輝認為窩闊台汗「並非是一位世襲君位的君主，而是由名叫『庫里勒台』的最高會議選舉出來的凱撒。」[44]而北一輝所說的中國的窩闊台汗，是指能把握袁世凱死亡這個契機，迅速完成三次革命的具有軍事、政治兩方面才能的領袖，他必須得到支持者的廣泛擁戴，以賦與其絕對權力。這是中國大地上還沒有出現過的人。在此基礎上，作為在東方共和政體下完成革命的必要條件，必須由擔任大總統的現代窩闊台汗與革命元勳們組成的上議院（參議院）共同施行統治，而民選議會（眾議院）則被排除在外。「議會的饒舌使英雄沈默，讓民意代表投票是對革命更是對天意的叛逆。」[45]

當然，北一輝沒有否定中國將來有可能實行選舉，認為一元化權力只是革命期的過渡階段。[46]而且，現代窩闊台汗的絕對權力也不是沒有限制的，他必須基於國民的支持而行事。那麼，「相對於擁有絕對權力的支持者，異議者又如何提出不同意見呢？」除了「天意」，沒有其它。這就是說，按照北一輝的理論，由擁有民意也帶有天意的權威來領導中國，可以孕育出長治久安的契機。在這裡，極權主義的傾向加速了。

4 從世界聯邦到革命帝國

◎西方中心秩序的轉換

如上所述，《外史》後半部份放棄了經由議會進行第二革命的方針，與此同時，關於世界革命的議論也發生變化了。前面提到，在《國體論》中，北一輝認為各個國家都會發生社會主義革命，因此作為「小我」的帝國主義一定被「大我」所超越，世界聯邦也就創立了。在這裡，忽略了歐美列強與亞洲軍事對抗的事實，所描畫出來的是包含兩者在內的世界聯邦，日本和其它國家一起，都加入到這個聯邦。但是，正如荻原指出的那樣，在《外史》的後半部份，這樣的調子為之一變，北一輝提出了用軍事力量把西方列強趕出亞洲，強調了改變以歐美為中心的世界秩序的必要性，並預言在此後出現的世界新秩序當中，日本將被賦予特別的使命。[47]

對此，首先應該確認的是，《外史》的後半部份是將中國革命的成功與否和對外戰爭結合起來論述的。北一輝對明治維新和法國革命做了一番比較，認為革命是否會導致出現恐怖政治一類的極度混亂狀態的主因在於有無外國的干涉。然後，從這樣的觀點出發，在有關國家改造的議題上，北一輝開始強調「武力」是排除外界干涉和完成革命的不可欠缺的因素。「象徵那位蒙古大汗的大總統和上院眾汗們喲，懷抱如此偉大理想而產生的中華民國，在對內採取武斷政策的同時，對外不得不採用軍國主義。」[48]而在西方列強之中，北一輝特別指出英俄對革命中國的威脅最大。「以上對於革命中國將用武斷政策統一國內和建立軍國主義抵禦外邦的推測，乃基於中國與英俄的衝突不可避免的判斷之上。……俄羅斯對北亞的侵略乃前門之虎，英國對南亞的經營則是後門之狼。」[49]

就這樣，在強調英俄與中國的對抗不可避免的同時，北一輝擔心，基於日英同盟而成為「英國走狗」的日本政府，為了追求在中國的利益不得不採取侵略方針，這不僅將招致中國人的反抗，也可能因中日相爭而導致日本有被英俄分割領土的危險。「日本的恐懼在於『海參崴』和『香港』，需要擔心的是英俄對日本的瓜分。」[50]更進一步，北一輝還預測，中日戰爭很可能讓不願坐視中國領土被分割的美國捲入其中。北一輝對此始終持反對的立場。基於對這種現狀的認識，北一輝在《外史》的後半部份倡議拋棄日英同盟而建立日中同盟。

北一輝認為，驅逐英俄和建立亞洲共同防衛體系，這符合日本與中國的共同利益。「中國首先為了生存，日本為了從小日本轉變為大日本，古今以來兩國都有一致的安危感。從日本的利益而言，中國可作為擴張中的日本的前驅。而從中國的利益來看，與其坐視貧弱的自己以及富饒之敵（譯註：指日本）被吞噬，倒不如雙方聯合起來互相求得保全。」[51] 於是北一輝提議，為了實現中國的領土完整，日本應以其軍事力量，與不願中國領土被分割的美國（經濟力量）結合起來。「就是說，美國的對中投資，有利於中國保全主義，並促成日美之間形成緊密的同盟關係。」[52]

不過，關於美國的參與，北一輝認為只應限於投資等經濟上的協助，北一輝始終主張在驅逐英俄的前提下，依靠亞洲人自己的力量來建立亞洲秩序。「……中國、印度和土耳其正在開始書寫亞洲的近代自覺史。」[53] 這說明以第一次世界大戰為契機在歐亞大陸各地開始高漲起來的民族主義已進入北一輝的視野，也可以說他預見到發端於十五世紀大航海時代、以西歐為中心的帝國主義時代將近結束。就這樣，北一輝理所當然地抓住了包含中國在內的亞洲的民族主義，鼓吹整個亞洲的合作，並提出基於與美國經濟合作的日中同盟之外交革命。顯然，北一輝的立場，與表面上打著中國保全主義旗號，卻想染指分割中國領土的日本政府，以及對於中國日益高漲的反日情緒感到勃然大怒的支那浪人劃清了界線。

◎揚棄帝國主義？

但是，在《外史》的後半部份，北一輝明確提出，正如對內實行的國家改造，日本對外要建立亞洲乃至世界的新秩序，這需要透過軍事力量才能實現，並且強調在此過程中也能夠確保日本的利益。換言之，把英俄從亞洲驅逐出去，而以日本自身取而代之，對於西伯利亞和澳大利亞，乃至於新加坡和印度支那等英法殖民地的統治正當性也得以建立。同時北一輝樂觀地認為，可以用承認美國對加拿大的占有[54]，換取美國對日本的領土擴張的認可。「作為美利堅合眾國，建國以來的國家合眾政策在事實上已變成美國占有化，若認可美國占有加拿大，那麼日本併吞澳洲和南洋的英國殖民地也就公平合理了。」[55]從中不難看到，第一次世界大戰成為美英間的霸權交替的重大轉捩點，雖然北一輝企圖利用這一點離間英美兩國，但是若以為美國會「占有加拿大」的這種見解，未免是忽視了以排他性殖民地經濟體系為基礎的英國，與用自由貿易做槓桿而擴張其勢力的美國在行動方式上的差異了。總之，我們在後續的《改造法案》中可以看到的北一輝對於作為「國際無產者」的日本攫取廣大領土的正當性的強調，確實在《外史》的後半部份已經見到端倪了。

不僅如此，境況與新加坡及印度支那不同的中國、印度、土耳其，儘管它們仍然具有自行抗擊西方的能力，日本卻在北一輝的論述中，不聲不響的就成為了亞洲全體的保護者。尤其對於中國，雖然北一輝強調中國擁有蒙古、西藏、新疆等地域的主權是不言自明的，但卻認為滿洲應置於日本的統治之下。其理由是，滿洲是日本通過戰爭從俄國（而非中國）處奪取過來的，日本在滿洲的防衛既可有效抵禦俄國南進，同時對中國也有好處。「南滿洲乃日本付出血的代價而從俄國奪得之地……至於北滿洲，若無英國的阻礙，在日俄戰爭的當時也應當拿過來了。作為這次大戰的目的，最終非從俄羅斯手上把滿洲奪過來不可。這對中國而言，也是為他們構築了絕對安全的堡壘。」[56]

若對北一輝提出的、由日本擔任亞洲盟主的理論做進一步大膽推論的話，正如松本健一所指出的那樣，「如果日本通過國家改造成為『革命大帝國』的話，帝國主義或許會被拋棄。」[57]儘管目標是打造「以太平洋作為內湖的大羅馬帝國」[58]，但我們至少可以在《國體論》中看到超越東西方的「世界聯邦」構想的影子。毋寧說，《外史》的後半部份強調了東方與西方衝突的不可避免性，與此同時它還指出，不能寄望於通過改革各國議會而實現世界革命，而是有必要使用武力建立革命帝國。北一輝思想的這種轉變，不妨認為是以傾向超自然的「天意」作背景，深刻懷疑個體理性與道德正當性，與以後尋求武力根據的「國家改造」相通相聯。

5 北一輝思想在日本的影響

◎錦旗革命的構想

在《外史》後半部份所展示的伴隨暴力建設革命帝國的方針，到第三本主要著作《改造法案》中，也基本被繼承下來了。置身於五四運動高漲的上海，北一輝抱著必須「徹底改變日本，日本需要進行自身革命」[59]的信念，執筆撰寫《改造法案》。北一輝注意到，在巴黎和會上，日本政府不願意放棄山東半島權益，因此激發了中國人的強烈的反日運動，認為日本的外交方針必須來個大轉變。但要實現這一點，非得對「十幾年來加速腐敗墮落的本國」[60]進行徹底改造不可。於是，他在《改造法案》中提出了與所謂外交革命聯動的國家改造方案。

在此，讓我們嘗試來確認一下《改造方案》的要點。在這本由滿川龜太郎等人組織的「猶存社」諸同志向各界人士發放的書稿當中，北一輝提出擁戴作為「國民總代表」的天皇而進行錦旗革命的構想。「懇盼天皇與全日本國民共同奠定國家改造的根基，為此，希望動用天皇之大權，三年內停止憲法、解散兩院、在全國實行戒嚴令。」[61]利用武裝政變「清君側」以建立天皇集權體制的構想，不僅沿襲了《外史》後半部份所披露的暴力革命的思路，也成了容易被滿川龜太郎和大川周明等皇室主義者接受的東西了。

不過，正如荻原稔指出的那樣[62]，在作為《改造法案》原始版的《國家改造案原理大綱》中，北一輝在關於這點的註釋當中寫道「武裝政變是國家權力即社會意志直接發動的行為」[63]，這意味著武裝政變不是因為天皇而是基於國家意志而發動的。如果說為天皇而獻身的革命是基於國家意志而發動的，那麼反過來說，天皇就不能算是「國民的總代表」了。這種觀點與《國體論》暗示的天皇機關說並無太大區別，所以難以被包括皇室中心主義者在內的大多數日本讀者所理解。

另一方面，在《改造法案》中，北一輝提出了諸如廢除貴族制、廢除出版法等「損毀精神」的惡法、於戒嚴令後實施普選、有關私有財產和占有土地之上限設定、限制國家的經濟活動、保護工人與女性的權利、普及義務教育等措施。限於篇幅，在這裡無法逐一論述，需要強調的是，自《國體論》以來的「依靠國家解放人」這種主旋律倒是一以貫之的。其中最令人注目的是，北一輝強調必須改變大企業大地主的利益影響政府施政的狀況。「當務之急是發起由天皇指揮的全日本國民的超法律運動，向當今政治上和經濟上的特權階級開刀，切除引致內憂外患一切禍因的大腫瘤。」[64]包含這些社會主義內容的改革，形式上卻由以奉天皇之命的國家作為主體來實行——這是北一輝的獨創性。

事實上，在日本國內進行國家改造必須打破特權寡頭的支配權這種思路，與《外史》後半部份提出的要改變以西方列強為中心的國際秩序的思路是一脈相承的。「英國是世上最有錢的大富豪，俄國是擁有北半球廣袤土地的大地主。只有幾個蕞爾小島的日本屬於國際上的無產者。所以日本完全有權以正義之名向他們開戰，奪取他們獨占的財富和土地。既然承認國內的無產階級鬥爭，卻視國際上的無產者所發動的戰爭為侵略主義、軍國主義，豈不是與歐美社會主義的根本原理自相矛盾？」[65]就這樣，北一輝把《國體論》以來強調的主題——國家改造，與《外史》所倡言的外交革命結合起來，通過建立革命帝國這一方針，在《改造法案》中結出了果實。

受北一輝的《改造法案》鼓動的人，進一步強化了反體制活動。特別在一九二一年，從事改善工人居住環境活動的朝日平吾，由於這部書的影響（但兩人並不相識），刺殺了他視之為「無視國家社會利益的貪婪卑鄙之富豪」的安田財閥首領安田善次郎（隨後朝日氏也自殺），這個事件象徵著針對特權階級的暗殺時代的來臨。[66]

對《改造法案》反應特別敏感的是一批尉官級的年輕軍官。他們多數具有一定的知識學養，且與兵士們日常多有接觸。第一次世界大戰後，日本的多數農村處於非常窮困的狀態。士兵往往是農戶家庭的次子、三子。年輕軍官與他們接觸而了解農村貧困，同時，在那些對由大企業大地主獨占利益的這種體制持強烈批判態度的年輕軍官當中，已有人蠢蠢欲動，準備嘗試暗殺政經界和軍界的要人。於是相繼發生了一九三一年的三月事件、十月事件[67]，以及一九三二年的五・一五事件[68]等。另一方面，他們在軍隊中也接受皇室中心史觀的灌輸。在這樣的年輕軍官中，出現了呼籲打倒特權階級，認為在戒嚴令下，應把在鄉軍人團會議當做改造內閣的直屬機構，將軍隊置於國家改造的中樞位置，並出現將表面上難以看出是天皇機關說的《改革法案》作為對抗現存體制的理論支柱的人，也就是順理成章的事情了。其結果是，讀過《外史》和《改革法案》的一批人，以及通過其弟子、前陸軍少尉西田稅而間接與北一輝接觸的年輕軍官，雙方終於在一九三六年共同發動了二・二六政變。

The New WORLD-SUN Daily

MONARCH OF JAPANESE DAILIES

Pacific Mail
FROM NIPPON
Feb. 27—Chichibu Maru.
TO NIPPON
March 5—Chichibu Maru.

Number 245 | 1618 Geary Street | San Francisco, Calif. | Telephone FIllmore 0095 | Thursday, February 27, 1936

NEW PREMIER OF NIPPON

FUMIO GOTO, MINISTER OF HOME AFFAIRS

Newly-Appointed Premier, Fumio Goto Was First Believed Killed in Rebellion

TOKYO, Feb. 26 (Domei)—Home Minister Fumio Goto, who was reported assassinated in the military coup early today, was installed Acting ... the late Premier Keisuke Okada who was shot to death in the outbreak. The order was issued in the name of the Emperor of Japan.

Takahashi Dies

In a latest unconfirmed report received here 3 p.m. yesterday, Finance Minister Korekiyo Takahashi was said to have died of wounds received in the military revolt early Wednesday morning in Tokyo. Read the story below.

Army Authority Declares State Of Siege, Tokyo

UNDER CONTROL

Precautionary Steps Taken; People Told To Be About Work

TOKYO, Feb. 26 (Domei)—At 7 o'clock this evening the military peace preservation authorities of the First Division announced that a state of siege was declared in Tokyo at 2 p.m. today.

The measure, according to an official announcement, was intended as precaution against disorders and to maintain peace and order to guard important public establishments and buildings.

It was also announced that peace is maintained throughout the city at present.

The populace in Tokyo were ordered to be about their daily routine.

U.S. Japan Tie May Be Affected

Entire Nippon Agog Over Army Coup d'Etat, Premier Is Slain

ASSASSINATED

VISCOUNT MAKOTO SAITO

Saito Gov't Formed

ASSASSINATED

PREMIER KEISUKE OKADA

Okada Governm't

Viscount Saito, General Watanabe Also Assassinated; Finance Chief Takahashi, Chamberlain Injured

Entire Japan was in an uproar Wednesday over a coup d'etat initiated by the Third Infantry Regiment of the First Division in Tokyo in which three government officials were killed and several political leaders injured, according to a news broadcast from JOAK in Tokyo received 3 o'clock Wednesday morning in San Francisco.

Those assassinated were:
Premier Keisuke Okada.
Viscount Admiral Makoto Saito, Lord Keeper of the Privy Seal.
Sotaro Watanabe, Inspector General of Military Education.
Severely injured:
Admiral Kantaro Suzuki, Grand Chamberlain.
Injured:
Korekiyo Takahashi, Minister of Finance.
The offices of the Tokyo Asahi newspaper were reported attacked.

According to an earlier re-

二・二六政變翌日，英文報章的相關報導。事發後，時任首相岡田啟介一度行踪不明，日本媒體在混亂中誤報其身亡。內務大臣後藤文夫代理首相一職，兩天後岡田氏證實生還。

◎二・二六事件的餘波

年輕軍官們率領一千四百多名下級士官占領東京的中樞，首相岡田啟介、大藏大臣高橋是清、侍從長鈴木貫太郎等政府要人慘遭殺害的二・二六事件，是日本近代史上最大的武裝政變，它與滿洲事變一起，成為軍人介入政治的重大契機。如前所述，北一輝被視為政變的主謀被軍法會議處死，此事在戰後引起許多人的關注。

不過，也不應隨意過高估計北一輝對戰前日本政府和軍隊的影響。關於這個問題，史庇曼列舉了以下三個事實：（一）其著作在戰前被禁售、幾乎絕版，未必有很多人讀過他的書。（二）北一輝既沒有擔任過任何公職，也沒有在大學任教的經歷。（三）北一輝雖與年輕軍官有交流，但他與政府要人及軍隊幹部的關係不是很密切。[69]所以，史庇曼認為反而是與北一輝絕交的大川周明——當時最有名的暢銷書作家，與此同時又擔任過南滿洲鐵路的東亞經濟調查局理事長、拓殖大學教授等職，並且也與政治家後藤新平、軍隊幹部東條英機和永田鐵山等人有很深交情，是大川向軍方提供了合併滿洲的藍圖。這裡不妨補充一些例子以佐證史庇曼的說法，北一輝雖然對於為求在混亂的中國情勢當中打開局面而發動的滿洲事變（九一八事變）表示支持，可是北一輝並不認識當事者石原莞爾。北一輝恐懼於日美開戰的事態而始終反對日本全面對中國開戰，但是事與願違。由此可見北一輝對政府和軍隊中樞並沒有產生很大的直接影響。

更值得注意的是，即便受《改造方案》等鼓動而決定起事的年輕軍官，也並非完全受到北一輝的影響。因為，年輕軍官們沒有把預定的起事計劃告訴西田稅，因此北一輝事先也毫不知情。正因為如此，軍法會議的審判官吉田惠少將就對於問責北一輝一事抱持疑問，同時也有人認為，軍部才是要對這些年輕軍官負責的對象。儘管如此，軍法會議仍然向北一輝下達死刑判決，軍部把年輕軍官們的罪行安給「鼓吹不法思想」的局外人北一輝與西田稅，不過是為了推卸責任和淡化問題的嚴重性（也許是為了息事寧人）。[70]不僅如此，後來也被處死的年輕軍官涉川善助曾在二・二六事件之前與另一個年輕軍官末松太平提到：「實際上，北一輝君的《國體論及純正社會主義》就是天皇機關說。我曾當面質問過他，北君說那是他做書生時寫的東西，完全可以不予理睬。」[71]由此可以看出，接受嚴格皇室主義者教育的年輕軍官們對於北一輝的主張並沒有太多認同。另一方面，北一輝從中國返回後，把自己留在手頭的《國體論》交給滿川龜太郎保管，暫時封印。可以看出這是為了不妨礙革命大局而做出的舉動。[72]這就意味著，在高舉「昭和維新」口號的武裝政變中，北一輝與年輕軍官們其實是同床異夢的。

不過，這並不意味北一輝對戰前、戰時的日本沒有產生過任何影響。關於這一點，首先要理解當時日本政府的立場。丸山真男提出了作為日本社會內在精神構造之一的「壓迫轉移原理」。這就是說，在日常生活中，人們通過把來自上級的壓迫順次轉移給下級，由此形成保持自身情緒平衡的體系。但這不僅是自上而下的，反過來，也存在著所謂「下剋上」的、下級對上級施加的壓力。「所謂下剋上，其實是匿名的無責任力量之非合理爆發。所以，只有在並非按照公開化的組織規範而行事的社會裡，才會出現這種來自下面的壓力。」[73]這種情況在戰時最為顯著。根據丸山的說法，從深層邏輯的角度看，東京審判的諸被告有一個基本的共通特點，這就是「屈服於既成事實」。也就是說，這些人不做主體判斷，而是按照服從既定事實的習慣行事：「日本的最高權力者其實是任由他們下級官僚擺布的機器人，而這些下級官僚又被軍部駐外人員以及與軍部有關聯的右翼浪人等流氓地痞所包圍，所以不得不氣喘吁吁地跟隨由匿名勢力造成的『既成事實』走。」[74]如前所述，北一輝從中國返日後，與「宮中某重大事件」扯上了關係，然後又多次用殺害安田善次郎的朝日平吾的染血衣服，從三井等財團勒索資金作為獲取生活費的手段，彷彿掮客（Broker）一般在政經界隱然存在著。由此看來，作為丸山所說的「在軍務課周圍出入的右翼分子」之一，北一輝成為給特權階級施加壓力的「匿名力量」是不容否認的。

還需要補充說明的是，即便與北一輝本人的意圖不一樣，二‧二六事件給此後的日本帶來的衝擊仍是很大的。對此不妨再度引用丸山的評論。當時的軍部大臣們之所以喪失領導力，是因為缺乏貫徹自我主張的手段。[75]據丸山說，陸軍大臣在內閣會議或御前會議上經常以「這樣做的話將無法保障軍隊的安穩」為由，反對某些議案並提出相反的建議。一九四〇年阿部內閣總辭職時，軍部反對宇垣一成或池田成彬出任內閣總理大臣，近衛文麿為此向陸軍大臣畑俊六詢問說：「（來自軍隊內部的壓力）陸相可有辦法將其壓制嗎？」畑俊六回答道：「我們的力量微薄，無論如何抵擋不了。如果有力量，像二．二六那樣的事件就不會發生了。」[76]這就是說，軍部雖然強調復古主義的皇國史觀和「外敵」之存在，但被下級士官與支那浪人越來越強硬的意見所束縛，無法拒絕。於是危機進一步擴大，最終日本迅速滑向自我毀滅的道路。由此可見，造成武裝占據帝都這種前所未聞事態的二．二六政變，帶給往後軍隊政府首腦的影響是很大的。從這個意義上說，北一輝的思想至少在歷史結果的層面上與二十世紀前半葉的日本密切相關。

結語

本文以《外史》的轉機為中心，探討了北一輝思想的沿革及其影響。正如開頭所述的那樣，北一輝的思想和論理帶有飄忽不定的味道，尤其是他的幾本主要著作，論調有著很大的差異。但是，議會政治由於寡頭制而名存實亡，而資本主義造成的階級差距越來越顯著，在這樣的時代背景下而產生的北一輝思想，反自由主義和反個人主義的色彩非常濃厚，這裡頭，「依靠國家解放人」的意識形態是一以貫之的。再者，認為「壓迫與差距」不僅是由國內的特權階級造成，也是由位於國際秩序中心的西方列強所造成的看法，是北一輝思想的特徵。從這個意義上來說，他將改造日本國家的方針與驅逐西方列強相連結便不是天馬行空的事了。

盟軍總司令部斷定二．二六事件是「為天皇而獻身的民主革命」，也有不少人，姑不論其政治立場，而是將北一輝的思想與基於《日本國憲法》的體制結合起來進行論述。舉例來說，不僅對北一輝，對日本國憲法也持批判態度的三島由紀夫認為：「正如我以前講過的，北一輝在《日本改造法案大綱》中所說的東西，非常諷刺地有七成在新憲法中實現了。在卷一『國民與天皇』中，他提出了廢除華族制和實現普選，大聲呼籲恢復國民的自由，廢除限制國民自由的治安警察法和報紙條例及出版法，還主張規定皇室財產由國家發放。這些全部由新憲法實現了。此外，對私有財產的限制，將日本國民一家可擁有的財產硬性限制在一百萬日圓以內，其實質相當於戰後帶有社會主義色彩之稅法中的遺產稅及其他稅種，這意味著新憲法都自然而然地實現了他的目標。」[77]至於在《改造法案》中存在，但不見於日本國憲法中的內容，三島列舉了徵兵制和交戰權這些「國家權利」。關於三島的見解，姑不論是否贊同其趣旨，至少在他指出的範圍內，都是切中要害的。換言之，北一輝思想的誕生乃是關於十九世紀自由放任經濟的反動，它屬於從二十世紀初期的「夜警國家」轉換為二戰後的「福利國家」的這個歷史大潮流的側面。

現在，我們不妨回過頭來看一看當今世界，堪稱為自由主義極致的全球化的進展，讓各地正在面對來自國內外的「壓迫和差距」的人們，又嚐到了宗教激進派的復興以及民族主義抬頭等苦果。換言之，在自由選擇的原則下，個人的自立被過度地追求，優勝劣敗的原理覆蓋到社會的各個角落，於是貧富差距之類的社會不公正變得顯著化，而人們對於世界整體性的憧憬也有所增強，日本也不例外。在這樣的時代背景下，人們對於北一輝的關心再度高漲起來，進入二十一世紀，松本健一的全五卷本《北一輝評傳》，以及長谷川雄一等人的《國體論》親筆修正版[78]相繼出版發行。對於北一輝的關心，反映了日本國民希望變革現狀的廣泛期待感。

不過，即便在北一輝的思想和議論中存在著許多進步的內容，但也不能忽視其思想中有著非常強烈的極權主義傾向。被歐美諸國視為近代化邊陲的日本所產生的北一輝思想，是克服外來的普世性思想和本土固有的社會倫理之間摩擦的產物。在這一點上，北一輝倒是與遠離歐洲的中心地帶而完成辯證法的黑格爾（Georg Wilhelm Friedrich

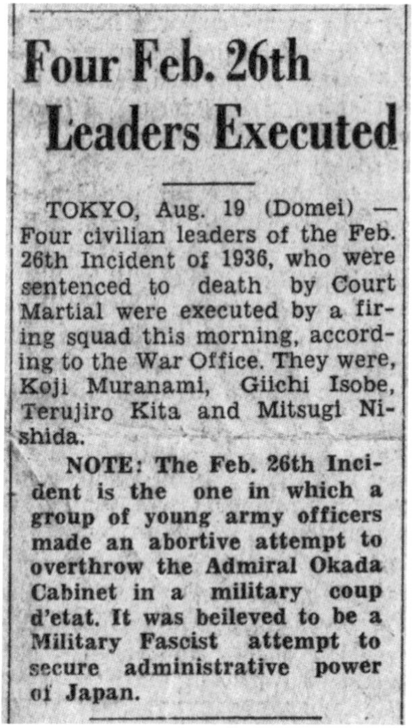

Four Feb. 26th Leaders Executed

TOKYO, Aug. 19 (Domei) — Four civilian leaders of the Feb. 26th Incident of 1936, who were sentenced to death by Court Martial were executed by a firing squad this morning, according to the War Office. They were, Koji Muranami, Giichi Isobe, Terujiro Kita and Mitsugi Nishida.

NOTE: The Feb. 26th Incident is the one in which a group of young army officers made an abortive attempt to overthrow the Admiral Okada Cabinet in a military coup d'etat. It was beileved to be a Military Fascist attempt to secure administrative power of Japan.

北一輝遭處刑後，英文報刊的相關報導。「Terujiro Kita」即北一輝的本名北輝次郎。

Hegel）有共同之處。與打出反自由主義、反個人主義旗號但又追求個體自由的黑格爾一樣，在北一輝的議論之中，雖然也強調個性之尊嚴，但更多的是帶有極權主義的傾向。與追認帝制、認可官僚制重要性的黑格爾相比較，北一輝的議論中有比較濃厚的人民主權色彩。但是，與以通過職業團體來恢復國家的有機一體性為目標的黑格爾相比，正如他在《改造法案》所提出的那樣，北一輝非常強調對政黨與工會這些民間組織的規制，例如透過日本政府直屬的帝國在鄉軍人會[79]而實施各種法令等，彰顯了社會整體的有機一體性。否定了絕對君主制之後，自由主義便得以產生，但若對其理論加以延伸，操縱少數強力利益團體的做法，其實等於默認了議會政治的空洞化與資本主義的經濟壓迫。所以，旨在否定「壓迫和差距」的北一輝思想，卻又是孕育出新一輪壓迫的契機。

儘管我們確實需要謹慎看待北一輝開出的藥方，但面對全球化程度迅速加深的當今世界，他提出的「依靠國家解放人」命題確有值得被人們再次思考的價值，這一點是毋庸置疑的。在被處死的前一天，北一輝與前來會面的弟子馬場園義馬談到關於《外史》以外的著作的出版事宜時，他認為暫緩出版尚未取消禁售處分的《國體論》是合適的，但《改造法案》的話則無妨。北一輝還語重心長地說道：「……你們已經長大成人，沒有必要繼續全盤相信那些東西了。諸君應抱持諸君自身的信念，繼續為國家盡心盡力。」[80]且不論北一輝這番話的真正意味[81]，當我們在今天重溫他的這些話語時，可以將其置於現代社會的脈絡當中加以反思。換言之，我們未必需要極權主義革命帝國這副「猛藥」，但如何應對日本和世界面臨的「壓迫與差距」，確是北一輝留給我們的未解難題。

---

1 編註：為尊重出版事實與個人行文習慣起見，在三篇導讀與兩篇譯者說明裡提到的本書名字，均照錄其原文——本書之日文原名「支那革命外史」。

2 編註：一九二五年八月左右，安田保善社（現名明治安田生命保險）解僱了包括大川周明弟子在內的四十餘名員工，大川請北一輝從中斡旋，惟北一輝在這期間從副社長結城豐太郎處收取了三千日圓，最終造成大川氏與北氏的決裂。

3 編註：昭和天皇仍為皇太子時，與久邇宮良子女王（後來的香淳皇后）訂立婚約，由於在體檢時發現良子攜帶色盲基因，因此出現了要求取消這一婚約的意見，保留派與取消派展開攻防戰，是為「宮中某重大事件」。與此同時，有人在民間散發指責宮內省「橫暴不法」的匿名印刷品，它們被統稱為「宮內省怪文書」。北一輝於一九二六年五月因涉嫌參與其事而被逮捕，但翌年獲釋放。

4 丸山真男，一九六四，《增補版 現代政治の思想と行動》，未來社，頁三四。

5 瀧村隆一，一九七三，《北一輝——日本の国家社会主義》，勁草書房，頁五三。

6 松本清張，一九七六，《北一輝論》，講談社，頁七。

7 渡邊京三，一九八五，《北一輝》，朝日新聞社，頁二六七。

8 中村雄二郎，一九七一，《現代日本思想史3明治国家の秋と思想の結実》，青木書店，頁二五。

9 詳見凱納斯．B．拜爾（Kenneth B Pyle），一九八六，《新世代の国家像 明治における欧化と国粋》（原書《The New Generation in Meiji Japan: Problems of Cultural Identity, 1885-1895》），五十嵐曉郎譯，社會思想社。

10 滿川龜太郎，二〇〇四，《三国干涉以後》，論創叢書。

11 北一輝，一九五九，《北一輝著作集—国体論及び純正社会主義》，みすず書房，頁一〇。

12 《国体論及び純正社会主義》，頁一二三。

13 相對於一八八〇年代浪漫主義積極讚揚自然的人生，一九三〇年代的日本浪漫派在近代世界的文脈中則有意識的對傳統的「民族」和「文化」觀念加以純粹化，這是兩者的不同之處。再者，在否定近代的過程中有意識的拒絕對理性人生的執著，也是它們的差異點。詳見凱文・麥可・特克（Kevin Michael Doak），一九九九，《日本浪漫派とナショナリズム》（原書《Dreams of Difference: The Japan Romantic School and the Crisis of Modernity》），小林宜子譯，柏書房株式會社，頁二一、頁七一～七八。

14 片岡良一，一九五八，《日本浪漫主義文学研究》，法政大學出版局，頁一五一～一五二。

15 關於尾崎紅葉等以硯友社為活動中心的浪漫主義作家，也有評價說他們其實並沒有擺脫封建氣質。例如吉田精一就批評說，這些作家「儘管熱衷於追隨時代，反映風俗世相人情，批判政治和社會也不遺餘力，但是不那麼懷疑因襲的形式道德。」詳見吉田精一，一九七〇，《浪漫主義研究》，東京堂出版，頁三〇。

16 詳見北昤吉，一九七六，〈兄北一輝を語る〉，《北一輝の人間像》，宮本盛太郎編，有斐閣。

17 編註：格式為五句三十一個音節的和歌。

18 《国体論及び純正社会主義》，頁二四七。

19 編註：《大日本帝國憲法》頒布後，日本法學界就其中的條文產生不同理解，並演化為「天皇主權說」與「天皇機關說」兩大解釋體系。後者以一木喜德郎、美濃部達吉為代表，根據德國法學家蓋伯（Carl Friedrich von Gerber）、阿爾伯徹（Wilhelm Eduard Albrecht）與耶里內克（Georg Jellinek）等人的觀點而總結出「國家法人」概念。天皇本人作為最高國家機關具有法律人格，但必須在內閣大臣的輔助下行使權力。二戰時該學說受到打壓，戰後由於《日本國憲法》的制訂，其解釋效用也隨之而消失。

20 瀧村隆一《北一輝》，頁一七三～一七七；渡邊京三《北一輝》，頁一二五～一二九。

21 《国体論及び純正社会主義》，頁三一二。

22 《国体論及び純正社会主義》，頁一〇九～一一〇。

23 《国体論及び純正社会主義》，頁二二八。

24 《国体論及び純正社会主義》，頁一〇五。

25 《国体論及び純正社会主義》，頁八九。

26 《国体論及び純正社会主義》，頁一二一。

27 編註：原文如此。日本的貴族階層，自平安時代起已盛行使用金銀器皿。
28 《国体論及び純正社会主義》，頁三七八。
29 《国体論及び純正社会主義》，頁四〇〇。
30 《国体論及び純正社会主義》，頁三八八。
31 《国体論及び純正社会主義》，頁一一一。
32 《国体論及び純正社会主義》，頁一二二。
33 《国体論及び純正社会主義》，頁一一二。
34 荻原稔，二〇一一，《北一輝の「革命」と「アジア」》，ミネルヴァ書房，頁四四。
35 編註：本書僅收錄第一章至第十四章的內容。餘下六章分別為《君主制與共和制的本質》、《何謂東洋的共和制》、《中國的武斷統一與日英戰爭》、《中俄戰爭與日本的領土擴張》、《日中同盟與日美經濟同盟》、《英國與德國的「蒙古來襲」》，另有一篇補章《凡爾賽會議下達的最高判決》，該部分的論述重點已從革命見聞轉為戰略思考。
36 關於《外史》前半部與後半部的調性是如何不同，詳見荻原稔前書之第二章〈中国革命への転身——「変説」をもたらしたもの〉。
37 原文刊於《佐渡新聞》，一九一七年七月二十八日。
38 荻原稔《北一輝》，頁九六～九七。
39 北一輝，一九五九，《北一輝著作集Ⅱ支那革命外史》，みすず書房，頁一三五。編註：各篇導讀所摘錄的《外史》文字，即本書的部分正文，惟於列舉出處時，仍按日文版本的頁碼計算。
40 北一輝回國後執筆《外史》期間，熱衷於研讀《法華經》，不少論者認為這種宗教傾向必定會影響北一輝的政治思想。本文因限於篇幅，不討論這方面問題。
41 《外史》，頁八六。
42 《外史》，頁一五四～一五五。
43 《外史》，頁一四六～一四九。
44 《外史》，頁一五八。
45 《外史》，頁一五九。
46 《外史》頁一六〇寫道：「在中國，很明顯在今後十年左右不可能採用既不合理又不可能實現的眾議院制度」，這句話並不是認為中國永遠不可能進行選舉。

47 詳見〈中国革命への転身——「変説」をもたらしたもの〉，荻原稔《北一輝》。

48 《外史》，頁一六〇。

49 《外史》，頁一七三～一七四。

50 《外史》，頁一三四。

51 《外史》，頁一八二。

52 《外史》，頁一九三。

53 《外史》，頁二〇一～二〇二。

54 編註：美國建立後，民間時有合併加拿大的呼聲。其中一個著名例子是歷任麻省州長、國會眾議員的班克斯（Nathaniel P. Banks）於一八六六年向眾議院提交八頁議案（Annexation Bill of 1866），要求授權給總統，從而使其得以採取行動合併加拿大諸省，並闡述接收新領土時的配套政策規劃，惟該議案被外交事務委員會留中不發，未能獲得討論及表決機會。

55 《外史》，頁二〇一。

56 《外史》，頁一八四。

57 松本健一，二〇一四，《評伝北一輝 III 中国ナショナリズムのただなかへ》中央公論新社，頁二八五。

58 《外史》，頁一九七。

59 《外史》，頁三五六。

60 《外史》，頁三五六。

61 《外史》，頁二二一。

62 荻原稔《北一輝》，頁一四一～一四二。

63 《外史》，頁二二一。

64 《外史》，頁三四八。

65 《外史》，頁二七三。

66 松本健一《評伝北一輝》，頁三〇五～三二三。

67 編註：兩者均為日本陸軍中層士官策劃的未遂政變，是為其後二·二六事件的預演。有說法指北一輝直接參與了後者。

68 編註：一九三二年五月十五日，海軍中層士官襲擊首相官邸，當場殺死時任內閣總理大臣犬養毅，另有一名警官死亡、數名警察及保全員受傷。
69 克里斯多福・W・A・史庇曼（Christopher W.A. Szpilman），二〇一五，《近代日本の革新論とアジア主義——北一輝、大川周明、満川亀太郎らの思想と行動》，芦書房，頁五四。
70 松本健一，二〇一四，《評伝北一輝V北一輝伝説》，中央公論新社，頁一〇一～一〇二。
71 末松太平，一九六三，《私の昭和史》，みすず書房，頁二四二。
72 荻原稔《北一輝》，頁一六三。
73 丸山真男《現代政治》，頁一一四。
74 《現代政治》，頁一一〇。
75 《現代政治》，頁一一二。
76 近衛文麿，一九四六，《平和への努力——近衛文麿手記》，日本電報通信社，頁一三七～一三八。
77 詳見三島由紀夫，一九七七，《北一輝論——「日本改造法案大綱」を中心として》；松澤哲成編，一九七七，《北一輝——人と思想》，三一書房。
78 詳見長谷川雄一、克利斯多福・W・A・史庇曼（Christopher W.A. Szpilman）、荻原稔編，二〇〇七，《北一輝自筆修正版 国体論及び純正社会主義》，みすず書房。
79 編註：於一九一〇年成立，負責整合預備役軍人及後備役軍人的組織。至一九四五年解散為止，會長一職均由陸軍大將擔任。
80 馬場園義馬，一九六五，〈北先生の面影〉，《新勢力》「二・二六事件三〇年記念号」，第十巻第二期。
81 關於這點，松本健一在《北一輝V》（頁一三六～一四八）有詳細的探討。

導讀

北一輝與近代中日關係

文／黃自進（中央研究院近代史研究所研究員）

◎近代中日關係的難解

中日兩國一衣帶水，唇齒相依。地緣位置既近，雙方往來互動的歷史關係自是綿延長久。尤其是，回顧近百年來的中日關係，更是剪不斷，理還亂，錯綜複雜，非能一言以蔽之。不過，欲勾勒這段恩怨相交的兩國關係輪廓，若干關鍵議題還是有特別檢討的必要。例如，中國的各種改革運動，無論是立憲派、革命黨還是無政府主義的組織，皆在日本萌芽、滋長。而近代中國文學、美學、史學等近代學科的醞釀與成形，尤其借重日本的現代化經驗。從這些事例觀之，要理解中國現代化過程，掌握中日關係的交流實況，實為關鍵。

再則，理解中日關係的交流實況，亦是理解日本「為何」以及「如何」發動侵華戰爭的重要依據。當一九〇五年清廷廢除科舉，轉以日本為師，全面推動現代化工程之餘，日本因得風氣之先，故能順勢參與及規劃中國的各項重大改革事宜。影響所及，就是日本對中國事務瞭若指掌。除此之外，當中國的改革思想，主要源自於日本，領導改革勢力的領袖人物，大部分都是出身於日本留學生，也讓日本有更多的管道，操縱中國內政，為侵略中國鋪路。

此外，百年來的中日文化交流，亦是一面刺激中國民族主義成長的箴戒。明治以前，日本的文物典章制度概仿中國；其後日本極力西化，但官方文書直到一八八七年為止，依舊採中國知識界通用的「漢文」（文言文）。中國知識分子，尤其是留日學生，遂對日本文物存有一份親近感。早年王韜等輩遊歷日本，雙方文士，以詩賦往來唱和，多少展示兩國士人水乳交融之一面。

然而在明治中葉以後，隨著在甲午戰爭、日俄戰爭的一連串勝利，日本開始以亞洲盟主自居。這股風潮反映到社會上，即為洋溢著對其他亞洲人、尤其是對中國人的歧視。中國留日學子既感到被歧視的切身之痛，又感嘆於中日兩國國際地位的逆轉，同時目睹本為同根生的日本竟可發憤圖強，頗痛中國何以不能自覺自強。於是，他們在歸國後，大部化身民族主義的擁護者，成為中國改革運動的先鋒。就此而言，重探留日學生在日本的所見所思及所行，也可為中國民族主義的蔚然興起，提供新的認識。

是以，綜觀兩國關係，既然有民間個人交流層面的水乳交融悲歡離合，亦有國家政府層面的捭闔縱橫、唯利是圖的相互交錯。若欲掌握兩國關係發展脈絡的精隨，自得從時勢演變為經，再佐以個人交流為緯，宏微史觀的相互驗證，才可能掌握近代中日關係的多重面貌。基此思考，探討北一輝獻身中日兩國革命運動的來龍去脈，尤其是對記錄了他參與辛亥革命的親身經歷，以及就近代中日關係所見所思的《支那革命外史》加以研讀，才可對近代中日關係提供嶄新的認識角度，開拓深廣的知識空間。

◎北一輝的多重面貌

北一輝是戰前日本法西斯主義運動的理論導師，以鼓吹日本革命而聞名於世。他所撰寫的《日本改造法案大綱》被戰前的日本少壯派軍人視為推動日本革命的金科玉律，對日本法西斯主義運動的推展具有舉足輕重的影響力。同時，北一輝早年曾投身中國革命運動，是中國革命祕密組織「同盟會」的正式會員。他所撰寫的《支那革命外史》，在戰後與宮崎滔天的《三十三年之夢》，同被譽為描繪日本人參與中國革命的最佳代表作。鑑於北一輝曾奔走兩國的革命運動，他的一言一行自然引人注目。尤其是一九三七年北一輝遭日本政府控訴為「二・二六政變」的主謀與教唆犯，並被處以極刑，更增添他在日本近代政治思想史上的爭議色彩。

北一輝的爭議，在於他的多樣面貌。早年，他是一個狂熱的社會主義信徒，以反建制、反皇權而獨領風騷。他反對明治政府所宣揚的建國理念，所謂日本是神國化身、日本自古以來就是由萬世一系的天皇統治、日本的君民關係是倫理親情關係等論述，皆是不符史實的虛構理論。北一輝又認為日本歷史的發展，和人類文明的演進，沒有本質上的差異，進而否定日本自有其特殊歷史體驗的說法。他強調日本歷史的走向，正如人類文明的整體發展，乃是從君主專制國演進到貴族國，再發展成民主國。在推展社會主義已是人類文明發展的大勢所趨之際，日本更當順應潮流，於追求社會正義的原則下，在經濟上應求土地及生產工具的國有化，在政治上應求參政權的開放，讓每一成年男性享有投票權。

北一輝對社會主義理論的闡揚，並沒有逾越當時社會主義運動的範疇。北一輝之所以有其獨特價值，是在於他不惜以身試法，敢突破批評天皇論的禁忌，為他人所不敢為的創舉。他的天皇批判論，在日本近代史上反天皇親政論的論戰中，也因而成為不可不討論之一章。

北一輝到中年時改倡「國家社會主義」。他認為人類在追求社會正義之時，不應有國境之分。對內，北一輝仍提倡早年所主張的「國家資源全民共享論」；對外，他卻倡導國家應該有為人類爭取資源合理分配而戰的權利。在北一輝所構思的東亞新秩序中，日本應接收俄國在東亞的疆域以及英國在亞太地區的殖民勢力。他的東亞新秩序論，發表於第一次世界大戰期間，時值日本商品取代了歐貨在亞洲所擁有之市場，這是日本經濟的高度成長期。北一輝大力開闢亞洲新紀元的論述，無疑的使國勢日漲的日本，得以在外交領域上找到了新的著力點，並開拓新的發展方向。他的立論，因而被視為是近代亞洲門羅主義的濫觴，是「大東亞共榮圈」的理論建構先驅。

不過，在北一輝所構思的東亞新秩序中，捍衛亞洲古文明文化圈的概念一直是其理論的軸心。他主張中日兩國締結軍事同盟關係，認為東亞新秩序是建立在中日兩民族的相互協助、相互提攜的基礎上。同時，北一輝又主張美日兩國共同開發中國以及幫助印度獨立。換言之，他的東亞新秩序論，有開疆拓土的企圖，但也有致力於追求中印兩國主權獨立的理想。北一輝的這份期盼，也使得學術界在探討「大東亞共榮圈」的理論形成時，是否應將他的論述與日本政府的大東亞戰爭政策相提並論，留下不少可爭辯的空間。

二．二六政變，是日本近代史上最大規模的一次軍事叛亂，也是導致明治憲政體制瓦解，軍方勢力得以操控政局走向的關鍵。北一輝既然被視為政變的主要策劃者，在探討日本近代史，尤其是一九三〇年代的軍國主義運動時，自然成為不可不提的話題。再則，所謂軍事政變，自然涉及權力鬥爭，北一輝以一介書生之身，既然被視為是操縱軍方內部權力爭奪的主導人，其中的曲折，也使得北一輝的研究成為探討政變內幕的主要線索。

◎《支那革命外史》的撰寫始末

北一輝生涯中的三大著作，是《國體論與純正社會主義》、《支那革命外史》、《日本改造法案大綱》。一九二一年出版的《支那革命外史》，則是三大著作中唯一順利公開發行，並且得到當時日本朝野一致讚賞及肯定的大作。該書原名《支那革命及日本外交革命》，撰寫於一九一五年左右，是北一輝為了向當時的日本首相大隈重信上書而特別執筆，本意是為了替他自己所心儀的革命黨友人，也就是國權派爭取奧援。

《支那革命外史》包含兩個主題，一是論述中國革命的本質，另一是申論日本政府的因應之道。北一輝原本沒打算公開發行這書，完稿以後只油印了一百本，除上呈大隈重信以外，其餘皆分送給日本朝野的各政黨領袖以及各大媒體。在撰寫期間，適逢護國軍起義，北一輝為了不妨礙護國軍的討袁活動，曾一度擱筆，並將寫成的上半部，亦即論述中國革命本質的部份，率先刊行。因此，該書在完稿之初，是上下兩部在不同時期分段問世的。及至一九三一年，始發行了兩部的合刊本。

《支那革命外史》的兩個部分，分屬不同主題、於不同時間寫成，也獲致了兩種迥然不同的評價。前半部是佳評如潮，後半部則是譏評不斷。但無論是哪一個部分，從大正時代以至昭和時代，皆能大放異彩，為日本發動對華戰爭以及倡導「大東亞共榮圈」的理論奠基，在日本近代政治思想史上具有指標性的重要意義。

◎北一輝的訴求

北一輝認為，日本在提供革命基地以及培養革命人才上，曾對中國革命的發展有最直接的具體貢獻。中國革命之核心人才，大多是官派留日學生出身；他們的負笈東瀛，是清廷政府廢除科舉制度，拔擢留學生的新舉才政策指標。這批留學生在赴日之前，多無明顯的政治立場。其實，他們皆因在思想及政治立場上被視為忠於清廷，才可能雀屏中選成為公費留學生。他們原本被視為國家棟樑，是可望在仕途上大展前程的青年才俊，日後竟會置生死於度外，紛紛轉身投入革命，則是出於日本教育的影響。換言之，留學日本的經驗，是促成中國青年菁英政治立場轉向的重大關鍵。

在日本成立的中國革命同盟會，則是中國近代史上最具現代意義的革命政黨。所謂現代化，是就成員的素質、革命的戰略以及其社會階層、地域代表性等方面著眼。眾所周知，同盟會成立之前的中國革命活動，無論在組織的發展及活動的區域皆有其局限性。例如，「興中會」的活動範疇一直無法跨越出廣東，核心組織也一直是以廣東祕密會黨的勢力為主軸。是以，發軔於一八九五年的中國革命，之所以能藉一九〇五年同盟會的成立而獲致關鍵性突破，無非是得力於留日學生的全面參與。

中國革命既然與日本有深切淵源，對中國革命的成長及茁壯，日本不僅應樂觀其成，更應積極考慮支援之道。依北一輝的解析，支援中國革命，蘊含著三大意義。一是中日命運共同體的具體實踐，二是日本大帝國的形成，三是亞洲新秩序的建立。對北一輝來說，在國際社會還沒有演進到國際聯邦政府之前，國際社會中任何事務的處理仍需以國家為主體；國家為了保持活力、生存所需，必須竭盡所能去爭取資源，擴展領域。基此緣由，缺乏豐富物質資源的日本，為維持生存，向周遭地區擴展勢力，實有其必要性。談到擴展，必恃武力。尤其是，二十世紀初葉的亞洲早成為西洋列強的禁臠，日本想要有所發展，就得與既得利益者一決雌雄。

日本作為新興帝國，既然不可避免戰爭，當務之急自然是尋找盟友。而日本能夠得到的盟友，不可能是現行國際社會秩序下的既得利益者，只能是邊緣角色。基於這一點思考，在北一輝的大東亞共榮戰略中，包含三大政策指標。一是盡奪英、俄兩國在亞太地區的資源，二是建立中日兩國軍事同盟關係，三是幫助印度獨立。這三個目標表面上互不相隸屬，要能環環相結，並且獲得實現的關鍵，實繫於中國革命能否成功。惟有中國革命成功，中日兩國才有建立軍事同盟的可能性；也惟有中日兩國有實質的同盟關係，日本才可能有機會全取英俄兩國在亞太地區的資源，印度也才可能得到解放。

中國革命能否成功，既然成為北一輝大東亞戰略計畫的關鍵，鼓吹中國革命，強調中日兩國命運共同體，自然成為論述中的重點。北一輝將日本定位為「中國革命之父」，認為中日兩國是以父子親情倫理關係為基礎的命運共同體。為了落實此一命運共同體，日本有義務也有權利協助革命的新中國，建立一個主權獨立、領土完整的國家。是以，日本的責任除了協助革命黨人推翻帝政專制的滿清政府外，也要協同打擊與此腐敗政府共生的所有外國侵略勢力。其中，尤以打倒英、俄兩國為首要。北一輝期許，一旦中日兩國締結軍事同盟，分別與俄、英開戰之後，中國除可收回外蒙古外，並可逼英國放棄西藏；日本則可藉機奪取西伯利亞及滿洲（中國東北），並順勢接管英國在亞洲的所有殖民地，甚至還應包括澳洲。

職是之故，以重整中日關係做為亞洲新秩序的開端，可謂是北一輝立論的基調。此一立論，蘊含兩大意涵，一是將中日關係視為日本外交的主軸，另一則將重建亞洲秩序視為今後日本外交的努力課題。日本外交傳統向來是唯英國馬首是瞻，北一輝的論述頗具新意，更有突破瓶頸另闢新紀元的時代意義。也就是說，在北一輝外交戰略構思藍圖中，「中日同盟」代替了「英日同盟」。如此，日本的角色從一個追隨盟主英國，唯利是圖的夥計，瞬即轉變成捍衛鄰邦，力抗強權的騎士；日本更從一個唯唯諾諾，尊奉西方利益的既有國際秩序追隨者，一躍而成為復興亞洲，以亞洲人利益為考量的新秩序的締造者。這樣的觀點，確實使旭日高升國勢日漲的日本，在外交領域上，找得到新的著力點，開拓了新的發展方向。

◎《支那革命外史》的研究價值

《支那革命外史》既然是為了替革命黨中的國權派爭取日本政府奧援而取筆，如何彰顯國權派才是革命黨的正宗、支援國權派才符合日本的國家利益，自然成為本書的論述主軸。而最能反映此等論述的精要，無非就是北一輝對辛亥革命失敗的檢討。

北一輝認為，辛亥革命的失敗，中國國內外的因素都起到關鍵作用。就國內的因素來說，他歸咎為以下兩點。首先，以宋教仁為中心的國權主義者從未掌握革命運動的主導權。其次，革命政府推舉了完全不熟悉中國國情的孫文出任領袖。至於國際因素，北一輝歸納為以下兩點：第一、西方列強皆選擇支持袁世凱。第二、外蒙古的獨立以及日俄協調等遠東國際局勢的驟變。這兩項因素，是國權派願意向袁世凱妥協的主因。

北一輝對孫文革命地位的否定，當然抵觸了海峽兩岸的國共兩黨革命史觀。至於這樣的論斷是否公允，得由讀者各自判斷。但無論如何，有鑑於民國史的曲折發展，他的見解似乎可為吾輩提供眾多參考線索。

例如，在一九一二年八月二十五日同盟會與統一共和黨、國民公黨、國民共進會、共和實進會等四個政黨協商合併，成立國民黨之際，孫文雖被選為理事長，但卻沒到任，反而接受袁世凱任命，「籌劃全國鐵路全權」。代替孫文，領導國民黨投入參眾兩院選舉者，是代理理事長宋教仁。宋教仁因統率國民黨得宜，讓國民黨贏得大選，為自己獲取出面組閣的資格。惟宋教仁與國民黨大漲的聲勢，旋因宋教仁慘遭暗殺，驟然中止。前揭史實，是眾所共知之事。可是，南北統一後袁世凱出任臨時大總統，何以堅持與袁世凱分庭抗禮的是宋教仁，而非孫文？這一問題，鮮有人給出有說服力的解釋。

一九一三年七月，二次革命失敗，革命黨人紛紛避難海外。孫文為重整革命事業，特於翌年在日本東京創建中華革命黨，號召國民黨黨員重新辦理入黨手續，並要求眾人入黨時皆需按手印宣誓服從。孫文的措施，引來不少質疑。國民黨人黃興、熊克武、柏文蔚、李烈鈞、岑春煊、陳炯明、汪精衛、蔡元培、吳敬恆、鈕永建、張繼、李書城、林森、李根源等均拒絕加入，另起爐灶成立「歐事研究會」等組織。對此等國民黨公開分裂的事實，吾輩又應作何解釋？

及至一九一五年十二月二十五日護國軍於雲南舉義，主要策動者為梁啟超、蔡鍔、李根源、李烈鈞、岑春煊等人。前兩人隸屬於進步黨，後三者為歐事研究會成員，皆與中華革命黨無關，護國軍舉義自然不能歸功於孫文。在各方討袁聲中，唯一奉孫文之命者，為一九一六年五月四日在山東濰縣起義的中華革命軍東北軍。然而，東北軍自成立之日，內鬨不斷，對大局走向影響有限。對於孫文在反袁活動中被邊緣化的史實，吾輩又應做何解釋？

對於辛亥革命前後的中國政治問題，北一輝在《支那革命外史》頗有自己的看法。歷史本來就是眾多政治勢力的交織角力而成，史學家的歷史論述卻往往掛一漏萬，《外史》自然亦不例外。只是，此書恰巧是站在與國共兩黨史觀對立的另一端，縱使觀點有其偏頗一面，依然可為眾多民國史上避而不談的課題，提供新的思索方向。這一點，即為今日重讀、研究《支那革命外史》的價值所在。

導讀

北一輝與辛亥革命

文／傅國湧（中國歷史學者、獨立撰稿人）

透過北一輝與辛亥革命的關係，我們可以在近代歷史的風雲變幻中窺見日本與中國的複雜關係，今天北一輝對於中國人來說已經是一個陌生的名字，但他與那段歷史有著很深的連結。

◎三個關係

在十九世紀到二十世紀轉型的關頭，判斷中國的歷史，如果從中外關係的角度看，有三個關係對中國有舉足輕重的影響。第一個關係是中英關係（後來則由中美關係取代其地位），從一八四二年確立的條約體系框架，中英關係一直是最重要的外交關係，辛亥革命時期影響中國最深的國家是英國，英國駐華公使朱邇典對中國問題有很大的發言權，在相當大的程度上，辛亥革命以和平告終與英國的態度有相當深的關係，這一點從英國的外交檔案，及《泰晤士報》駐華記者莫理循的書信與日記，都可以看出。

但從一八九四年開始，中日關係逐漸在中國對外關係中變得最重要。從甲午戰爭開始，日俄戰爭、「二十一條」、五四運動、「濟南事件」、「九一八事變」、「七七事變」，一直到一九四五年以日本投降告終，在這激蕩起伏的半個多世紀中，日本成為對中國影響最深的一個國家。甚至可以說，將中日關係研究清楚了，中國的問題也就基本上研究清楚了。中國近代以來的命運大致上是由另一個民族決定的，而不是由本民族決定的，這是一個最大的悲劇。如果說，英國人並沒有決定中國的命運，那麼日本人卻決定了中國的命運。

第三個關係就是中蘇關係，這層關係跟中日關係一樣，也在歷史進程中逐漸成為決定中國這個大共同體以及當中的每一個個體命運的因素。如果將一九二一年中共建黨作為一個時間起點的話（實際上一九二〇年十一月七日一份叫《共產黨》的刊物就已經在上海創辦，「共產黨」這個名詞在中文世界的首次登場是在這時候），蘇聯對於中國的影響從一九二〇年前後開始，比日本人慢了一步，經過孫文越飛宣言、北伐戰爭、寧漢分立、中共的十年蘇維埃運動、西安事變，一直到國共戰爭、韓戰、中蘇分裂，一路下來，都可以看到蘇聯成為像日本那樣深刻影響中國國運的鄰國。

某種意義上，中國二十世紀以來的走向就是由這兩個鄰邦規定的，中國的制度取向、價值取向都深受日本和蘇聯的影響，地緣政治在中國發生了巨大的槓桿作用。中華民族歷來都有著自己的價值觀、制度模式和自己的文化思想，但不幸的是中國的生產方式，或者說農耕文明在近代以來遇到了工業文明的挑戰，於是中國人的生活方式、制度方式、思維方式都遇到了挑戰。在這種挑戰面前，以英美為代表的西方文明國家、以日本為代表的亞洲新興國家，和以蘇聯為代表的一系列全新的共產主義國家，它們分別都對中國產生了影響。二十世紀中國道路和命運的轉折，相當程度上是被這些國家或者說是被這些對外關係所決定的，而不是由本土自主的選擇所決定的，因此弄清楚這三個關係，就能更好地理解中國現在的命運和處境、將來的道路和抉擇。

◎「八零後」留日學生

在錯綜複雜的中日關係中有一個值得關注的視角是留日學生。由於不用跨越浩瀚的大洋，從中國到一衣帶水的日本留學也就成本較低。二十世紀初大批中國學生留日，是所有的對外留學生中人數最多的部分，清政府在八國聯軍進京之後，最重要的政策可以概括為九個字：廢科舉，興學堂，派留學。而其中的「派留學」，大多數留學生到的是日本，而不是歐美，歐美的留學生並不多，像胡適、竺可楨、梅貽琦這樣的大學校長，靠著美國退還的庚子賠款餘額而留美的學生，所占的比例非常小。

在留日學生當中，出生於一八八〇年後的，這裡暫且稱他們為「八零後」。其中包括宋教仁、魯迅、汪精衛、蔣介石、張季鸞、張東蓀，這個名單一直可以開列下去，企業界的范旭東也是「八零後」，「八零後」的代表人物多為留日的，這是一個非常獨特的現象，原因就在於二十世紀初中國的留日潮，正好被他們那一代人趕上了，他們二十歲出頭的時候正好是中國留日高潮。數以萬計的中國學生到日本學習，或公費或自費，有的人其實從來都沒有進入日本的正規大學，只是在日本上過日語補習班，或者讀的是預備學校，蔣介石本人也沒有進入日本正式的士官學校學習，他就讀的振武學校，只是日本陸軍參謀本部專為中國留學生開辦的一所預科軍事學校，不像蔡鍔等人還繼續進入東京陸軍士官學校深造。

那個時候，中國留日學生中真正從正規大學畢業的並不多，魯迅也只是仙台一個醫科學校的肄業生，此前他一直在日語學校裡補習日語。魯迅退學之後，自己租了房子，開始翻譯日文小說。像他這樣的人其實並不少，銀行家蔣抑卮，作為最早資助魯迅的文學活動的人，他到日本留學時其實也幾乎沒有上過什麼課。

「九零後」這一代情況就不一樣了，毛澤東、盧作孚、梁漱溟、葉聖陶、胡適之（留美，就讀於哥倫比亞大學、康乃爾大學）、晏陽初（留美，耶魯大學），前面幾個人都是中學生、小學生、師範生，毛澤東是湖南第一師範的，梁漱溟是北京順天府中學堂的，葉聖陶是蘇州草橋中學的，盧作孚只是重慶合川一所小學畢業。這些在不同領域有重要影響的人，或是在本國受的教育，或是留美歸來，這與留日高潮已漸漸過去有關，當然還是有一些留日學生在各自領域有建樹，像郁達夫、郭沫若、雷震等人。

等到「零零後」這一代，也就是生於一九〇〇年到一九一〇年這十年間的人，例如鄧小平、蔣經國、王芸生、錢鍾書、費孝通，留日出身的不多見了。錢鍾書、費孝通可以算是學術界的代表人物，他們留學的地方是英國，蔣經國跟鄧小平有相似性，兩人都在莫斯科中山大學上過學，而鄧小平還多了一項經歷，就是在法國勤工儉學。一百年來的中國，包括未來的五十年，甚至一百年，中國人仍然將生活在這三代人的影響下面。

「八零後」、「九零後」和「零零後」的影響不僅覆蓋了二十世紀的中國，還將繼續影響二十一世紀。「八零後」那一代留日學生，回國以後進入政界、軍界、新聞界、文學界，其中產生了許多時代的風雲兒。如果要論對於中國命運具有關鍵性影響的人物，還是要屬在年輕的時候就失去了生命的宋教仁，宋教仁只活了三十二歲，但他宣導的憲政理想仍然是中國今天和將來要不斷地去回應的大題目。在宋教仁留日歸國前後，他也回應了中國正在發生的立憲運動，宋教仁不贊同立憲運動，他贊同共和運動，主張革命，但是宋教仁希望革命之後進入憲政的軌道，兩黨政治，輪流執政，議會民主。結果宋教仁被暗殺了，有人據此說中國還不具備兩黨輪流執政的條件。

作為宋教仁的朋友，生於一八八三年的北一輝只比他小了一歲——年齡是一個非常重要的因素，這意味著他們容易找到共同的話題，成為志同道合的朋友。

北一輝的《支那革命外史》記錄了他在辛亥革命前後的親身經歷以及他對辛亥革命和中日關係的思考，特別是他與宋教仁的親密關係，對宋教仁之死的愴痛，以及對孫文的尖銳批評。此書雖然據說在一九四五年由漢口大楚報社出版過中譯本，卻是到處都找不到。辛亥百年之際，董炯明先生受我之託，將此書的部分文字首先譯出。我與董兄相識十數年，他早年畢業於浙江大學，譯過三十多種日文推理小說。本書是由半文言式的日文寫成，很難翻譯，他為此耗費了不少心血，不料在書稿譯成後，茫茫中國大陸竟找不到一家出版社願意出版，至今引以為憾。

◎「排滿興漢學」

北一輝在《支那革命外史》中有這樣一段話：

「然而，人算不如天算。正如德川氏希望幕府能夠綿延萬世，但漢學卻成了王霸之辨的利器，為維新革命運動提供理論基礎的弄巧成拙一般……」

明治維新改變了日本整個歷史的走向，從此打開了日本通往西學的一條道路，而在漫長的歷史當中，漢學一直是日本最重要的支柱學問，如今西學成了它的支柱學問，但是在反德川氏運動中，漢學卻是他們的武器，王道還是霸道，就是當年日本倒幕運動的一個精神武器。難怪北一輝有此感嘆。任何一種學問，一旦被轉化成社會利器，就是一種巨大的力量。馬克思主義本來是馬克思一個人在書齋中的構想，但是一旦被某些民族某些集團掌握，轉化成他們的武器，釋放出來的巨大能量，足以把整個東歐翻過天來，甚至足以橫跨西伯利亞把黃河、長江流域變成一片血海——難道不是如此嗎？光是一九六〇年前後的大飢荒就有四千多萬人死亡，歷史上還有比這更大規模的非正常死亡嗎？一種思想一旦被用在錯誤的地方，就會帶來浩劫，這是十分可怕的事。

日本這個國家從古代開始持續受到漢學影響，中國長期是它的老師，但是一夜之間反過來了，明治維新之後，尤其是甲午戰爭、日俄戰爭之後，日本成為了中國的老師。日本開始對中國發生重大影響。這裡面有幾個因素，第一個因素就是留日學生的人數急劇增加。第二個因素，日本國內流行的各種思潮，不斷地成為中國學生和部份民眾熱衷討論的話題。比如說，民族主義這個詞就是從日本引進的，中國原來是天下主義。《易經．繫辭》裡有一個高度概括的說法——「見龍在田，天下文明」。這是中國文化的一個核心，而「天下文明」被從日本過來的民族主義解構了。君主立憲的思潮也是來自日本，並不是直接來自英國，當時的中國人對英國並不瞭解，他們更熟悉的是鄰國日本的君主立憲，所謂近水樓台先得月。泛亞主義，當然也是從日本來的，只有日本動不動講「大亞洲主義」，就是後來人們熟悉的「大東亞共榮圈」口號。

社會主義也是從日本引進的，其實社會主義有兩種，一種是源自蘇聯的社會主義，另一種是源自日本的社會主義。北一輝就是日本早期的社會主義者。他不是一個立憲主義者，也不是一個共和主義者，他是一個泛亞主義者，以及社會主義者，北一輝的成名作就是主張社會主義。所以他也是日本政府打壓的對象，是政府不喜歡的持不同政見者。日本的其他思潮例如自由主義，無政府主義，也都影響了一部份的中國人。可以說，影響中國的大部份思潮都是發源於日本。梁啟超一八九八年以後流亡日本，開始學習日語，在《新民叢報》、《清議報》這些刊物上寫了大量的文章，把大量中國人原本十分陌生的詞彙、術語、概念變成了中文。民族、道德、公德、私德、政治、幹部、群眾、哲學這些詞彙都不是中文原有的，都是他通過日語轉譯過來的。嚴復認為這樣的翻譯不夠本土化，日本味太濃了，所以他在翻譯時，特別想追溯中國的文化傳統，例如把社會學譯為了「群學」，經濟學譯為「計學」，邏輯學譯成「名學」，嚴復在翻譯《論自由》的時候，他苦思冥想譯為《群己權界論》，以求準確和簡約！可惜到最後，嚴復翻譯的大部份詞彙都被淘汰，保留下來的也許只有「物競天擇，適者生存」之類的說法。不是說嚴復譯得不好，而是中國人始終沒能習慣，或者說日本文化的影響力太大了。

日本對中國的影響不僅在留學生的層面或思潮的層面，京師大學堂一八九八年創立之初聘用歐美的教習，一九〇二年復校以後，開始大規模地聘用日本籍的老師，引用日本的學制與教材，這是中國在高等教育層面受到了日本的影響。在基礎教育層面，商務印書館在一九〇四年編寫小學教科書，完全是按照日本模式。邀請日本有經驗的行家，直接參與教科書的設計，這種影響是深入到編輯環節的。

那個時候，京師大學堂最流行的讀物就是梁啟超的《飲冰室文集》和《新民叢報》，學生幾乎是人手一冊。這意味著，通過梁啟超翻譯的日本的名詞與思想對中國學生，包括對京師大學堂的學生產生了深刻的影響。一八九三年出生在湖南長沙的左舜生，他是歷史學家，也是中國青年黨的創始人之一，他回憶在長沙讀小學時，夜裡悄悄地點燈，一邊讀梁啟超的文章，一邊感動得流淚。無論在大學生中，還是小學生中，那個時候都有不少梁啟超的讀者，梁啟超的思想資源、知識資源不是直接從歐美來的，而是通過日本來的。因此，梁啟超對他們的影響也可以說是日本的影響。梁啟超把日本對歐美的知識體系和精神資源的理解轉換成漢語，而中國的大多數人沒有機會直接用英語去閱讀西方著作，也沒有機會直接接觸日語的資源，只能通過梁啟超的書籍、文章的仲介。通過留學生，通過書刊，日本的思潮滾滾進入中國，包括商務印書館的教科書把日本的學制與教科書的設計潛移默化地引入中國。

所以，北一輝很驕傲地說，中國的學生到日本學的是什麼？他造了一個詞叫「排滿興漢」。他說，中國留學生研究的就是這門學問：

「在不受異族統治的日本，原本用於維持治安的國家民族主義，一旦西渡到被滿人征服的中國，就被理解成革命的科學理論。這就是說，用日本的國家民族主義解釋的忠孝道德，教給中國人的正是應與滅君亡國者勢不兩立，與其接受異族的統治而活，還不如因為反抗異族而死。如此一來，對滿清皇室而言，日本的一切教科書都成了革命哲學，日本的所有學校都成了革命俱樂部。更何況還有千萬種漢譯的『百科全書』，像潮水般地湧向中國各地。」

但兩國政府都未料到這批人在日本學的是「排滿興漢」。可見日本對於中國的影響，明明講的是民族主義，但是在中國人聽來就是要把滿人趕走。這就是當時的現實。所以北一輝接著說，正是日本思想啟發了中國的革命。他想到了十八世紀英國對法國思想界的啟發：

「……殊不知法國革命黨正是因為輸入了「淺薄的英國思想」才得以覺醒。伏爾泰的研究乃基於英國法律，孟德斯鳩費二十年苦心而寫成的《論法的精神》也不過是重新闡述英國法學家們所說的那一套而已。與此相似，故人宋教仁君翻譯《比較財政學》，其他革命領導者也踴躍翻譯日文書籍，從中吸收了許多新知識和先進的思想……若是根據歷史學家的見解，譯成法語的英國《百科全書》喚起了法國的革命思想，那麼提供汗牛充棟的書籍以供漢譯的東洋不列顛，對於中國革命的思想，必然也帶來了極大的啟發。」

◎與宋教仁結交

北一輝是一個社會主義者，最後成了日本法西斯主義的創始人，一九三七年被日本政府槍斃。一九三六年，日本少壯派軍人發動「二・二六政變」，日本政府認為罪魁禍首是法西斯思想理論的締造者北一輝，所以逮捕了他，第二年將他處以死刑。北一輝在一九〇六年發表《國體論與純正社會主義》而一舉成名，宋教仁那個時候正好在日本，這一年北一輝加入同盟會，成為同盟會吸收的八個日本友人之一。也是這一年，他加入了另一個由日本人創辦的社團「革命評論社」，這是傾向於推翻當時的日本政府，建立社會主義的一個小組織。一九一一年十月，他追隨宋教仁親臨中國參加革命，一直到一九一三年宋教仁被暗殺之後，他被日本領事館勒令返回日本三年，在這期間撰寫了《支那革命外史》。一九一六年他又重返中國，三年後再回到日本。一九二三年他出版了軍國主義者法西斯主義的理論著作《日本改造法案大綱》，這本書就是此後日本走向軍國主義的源頭。第二次世界大戰，日本成為法西斯軸心國，起源於北一輝的這本書，是他設計了日本軍國主義道路。從一個社會主義者演變成一個法西斯主義者，這是北一輝一生的事蹟，儘管鄙人關注的只是他在辛亥革命前後的經歷，透過他的個案觀察中國與日本的關係。北一輝親歷中國革命十三年，這個時間不算短，從一九〇六年到一九一三年是他的第一階段，他不僅參加了同盟會，而且親自到了武昌、南京、上海現場，是革命的親歷者。所以北一輝的《支那革命外史》是有獨特視角的。第二階段，從一九一三年到一九一九年，這個時期他往來於中日之間。一九〇五年至一九一六年在日本撰寫了《支那革命外史》，一九一九年又在上海撰寫了《日本改造法案大綱》。

從北一輝的生涯以及他參與中國革命十三年的過程，我們可以看到一個中日命運共同體，或者說東亞命運共同體，而不僅是孤立的中國和孤立的日本。中日之間在命運上有相當的關聯，中日兩國的革命者有著精神血緣上的連結，無論在思想上還是在行為模式上、經歷上，都有相當的相似性。

北一輝雖然與宋教仁結成了生死之交，卻與孫文成了死對頭。他在一九〇七年就與孫文鬧翻了，當時北一輝剛加入同盟會不久，孫文拿到了日本政府給他的一筆鉅款，讓他離開日本，其實就是驅逐出境。孫文帶著這筆錢直接離開，沒有留一些給宋教仁他們辦《民報》，因此埋下了分裂的隱患。北一輝最初在同盟會裡最密切的朋友是張繼、章太炎、劉師培，這些人當時都是反對孫文的，他們之間結成了反孫同盟。第一輪反孫的風潮由章太炎主導，張繼為急先鋒，並得到了北一輝等日本志士的支持。後來北一輝跟宋教仁志氣相投，成為莫逆之交，後期他的好朋友是宋教仁、譚人鳳。無論是他早期的好友，還是後期的好友，都與孫文合不來，他們的政治主張與孫文的路線不大一致。

北一輝與宋教仁的交情始於一九〇七年的夏天，當時宋教仁在東北策動「馬賊」反清失敗，回到日本。黃興已經南下香港，準備在兩廣、雲南邊境地區策動武裝暴動。張繼就帶著宋教仁來見北一輝，兩個人很快成了

黃興。

好朋友。北一輝非常欣賞宋教仁的組織頭腦和遊說能力。他寫道：

「宋君具備作為冷靜不惑的國家主義者而應有的法律素養，足以擔當組織集團的大任。在革命領袖們最清醒的一、二年間，宋君完美的國家主義，與章太炎的國粹文學和張繼的雷霆般熱情相輔相成，在理論、熱情與組織方面都建構起無懈可擊的革命黨。但不幸的是，與革命如形隨影的黃興欲在鎮南關東山再起又告敗北，汪精衛計劃刺殺攝政王事敗而被判處無期徒刑……基於清國政府的要求，日本警方勒令唯一鼓吹革命的宣傳機器《民報》永久停刊。鄙人介紹幸德秋水給張繼認識竟成為禍事，因為意外地把他的思想引導向無政府主義。為逃避日本警方追捕，張繼不得不流亡巴黎。」

這是北一輝對當時革命局勢的一個分析。接下來他談及他跟宋教仁之間的關係和他對宋教仁的評價：

「如此這般，孫文走了、黃興走了、張繼也走了。這之後的中國同盟會，聲勢一落千丈，而且日本警方對它的鎮壓更日甚一日，願意參加同盟會的遊俠之士也愈來愈少。就在這種極端困難的處境下，宋君充分發揮了他卓越的組織才能。他一方面繼續擴大同盟會的力量，一方面將國家的覺醒和民族的熱情深化成一黨一理想的偉大目標，並且將經過實戰教鞭鍛冶出愛國魂的軍事留學生源源不斷送回中國，讓他們去訓練叛軍，準備與滿清征服者決一死戰。不只如此，在革命爆發的兩年前，宋君透過擁立會黨豪傑譚人鳳，已經穩當而祕密地掌握了愛國革命運動的參謀部。」

這都是在孫文不知情的情況下發生的，事實上孫文已失去掌控同盟會的實力。孫文曾經一度不承認同盟會這個招牌，而另外組織一個中華革命黨。一九一〇年，孫文就已經用「中華革命黨」的名義發行募捐鈔票，還曾要求南洋的同盟會分部都改名為「中華革命黨」的分部，這是歷史上不太被注意到的一個微妙的細節。宋教仁他們在上海建立的中部同盟會，事實上也不奉孫文為最高領袖。一九一〇年夏天，孫文突然來到日本，幾天以後他又被驅逐出境。北一輝留意到孫文與宋教仁的這次會面，氣氛頗為冷淡：

孫文於一九〇六年發行的中華革命軍銀票。

「明治四十三（一九一〇）年夏，被驅逐出境的孫文突然來到東京，但數日後再被驅逐出境。他與故人宋教仁君的會見頗為冷淡。由於鄙人與宋君比較親近，鄙人親眼見到宋君的思想在數年間有徹底的轉變，堪稱質的飛躍，他終於走上了革命運動的正道。當時鄙人相信，宋君一定能用他的熱血挽亡國於既倒。」

北一輝認為宋、孫的冷淡會見，標誌民主的夢想家與國家主義的思想家事實上的分離。在他眼中，孫文是一個民主的夢想家，宋教仁是一個國家主義的思想家。他寫道：

「孫文的民主理想，天下間無人不知……對於正處於亡國邊緣的中國，孫文所渴望的現實理想，其實是只能由宋教仁所倡議的國家理想而達致，這才是真正值得大書特書，不能不予以特別留意之事。」

「孫文的革命運動是國際性的，認為接受外邦或外人的援助乃理所當然之事，所以要看破他們的手腳，其實非常簡單。與此相反，宋君著眼於自己的國家，推動愛國運動，警惕與外人的過分接近，對待外國的援助，除非是在萬不得已的情況下，而且必須在不損害國權的條件下才予以接受，換言之即是一種基於愛國熱情推展的行動。所以，前者採用他力本願策略，讓數十數百名支那浪人嘯聚在自身周圍以壯聲威；但基於後者愛國的自尊心，他們所能統合起來的，終究只是一小撮反宋的勢力罷了。」

「革命期間，上海總領事有吉明君對於原來被視為親日論者的宋君曾以「漁夫」名號發表排日言論深感不滿，他對著忍不住想笑的鄙人忿忿不平地說，這暴露了中國人的反覆無常。其實，這話反而暴露了外務省官僚蔑視中國的態度……事實上，故人宋教仁君的愛國自尊心，與日本那些抱持屬邦觀的援助者是積不相容的；革命的爆發，其實是他們傳統的輕侮觀中難以想像的愛國運動，點燃火種所產生的結果。這無關民主共和，也無關自由平等。故人宋君在革命史上的價值，正在於他在這些人所不曾察知的這一面上，成為具代表性的領導者之故。」

有一件事可以證明宋教仁的立場，他寫過一本《間島問題》的小冊子，間島是當時朝鮮與中國交界的一小塊地方，之後它成為中日之間有爭議的領土，因為宋教仁這本書，清廷在中日的外交戰中獲勝了。因此北一輝說宋教仁有非常強烈的民族主義、國家主義立場，並不是一個單純的民主主義者，而像孫文這樣的民主主義者不會介意把這些土地送給日本，只要能從日本獲得軍事和財政方面的援助，也就是說只求自己的事業成功就好。而宋教仁非常強調中國的主權，這是他們之間的不同，也是孫文為人詬病的地方。孫文沒有特別強烈的要捍衛領土主權之完整的觀念，或許這跟他從小在美國讀書有關係，孫文從小就跟他哥哥到檀香山讀小學，他的民族觀念並不是那麼強烈，雖然孫文提出了民族、民權、民生的三民主義，但他的「三民主義」中所謂的「民族」主要指的是排滿，就是驅除韃虜，並不是指民族國家的共同體。北一輝繼續寫道：

「有人把鄙人看成是親宋分子，實非如此也。也有人認為鄙人是宋君的顧問或參謀，這更加不符實情。鄙人與宋教仁君不過是一對經常同聲唱和又經常爭論不已的同齡益友。歷經多年相交，鄙人看到了他異於常人的真正價值。也就是說，鄙人之所以看重宋君，並非如世人所言，是因為他的足智多謀，也非因為他的學富五車，更非他的雄辯滔滔，而只是因為宋君是一名剛毅誠烈且一以貫之的愛國者。」

因為北一輝也是這樣的一名愛國者，北一輝愛的是他的日本，宋教仁愛的是他的中國。所以，他們才可以相互理解。一九〇八年，作為一個被清廷通緝的要犯，宋教仁竟然化名宋練，寫下了《間島問題》，獻給清廷。這本書是地理學著作，卻為大清國贏得了外交的勝利。所以徐世昌、袁世凱對宋教仁都極為看重，要讓駐日公使把他請回中國做官，結果宋教仁沒有答應，這件事也就不了了之。

北一輝不是從民主主義者的角度，而是從國家主義者的角度，為我們提供了一個全新的、以往沒有立足過的視野，北一輝自認為是宋教仁的親密戰友、也是他的知音，對宋教仁做出了近距離的觀察。在孫文與宋教仁之間，他一直認為孫是空想，宋是實幹，而且認為宋是國家主義，孫是國際主義。站在一個日本人的立場上，他的這些觀察，有時候可能比中國人更清楚。

◎親歷辛亥革命

北一輝不僅從一九〇七到一九一〇年期間在日本與宋教仁有親身的接觸，而且在武昌起義發生之後來到了中國，在宋身邊很長時間。一九一一年十月十七日，即武昌起義發生一個星期後，宋教仁給日本黑龍會主幹內田良平發了一封電報，希望他能支援中國革命。內田良平就派遣其時擔任《時事月刊》編輯的北一輝，以特派記者身份到中國。黑龍會與中國革命有千絲萬縷的關係，而內田良平與孫文、宋教仁兩人都有交情。

自這年十月底抵達上海，直到一九一三年四月離開中國的前夕，北一輝在此期間一共向黑龍會發了十三封書信、三十六封電報或者建議書。十三封書信報告都是在一九一一年十一月一日到十八日，也就是他剛剛來到中國的時候，用書信報告，發信的地址分別在武漢、南京、鎮江。

學者黃自進根據北一輝本人所寫的十三份報告，將他對辛亥革命的觀察歸納為四點[1]：

第一點，這次中國發生的革命運動核心是留日學生。北一輝到達中國時，並不通曉漢語，卻一點交流障礙也沒有，因為他所見到的許多人都會講日語，他用這個來證明革命運動的核心是留日學生，所以他不會漢語也無障礙。

第二點，革命黨人的思想和行動模式都是從日本學得的，他們是日本人的學生。

第三點，宋教仁作為留日學生領袖，活躍于革命黨人陣營。換言之，宋教仁之所以在革命黨中有發言權，就是因為他能夠以留日學生作為自己的群眾基礎。

第四點，孫文在中國內地毫無影響力。一九一一年十一月十三日，北一輝在給內田良平的信中特意提到自己到了中國內地，尤其是到達長江流域的中上游之後，發覺愈是接近中國內地，孫文的影響力愈是降低，他對此感到驚訝。

當時孫文還遠在海外，不過中國國內大多數地方宣告獨立時，打出的旗幟都不是青天白日旗——這一點確是事實，當時大部份地方用的是白旗。北一輝到中國，是為了追隨宋教仁。等到他抵達上海，宋已經到了武漢，宋是跟著黃興到武漢的。宋到了武漢之後立即提出組建臨時政府，但是黃興認為要先打一仗，立下戰功，再建政府，要不然何以服眾。北一輝認為，革命家不理解革命乃古今之通則。黃興把革命跟戰爭混淆了，所以他批評黃興是被身邊的一批日本浪人給誤導了，包圍著黃興的有一批日本浪人，如同孫文的身邊也有一批日本浪人。在中國革命當中，到處可以看見日本人的影子。

事實上，革命黨早就明文規定在革命成功的地方必成立軍政府，只需以人民承認的方式公布就可以了。建立了政府以後即可向軍民發號施令，黎元洪作為一名軍官就不得不奉命行事了。黃興應該到武漢後馬上建立政府，北一輝認為宋教仁的這個看法是對的。他認為從長江到武昌去的船上和在武昌的會議上，宋教仁提供了許多大局性見解，就是反覆強調要把祕密時代的革命計劃付諸實現。但最終黃興沒有聽，大權還是落在了黎元洪的手裡。所以他認為，這件事情的結果，不僅老譚有責，黃君也難辭其咎也。

老譚就是譚人鳳，譚人鳳耽誤了到武昌領導起義的機會，他本來準備前往當地，臨時生病掛鹽水，就沒有去。叫宋教仁去，宋教仁還想再等等。誰也沒有想到武昌起義這一戰能大獲成功，大家認為以前發動了多少次起義都沒有成功，這次大概也一樣吧？因此完全沒當一回事。武昌城裡沒有有分量的領袖，群龍無首，完全是革命黨人的新軍士兵臨時發動的起義。

在武昌期間，宋教仁一直鬱鬱不歡。為什麼一直鬱鬱不歡？北一輝認為，自己作為參加中國革命的日本人，聽到對岸隆隆砲聲而感到雀躍萬分。尤其得知萱野長知率領一隊日本浪人也奔赴前線參戰，他就更加高興。但是，宋教仁卻是憂心忡忡，北一輝很不理解。後來當宋教仁死後，他每當想起宋教仁靠在桌上雙手捧頭沉思考慮如何順利奪回漢口，應對這樣的大變局的時候，北一輝心中總是感到無限悲痛。他對宋教仁有這樣的評判：「故人宋教仁君如他自認般，確實具有王霸之才，他的長處就在於能夠用那雙聰慧的眼睛，一眼看穿大局的走向。相較之下，黃興雖然熱情雅量，不失為一個優秀人物，但就是欠缺大局眼光。他不聽宋君的忠告而屢誤大事。世人視黃興失守漢陽逃往上海的行為，是中華民族怯懦的表現。」

這個評價與譚人鳳的評價是高度吻合的，譚人鳳在他的回憶錄《石叟牌詞》中，論宋教仁「英而不雄」、黃興「雄而不英」。這一概括要比北一輝更加精煉。北一輝關於中國革命的很多觀點是受到譚人鳳影響而形成的，而《支那革命外史》不少文字的淵源也是譚氏的《石叟牌詞》。

黃興缺乏大局眼光，而宋教仁擁有的就是大局觀，但是他們都有各自的不足。北一輝指出，宋教仁坐擁老譚本土幫會系統的勢力，又有黃興日本思想系的淵源，本該是前途不可限量的人物。不過，他也認為，宋屢屢不接納譚提出的孤注一擲的大膽計劃而替宋感到可惜，宋「英而不雄」，缺的就是一個「雄」字。同時，他又為黃興不聽宋的忠告導致許多失誤而替黃感到遺憾，黃興是「雄而不英」。最終這兩個人都成不了大事。

宋教仁雖然有冷靜的頭腦，但並非算無遺策，他並沒有估計到黃興在漢陽會吃敗仗。北一輝說，某天晚上，他在武昌都督府留宿，對岸的槍砲聲震得臥室的玻璃窗悉悉作響。宋教仁對北一輝說：「我來此地，實在是被黃興硬拉來的。像過去那樣，他總是不聽我的忠告。我認為老譚既然已在此地，我們倆人沒有必要來武漢了。我正在策劃率領南京的新軍奪取江南諸省以制令天下的大計，但黃興不聽我的，拉我來此，反而在黎元洪的支配下讓我黨失去領導地位。昨天南京的代表來迎接我們了，我將順江東下前往那裡。不管黃興是成是敗，只要取下南京，收復漢口就易於反掌了。」

宋教仁這一席話，就是接下來辛亥革命的關鍵一步，成敗不在武漢，而在南京。宋教仁不聽黃興的勸阻，一個人離開了。黃興留在那裡打敗仗，宋教仁前往南京。此前，南京方面有新軍裡的革命黨代表來找他，但是等他坐船到達南京，形勢已經驟變，看到城門上懸掛著人頭。張勳進了南京城，殺了很多人，有些人僅僅因為沒有辮子就被砍了頭。張勳已掌握南京的城防，原來的形勢逆轉了。新軍第九鎮撤到了南京城外。宋教仁當時還不知道，但是到了南京下關，就知道一切都變了。

但這個時候，北一輝卻沒有看到宋教仁沮喪的表情，而是臉露微笑，握著他的手，毅然說道：「不如一起進城吧！進城看一看具體情況，或許能找到什麼對付的辦法！」這顯示一介書生宋教仁也是有膽略的，在這樣的情況下他還敢到南京城去。北一輝因此說：「後世的史家必會記得宋君他這毅然決然的豪言壯語」。但是，後世史家恰恰不知道這番豪言壯語，因為北一輝的《支那革命外史》長期未能在中國廣泛流傳，所以這句話也一直沒有被寫進任何一本現代的中國史著作。宋教仁在船艙中託付另一個革命黨人倪鐵僧：「吾今日已置生死於度外，但你必須保護外國友人的安全。」這是他們在渡長江的時候，宋教仁的囑咐，當時各省同志的居所、名冊及暗號電報等也裝在他的褡褳裡，但他沒有太顧及自己的安全，而是要革命黨人保護北一輝的安全，北一輝深為此事感動。

到南京之後，北一輝給黑龍會發去了三十六封電報，其中三十三封是南北議和和中華民國臨時政府成立期間發出來的。有兩封電報很重要，一封是一九一一年十二月十八日、一封是十二月二十日，希望內田良平能勸阻山縣有朋不得使用武力干涉中國內政。黃自進從這批電報的內容中歸納出四個要點，也就是北一輝當時主要的四項建議：一、日本應在支持在南方革命陣營的基礎上推動南北統一。二、今後應厚植以宋教仁為中心的親日派勢力。他認為宋教仁是留日學生領袖，親日派在中國政壇上的代言人。「宋教仁在中國政壇上勢力的消長，自然也可視為日本在中國勢力的進退。」三、應聯合美國，支援南京臨時政府的財政。四、反對滿洲獨立。[2]

這是當時北一輝通過黑龍會給日本政府的建議，試圖影響日本政府對中國正在發生的這場革命的政策。

宋教仁的設想是，他已洞察到一旦漢口失守，天下人對革命黨的期望就會全寄予南京攻堅戰的成敗上，南京城能不能拿下，決定著整個革命的成敗。最後南京果然拿下了，率先進城的鎮江都督林述慶進駐兩江總督府辦公。各路的軍頭幾乎要火拼，爭奪誰是南京城的主人。宋教仁以天才的手腕調停了幾個將軍的矛盾：林述慶為北伐軍總司令，總司令部設在揚州。徐紹禎為南京衛戍司令，朱瑞率浙軍回杭州。請蘇州的程德全為江蘇都督，宋教仁做政務廳長，掌握南京城的政務。這是孫文回國前的事情。此時宋教仁不足三十歲，血氣方剛，作為革命黨的首腦人物，以為光復了南京，乃是天降大任於革命黨，只要總攬大權，即可輕易打倒滿清。但是，他沒有想到腳底下到處都是陷阱，革命的浪潮波濤洶湧，群眾的心理變化莫測，朝不知夕，破綻逐漸暴露出來了。就在推選大元帥、副元帥時，鬧了很多的彆扭。他想既然南方已定，就要推選大元帥，最初以黃興為大元帥，黎元洪為副元帥。反對最激烈的是浙軍的將領朱瑞他們，說敗軍之將怎麼能做元帥呢？他們是打下了南京的勝利之軍，黃興是漢陽敗將，不能做元帥，最後只好倒過來，黎元洪為元帥，黃興為副元帥，黎元洪還是留在武昌，由副元帥代行元帥之職，直到南京建立政府。革命還沒有成功，且又陷入了一個巨大的漩渦，內部的爭權奪利。就在這個時候，孫文回來了，回來的時機很巧，因此摘了革命的桃子，仿佛水到渠成一般。

當然宋教仁也有很多的失策，他不是神仙，也預料不到每一步的變化。北一輝給朋友寫了一封信，信上講：「昔者革命兒拿破崙，得悉巴黎危急，棄其軍於埃及沙漠，隻身歸京。但孫文至今尚未返國，實在愚不可及。不過，隨著武漢起義驟然爆發，身在美國的孫文頓時全身罩上五彩光環。對於動向完全封鎖在祕密鐵函中的中國革命黨的突然奮起，全世界不明其所以然，惟有將孫文與中國革命視為一體。眾所周知，拿破崙衝破敵艦的封鎖逕自回國，但不見得比拿破崙更偉大的孫文，卻缺乏直接回國的決斷。他戴著五彩光環先在歐洲幾國風光了一番，然後就以英雄的姿態站在上海埠頭了……而比華盛頓還忠厚老實的孫文，就在日本人的保駕護航之下安全回國，完全符合他提倡的他力本願式的美國情結。」

自一九〇七年以來，北一輝一直對孫文不滿，這裡卻又說孫文比華盛頓還忠厚老實，這是一個正面評價嗎？其實，仔細思考一番，還是指向他先前所說的「孫文的最大問題，在於他的美國迷思」。他接著說：「於是英雄就在我們的眼前聳立起來了。對俘虜和敗軍之將表示不滿的群眾心理，發酵成在大元帥之上必須得有英雄人物的想法。」誰是俘虜？黎元洪。誰是敗將？黃興。兩個元帥，一個是俘虜，一個是敗將，群眾當然不滿足，群眾需要英雄，英雄就是孫文。雖然孫文沒有放過一槍一砲，但是他沒有成為俘虜和敗將。對於這樣的一個結局，北一輝極為不滿，所以他說：「而因世界之誤判使之身披光環的孫文，在獲得本國同志擁戴之前，首先得到數百名日本浪人在他腳下頂禮膜拜的禮遇。」孫文帶著這些日本浪人到達上海，並受到迎接凱旋英雄一樣的熱烈歡迎。

孫文要做大總統，首先遇到的一個問題是如何解決與宋教仁的關係，宋當時對孫文是非常不滿意的，所以孫文到了上海先給宋發了封電報：「文離開祖國已十餘年，今日得以重踏故土，樂不可言，此全賴諸公所賜。」這封電報是向宋教仁伸出橄欖枝，宋教仁卻不樂見孫文擔任大總統。當北一輝向宋教仁說了這件事情後，宋滿面通紅，嚴詞說：「北兄也想學那些翻雲覆雨的浪人嗎？我已經被兄的大元帥說所誤，又被黃興的優柔寡斷所誤，如果再被孫文的空想所誤，這革命將何以處之？黃興食言不來也罷，我還有兵力。但我絕不允許孫文踏入這城門一步！」

這番話說得很清楚，最早建議設立大元帥和副元帥的是北一輝，而黃興優柔寡斷遲遲不到南京來上任，現在宋教仁反對孫文這個空想家來南京，決不允許他進入城內，這是他當時的態度。但是張繼來了，張繼做了說客，張繼一九〇七年在日本也是反對孫文的。張繼遊說宋教仁，說服了宋教仁與孫文握手言和，宋教仁終於同意孫文做總統，一笑泯恩仇。但是直到一九四七年時，黃炎培還從俞寰澄那裡聽說，廣東人要推孫文為大總統，「湘人以宋教仁為首，推黃興，各不相讓，經陳英士、張靜江等力勸，宋教仁乃已。」[3]

孫宋和解，北一輝認為這太具有戲劇性了，原來兩個人早已經鬧翻。他最後感嘆說，「……此後的事實表明，宋君乃天底下最最不幸的『天命之子』。就在他的手與孫文的手緊握之際，宋君不知道他的腳已被孫的手下馬君武緊緊縛住了。」宋教仁後來挨了馬君武一拳頭，馬君武把他的眼睛都打出血來了[4]。「反倒是宋君對孫文的美國理想讓步，雖設置總理一職，但總理不負全責；而大總統本人掌握大權，可自行任命官員。」對於這種讓步，宋教仁向北一輝辯解道：「現在的臨時政府，僅僅運作到北伐成功為止，今日最要緊的是討滿與共和的大同團結，美制與法制的孰優孰劣應該是南北統一後再解決的問題。」北一輝憤然說：「如果不南北議和，如此不堪的中央政府，再多撐一個多月就必定土崩瓦解！」面對北一輝的憤怒，宋教仁回以冷靜的微笑。但他接受了北一輝的建議，準備出任法制院總裁。本來他的職務是內政總長，但是由於馬君武等人的極力反對，他做不成這個總長，只能去做法制院總裁。時刻不忘考慮大局的宋教仁，還決定推選湖北都督府的民政長湯化龍做法制院的副總裁。

對於中華民國南京臨時政府政治制度的最初設計，包括《臨時約法》對總統制、內閣制的設計，已經有兩個學者對此做出了出色的研究，這兩個學者都是留美的，一個叫張佛泉、一個叫鮑明鈐。鮑明鈐的著作最初是用英文出版的，商務印書館在一九二四年出版了他在美國的博士論文《中國的民治主義》，就從政治學的角度研究過這一段政體之爭，對當時設計的這個政治制度的缺陷有詳細分析。鮑明鈐後來是朝陽大學的教授。張佛泉也是一位政治學家，是胡適欣賞的年輕學者，他早期寫的幾篇文章，討論了民國初年政體設計的缺陷，現在看來仍舊是很有見地的。

很多人都認為宋教仁是溝通中日的最佳人選，他自己也願意擔任遣日全權代表，兩次表示願意在中日之間做橋樑。參議院雖然通過了這個任命，但是由於形勢發展的太快，宋教仁沒有機會踏上前往日本的輪船。中國要順利的完成政體的和平轉型，日本的影響是舉足輕重的。這是他當時曾經想過的一件事情，另一方面，宋教仁鑑於當時南北對立的狀況，權衡各種利弊得失後，提出在孫文這個大總統下面設立責任內閣，以盡量保持孫文的地位。這件事情引起了胡漢民等人的極力反對。於是，關於總統制和內閣制孰優孰劣的爭論，或者說法國體制和美國體制的爭論，成為當時最重要的政治議題。

宋教仁發現自己在民國初年的政治的鬥爭當中已經處於一個弱勢的地位，所以他一門心思把精力放在另一個方面，專心於參加國會選舉，把同盟會改造成國民黨，希望自己能夠當上擁有實權的內閣總理。終於在一九一二年的冬天到一九一三年的春天之間舉行的國會參眾兩院選舉中，國民黨掌握了參眾兩院的多數席位，他已完全有可能被選為總理。作為國會多數黨的領袖，未來的正式大總統也不能不受到他的制衡。他既不想讓南孫當總統，也不考慮讓北袁當總統，而是想讓第三者——被認為最愚笨懦弱的黎元洪——來當總統。這些因素或許都構成他被暗殺的原因。宋的意圖是：實權由革命黨掌握，讓黎元洪擔任虛位，來度過這個危險的過渡期。北袁南孫當然不會不知道宋的心思。宋處於極為危險的境地，他必死無疑。

◎宋教仁之死

一九一三年三月二十三日，根據上海《民立報》的報導，在宋教仁治喪委員會名單上出現了兩個日本友人的名字，一個是北一輝，另一個是宮崎滔天。北一輝與宋教仁的關係是被人公認的，他是宋生前的好友。在他當年與中國革命黨人一起的合影中，其中一幅照片中有陳其美，也有宋教仁，他們都很熟悉，最後他認為是陳其美殺掉了宋教仁，並指向了陳其美背後的孫文。

對於宋教仁之死，北一輝說過一段話：

「最後不能不談的是二次革命的誘因，也就是故人宋教仁君的橫死事件。刺殺宋君一事，屬於神人共憤之惡業。亡靈的不白之寃，是三年來隱藏在鄙人心中的最大塊壘。鄙人可以負責任地說：袁世凱不是暗殺宋君的主犯，他僅僅是個從犯而已。暗殺計劃的主謀者是宋君的革命『戰友』陳其美，還有一名驚天從犯，即為世人所尊敬的某位藏鏡人——此人權勢最盛之際，正是作惡最烈之時。」

北一輝認為是孫文直接指使陳其美，或者暗示陳其美，殺掉宋教仁，雖然他缺乏實質證據。他提到宋教仁死亡現場的情景，「且說故人宋君倒在上海火車站的遇刺現場，他一手捂住像瀑布般噴出的血流，一手抱著于右任的頭，說出遺言：『南北統一乃余之素志，諸友若因小故而相爭，必將誤國也。』宋君一死，革命黨的腦袋就被敲碎了。」他認為宋教仁是革命黨的決策中樞。「黃興扶著棺木嚎啕大哭。老譚隨後趕到，大發雷霆。聞得宋君被殺，天下輿論騷然——惡逆至此，夫復何言！主謀者忙於治喪，作為從犯之一的袁世凱從北京發來唁電，另一重要從犯則讓人送來最大的花圈。」

誰是主謀者？北一輝直指陳其美。「悲傷欲絕的黃興失去了進退分寸，怒髮衝冠的老譚認為只能武力解決。主謀者眼觀八方，則覺得與其他從犯一起舉兵，既能瞞天下之耳目，又可以扳倒北方的從犯，豈不一舉兩得？而北方的從犯對主謀者與另一名從犯的倒戈相向大感憤怒，為了表示自己的清白，也表現出格外強硬的態度。革命黨的輿論對袁世凱的強硬態度甚感憤怒，且誤認袁氏就是主謀，於是和真正的主犯組成不義之軍。

舉兵謀略由上海都督府像無底之瓶般洩露出來。具體的殺人兇手從租界警察局引渡到主謀者的權力範圍後，要不是立即被毒死，就是馬上逃走了。對於是否舉兵躊躇不定的黃興，遭到主謀者和從犯詬罵，說他與袁世凱勾結；而真正和這兩人勾結的袁氏，又指稱悲傷欲絕的黃興才是暗殺宋君的嫌犯，要求法庭審理。全中國的激進愛國黨人都為宋君之橫死激動萬分，有如沸騰的滾水，他們不顧宋君的遺言，為北伐討袁做準備。謀害宋君的元兇兩犯則以替宋君報仇為名，站在二次革命的前線。」他認為孫文也是從犯，兩人可能聯手，而北一輝在其他對方也提到，孫袁有在此事上聯手的可能性。

這是北一輝的分析。這段歷史的黑幕，驚天的謎案，一百多年過去了，謎底還未揭開。他的說法也只是一家之言，缺乏更多證據的支持。

北一輝回想宋教仁在東北運動時因馬賊而受挫，回到東京後前來看望他，這已經是七年前的事了。那時，宋教仁經常被警察跟蹤，有時跟北一輝分享同一碗飯，總之生活是清貧的。宋教仁也曾被日本癡女的深情所困惑，非常滑稽。他又想起與宋教仁一同下榻武昌都督府時候的情景——

「一邊聽著震動玻璃窗的砲聲，一邊愉快地聽他講述個人的理想和作為。砲彈落在船邊，互相望著蒼白的臉，迅即又為沒有中彈而豪氣干雲。在南京城外重逢，同時說出『你還活著嗎？』緊緊擁抱、喜極而泣。宋君橫死的前一天，鄙人與他還大發議論，且發生爭執——現在想來，後悔不已。」

這是北一輝對宋教仁的真摯感情。宋教仁橫死之後躺在白色床單上的面容常常在他的眼前浮現。陷在悲痛中的北一輝，在上海的報紙上公開發表文章，揭發「暗殺宋教仁乃孫文所為」。直到後來他被日本駐上海領事館強行遣返日本，三年內不准入境中國。他在寫《支那革命外史》時，回顧此事，認為這是上海領事有吉明獲悉了凶徒們的殺害計劃而把他救出險境，真是天神庇佑也。北一輝認為自己已經找到兇手了，到處宣揚，「殺宋教仁的是孫文」。他認為，當時有人要暗算自己，而日本領事驅逐他出境，正是保護了他的性命。在當年日本外務省的檔案中，保存了兩份涉及宋教仁案的密件。

日本外務省密件之一（董炯明譯）

機密第四十七號

大正二年四月八日

駐上海

總領事　有吉明

外務大臣男爵　牧野伸顯　閣下

關於禁止左記人員在清國僑居之事

氏名　北輝次郎（平民）

生於　明治十六年四月十六日

戶籍　新潟縣佐渡郡湊町六十一號

住址　上海乍浦路十九號松崎洋行

職業　無

該人曾於東京出版有關宣揚社會主義的著作，其後該出版物被查封。據說其平日裡經常發表危險言論。前年清國發生革命風潮之際，該人渡海來到上海，與宋教仁居於右側所述之地。該人自我吹噓說，他除了積極參與留日清國學生的革命運動，還從事祕密輸入武器軍備的勾當，且從中謀取利益。此外該人又與數名清國人共謀，取得谷米輸出的許可權。隨著清國革命的興起，有不少我國人到清國尋找發展新事業的機會，但這些人不諳清國底細，而該人有趁機騙取金錢之嫌。有名為太田三次郎之人欲控告其犯下詐騙罪，其後兩人私下談判，因此暫緩起訴。

此外，該人以募集革命資金為名，向居住在清國境內的我國僑民勒索錢財。與此同時，他也以同樣口實向英商怡和洋行等大商家要求情況。總之，敲詐勒索是其謀生之手段。雖說該人毫無正額收入，其於日常生活卻極盡奢侈之能事。據說該人欠下本國僑民和清國人巨額債務，而眾人對此無可奈何。
最近發生了宋教仁暗殺事件，關於疑犯身份及行兇情況，該人信口雌黃，密告黃興與本國僑民共謀，又說各國租界的警察也有干係，引起清國人和外國人的強烈疑慮，對我國僑民也有各種不利影響。若任由其繼續胡言亂語，必將嚴重妨礙本地之安寧。為此，在下命令該人從本日起三年內不准在清國僑居。

謹以此份報告提交閣下以供參考　敬具

這是一九一三年有吉明向日本外務省發送的官方文書，此時溥儀退位已經有一年多，但還是稱為「清國」，沒有稱「中華民國」。這裡面涉及宋教仁案的線索是什麼呢？「該人信口雌黃，密告黃興與本國僑民共謀，又密告各國租界的警察也有干係。」北一輝認為宋教仁之死，許多人都有嫌疑，甚至連黃興都脫不了干係，確實黃興就在案發的現場，準確來說是黃興、于右任、廖仲愷、宋教仁四個人。武士英並沒有見過宋教仁，夜裡十點鐘，閘北火車站，路燈昏暗，現場應有幫助武士英認人的，其中有陳其美昔日的部下。宋教仁被殺，陳其美的嫌疑最大。

日本外務省密件之二（董炯明譯）

機密第七三〇號
大正二年五月一日
考察人談話摘要

接受離境命令於近日歸國的社會主義者北輝次郎就宋教仁暗殺事件作了以下發言，其內容真假難辨，現上報以提供參考。

在暗殺宋教仁的嫌疑人中，有化名為王古謨的大久保豐彥，目前滯留在上海香港路五號由我國公民長岡豐所經營的慈惠醫院內。其在宋被暗殺前後，往來於應桂馨等人之間，並將多數祕密檔案交給其小妾的義父野口某負責保管。關於大久保的行為，住在上海四川北路橫濱橋旁一六八號的高望信彌及長田實等人都願意隨時挺身作證。已被拘留的應桂馨等人，若坦白右面之關係，將對我國外交工作產生巨大的影響。

這份機密檔案就更詳細了，北一輝發現在涉嫌暗殺宋教仁的人當中甚至包括日本人，大久保豐彥化名為王古謨，目前住在什麼地方，他都清楚，證人也有，而且這些人與應桂馨往來的祕密檔案保存在哪裡，他也找到了線索。當宋教仁被殺後，萬分痛苦的北一輝私下組織人馬進行了幾個月的祕密調查，最終找到了些蛛絲馬跡。檔案最後總結說，「將對我國外交工作產生巨大的障礙」。儘管如此，關於宋教仁遇刺案的線索仍然沒有變得清晰起來。

◎探究革命因果

北一輝的《支那革命外史》，不僅有他的回憶，更重要的是他的政策建言，他之所以要寫下《外史》，目的是要給日本首相大隈重信看的，不是向一般讀者介紹中國革命。所以《外史》這本書相當於他對中日關係的一份建言書。他把自己親歷的中國革命和他對中國的見解雜揉在一起，寫成了《外史》。其中與史實不相符合的地方需要多加留意，但同時他也提供了獨家史料和另類思考，具有無可替代的價值。可以說，《支那革命外史》是令人糾結的一本書，第一個中譯本沒能廣泛流傳，而日本人也不願過多提起，因為它對日本人來說同樣是一本令人尷尬的書。他後來作為法西斯理論的締造者被槍斃，更沒有人願意去談論他和這本書了，但是這本書仍然很重要。在這本書的緒言中，北一輝說：

「從中國革命黨祕密結社起，鄙人就與該黨的領袖和執行人物祕密接觸且共同奔波達十年之久。雖然尚有其他數名日人同志均為豪士俊傑，但由於所交所視所行各有不同，因此他們的見解與鄙人未必相同。十年歲月雖然不長，但自與彼等出於自覺結合以來至今，鄙人親身耳聞目睹，實際參與其間，屢屢干犯刑辟，出入鋒鏑之間，從中得到第一手的資科和體認。是故，鄙人所云者絕非書齋裡的空頭議論，也非街頭巷尾的流言蜚語，乃係對中國革命黨和革命中國有憑有據、且有足夠資格的說明。」

對於孫文的理想，他有這樣的分析：

「鄙人參加祕密結社時代的中國同盟會時，曾在孫文的家中當著他的面發誓立盟。正因如此，鄙人時常嘗試去理解孫氏，對他予以深切的同情。但是，通過漫長的歲月觀察和嚴酷的事實，鄙人不得不得做出這樣的斷言：孫文的理想從一開始就屬於錯誤的方向，中國所希求的東西與他給出的東西完全是兩碼事。假如這斷言是正確的話，那麼透過孫氏來考察革命運動、認識不斷發生革命的中國，就不能不說是徒勞無益了……而視孫文之名為中國革命化身的觀察家，他們的眼睛被陰影所遮蔽，因此當他們認真探討革命黨的真理想和革命中國的真正要求時，就不得不面對孫文的美國理想（他乃親美主義者）；但它基本上不是中國革命黨的理想，也不符合中國的要求，甚至兩者間根本沒有交集。」

「實際上，孫文的中國與古德諾的美國，兩者的立國精神是完全不同的。北美的建國者是那些寧願捨棄故國也不願放棄自由、為了信仰自由而不為母國所容的移民子孫。美國人自詡他們的國家乃自由之鄉，儘管清教徒的血液隨著移居者的增加而逐漸混濁，但自由仍成為貫串這個國家歷史的國民精神。中國則與其截然不同，百姓遵奉與自由完全相反的服從式道德，即所謂孝順父母和忠於君王的忠孝兩全模式，齊家治國平天下。換言之，中國人是在統治者道德異常發達的歷史下生活的國民。」

「美國的建國歷程淬煉出一批崇尚自由的移民，中國數千年的歷史則鞭打出一大群奴隸。美國和中國根本是從立國精神到歷史發展方向迥然不同的兩個國家，孫文生搬硬套的空想也未經美國人的充分論證，而這也成為了革命黨在自覺方面，廣為人所知的痼疾。在世界上的共和國當中，只有美利堅合眾國未經反動與革命的反覆較量，立國就是簡單的分離，毋需依靠革命。所以，大總統負全責，在反對黨監督下領導國家，國民充分享有反對的自由和監督的自由。」

「對於那些自由尚未覺醒，或正在覺醒，但仍被專制的歷史惰性牢牢掣肘的國家，絕不可能實行像美國那樣的制度，也不會擁護自由。這就是說，只有像美國那樣實行兩黨對立政治的國家，才會擁有反對的自由、監督的自由、批評攻擊的自由、輪流執政的自由。而對那些不允許反對黨存在，不將所有的自由蹂躪殆盡絕不甘心的一黨專制政治而言，在野黨似乎成了『叛徒』的代名詞。」

「假如在中國的立國和它的漫長的歷史中，找不到擁護在野黨自由的國民自由精神，那麼孫文抄襲美國式大總統政治的理想，從邏輯上推想，反而會背叛民主自由而讓專制登台。」

一百年後重溫北一輝的這些想法，固然他對孫文的反對帶有個人偏見，但也不是完全沒有道理，值得我們斟酌和深思。所以我覺得有必要要重新認識北一輝，需要重新看待他的《支那革命外史》。在這本書中，他深入分析辛亥革命的因果關係：

「既然如此，那為何中國要採用共和政體？為何孫文會被推舉為民國第一任大總統呢？鄙人在回答這些問題之前，先從革命的思想原因說起，然後按順序予以考察。對孫文、黃興、譚人鳳、宋教仁等人的成敗得失，自有人逐一予以褒貶，鄙人論述的目的乃在於冷靜研究中國革命的前因後果。」

「世人對於在武昌首義後不足一個月的時間內就有半個清國、十一個行省呼應，三個月就達到推翻滿清的目標，認為乃中國人的亦步亦趨性，以及無謀的謾罵所致，殊不知革命的炸藥早就藏在漢譯書籍內，從而被埋在三百九十一萬平方英里的中國國土中了。」

「鄙人也曾與中國友人一起戰鬥，是故常在官府的監視之下……革命乃書生之事業，那些靠考試及第而取得官位者是不可能理解並產生共鳴的……一個堂堂帝國，何必為見到雛鴨入水而狂亂如雞？日本不該以霸者之姿，透過第五項提案來指導中國，而應以浩浩蕩蕩、雄渾的王道思想，在破壞舊中國，建設新中國的偉業中盡一份綿薄之力。」

「中國的新理想幾乎全來自日本的思想。而孫文的照抄美國，不過是探究革命形而上的原因之際，毋需多加注意的主張之一罷了。對我東洋之不列顛而言，切不可以重蹈英國漠視對法國革命應有的責任和榮譽的覆轍……」

北一輝在思考辛亥革命時認為，真正要關心的不是誰成誰敗，而是要探討革命的因果關係，就是他提出的日本如何影響中國，日本的思想如何影響中國人這個命題。他真正想探究的其實是這樣一種因果，而不在那些個人包括孫文、黃興、譚人鳳乃至宋教仁的成敗得失，或個人恩怨。北一輝說正是內田良平、宮崎滔天促成孫黃聯合，才有了同盟會的誕生，這是一個豐功偉績，希望鄰國史家往後編纂民國史時不要漏掉這濃墨重彩的一筆。他對此分析道：

「孫文的美國思想過於濃厚，令革命運動帶有太多的世界主義色彩；而黃興一系毋寧說具有排外的國家主義思想，所以兩者的距離相差太遠……更何況著有《訄書》、提倡反清復明的章太炎此時出獄了，作為三百年不世出的大文豪，他的盛名為革命隊伍注入了熾烈的國粹覺醒……孫文在革命之初提出的廣東獨立案與黃興、老譚他們致力的反清復明運動，在根本性的國家觀念上存在著不可踰越的溝壑。更由於章太炎的輿論鼓吹和日本思想的普及，進一步深化了這些領袖們的覺醒，從而使尊奉世界民主主義的孫文與崇尚國粹復古主義、國家民族主義的其他領導人不得不分道揚鑣，此乃理所當然之事。」

中國革命陣營內部充滿著不同思想傾向的人，而日本的影響是舉足輕重的，譚人鳳也曾長期居留日本，受到日本的影響。北一輝對譚人鳳有非常高的評價，認為譚是純正的中國本土的豪雄，中部同盟會的主幹。中部同盟會就是由譚把一批青年書生和哥老會的各個山頭捏在一起的一個反清興漢組織，他把譚視為中國氣運的化身，認為譚的身上包容了愛國革命黨的力量，能把中國從一個墮落的中國變成一個正派的中國，利用「東方魂」來改造腐敗墮落的中國。

宋教仁的國家主義者集團會視國粹會黨化身的譚人鳳為黨的領袖，絕非是偶發的或一時性的聯合，而可看成是為國捐軀心理的共鳴和相同思想體系的合理融合。

「加入中部同盟會的時候向譚人鳳宣讀的盟誓，恰似加入中國同盟會時向孫文宣讀的盟誓一樣。雖說附有將來有機會不排除兩個系統聯手的條文，但難以掩飾兩者分離的實質。」

「老譚以『聯絡部長』和『文事部長』之名與諸省同志聲息相通，宋、范兩君則已牢牢掌握《民立報》——可惜兩君相繼橫死，只剩下老譚一人得享高壽，這是何等悲切！」

「這位可憐的所謂『大義首倡者』在革命爆發後易服逃跑，藏匿在下屬的寢床底下……如此不堪的黎元洪、三天後姍姍來遲的譚人鳳、在上海沉思的宋君、在香港灰心的黃興、還有正在美國耽讀華盛頓傳的孫文君——這就是當年中國領袖們的眾生相了。」

宋教仁是他們當中最年輕的，但是年輕的宋教仁沒能掌握中國的氣運，最後他給宋教仁做出了這樣一個評價：

「生涯宛如彗星般，迅速消失在空中的不幸吾友呀！宋君到北京組織國民黨，在能決定正式大總統的大選中取得可以控制兩院的絕對多數席位，這可嚇壞了袁世凱。而辛亥年的武昌一夕談，又令黎元洪對他佩服得五體投地。然後宋君東下長江，其熠熠光輝開始為眾人所仰視。作為卓越的革命家，當他橫死於上海火車站時，那些以前讒誣詬罵他的人都一改口風，盛讚宋教仁乃肩負整個革命黨命運的偉人，而他在革命黨內的統率地位，至此才浮上水面。其實只要觀感敏銳的話，就可以發現在這之前，宋君已經在號令革命黨的國民運動了……」

「肩負整個革命黨命運的偉人」——其實也可以看作是北一輝對宋教仁的評價。如今這位偉人死了，革命黨的命運逆轉了，中國的命運也就此逆轉了。

閱讀北一輝的《支那革命外史》，我深感有許多問題值得重新思考，比如，在中、日兩國急劇變動中，一代青年對國族命運、東亞命運的思考、他們的行動與犧牲。那一代青年，包括宋教仁和北一輝他們，在那樣的時代中他們是如何主動地回應了時代的劇變，無疑他們當時選擇的是行動，是革命。

究竟應該怎樣重新定位或反思處於文明轉型中的中日命運共同體、東亞命運共同體，乃至人類命運共同體？中日兩國是有血緣關係的，有著很深的文化血緣，不僅都是黃種人，而且文化是共通的，近代以來面臨著相似的挑戰，北一輝和宋教仁兩個「八零後」在那樣的時代裡作出的抉擇，也是一個如何共同面對文明轉型的選擇，中日命運共同體其實也是整個人類命運共同體中的一個部份，而北一輝親身參與了中國革命，甚至參與的程度相當深入。

如何從人類命運共同體的角度看待個體的生與死？像宋教仁、譚人鳳、北一輝，像孫文、黃興，乃至很多無名之士，看起來微不足道的人，包括那個策劃向宋教仁開槍的陳其美，難道不也是時代的悲劇嗎？他自己不也成為了另一場刺殺的犧牲者麼？無論是俘虜、敗將、英雄還是兇手，他們都是悲劇；無論是偉人還是懦夫，他們也都是悲劇。一條條個體生命，在人類命運共同體當中，尤其在風雨飄搖的時代轉折期當中，各自怎樣選擇自己的未來，他們其實有沒有機會真正選擇，各種選擇當中的偶然性和必然性……對於這些問題，我們不妨持續予以思考。

---

1 黃自進，二〇〇一年，《北一輝的革命情結：在中日兩國從事革命的歷程》，中央研究院近代史研究所，頁一二八～一三三。
2 《北一輝的革命情結》，頁一三五～一四六。
3 《黃炎培日記》第九卷，二〇〇八，一九四七年四月三日事，華文出版社，頁二六九。
4 編註：一九一二年二月二十九日，袁世凱以北京發生兵變為由，向南京臨時政府提議取消讓其南下就職的決定。在討論此事時，宋教仁反對多數與會者主張的「黃興率兵北上迎接」，遭到馬君武的當場斥責和毆打。其後孫文以馬氏之名義向宋教仁道歉。

一

緒言

政府和國民都不理解中國革命——駐華官吏、外派軍人和所謂中國通中沒有真正的說明者——身為「不理解的代言人」的大隈伯爵所提出的「日英經濟同盟論」——正如法國和日本維新革命家不理解各自的革命那樣，也不能要求中國革命黨人對革命做出合理說明——柏克不理解海峽對岸的大陸革命，日本朝野也是如此——鄙人是有憑有據、實事求是的說明者

真正理解中國革命黨「和革命的中國，已成為日本政府和國民的迫切需要——當政府中人要求鄙人對此做出說明，又或者左右國民輿論的指導者們對此議論滔滔時，往往令鄙人深感遺憾：以諸君之聰慧，卻從根本上對中國革命黨的實體和要求革命的中國之激烈變化，沒有明確的概念和清晰的認知。

要想全面而正確的理解革命中國和中國革命黨，就必須明白革命黨所抱持的各種理想、他們的結合與覺醒、鼓動輿論與策動軍隊的過程、革命爆發的真相與各派勢力的合與分、各人物的觀點及其與事件之間的關係、日本人援助的真正價值、日本與西方列國的態度對革命的影響、今後推動革命中所產生的驚駭恐怖、物質的社會原因之探究、東洋共和政治之將來、對於破產財政之反思、能否達成堅定且有機的大統一、對付經濟侵略的策略、如何與日本的對華外交政策配合、日本國權的擴張與中國的覺醒如何協調、對將來諸多動亂日本應負與不應負的責任、中國的經濟覺醒與政治道德覺醒之間的關

係、歐美的資本侵略與將來的糾葛、考察與日本、法蘭西一致的對愛國統一的要求、對於日中兩國之未來的合理展望等。

雖然國人都渴望對上述問題有一個正當的解釋，但迄今為止並未見到有價值的深入探討，這對於自詡為東洋盟主，並以中國指導者自居的日本來說，不是一件極其矛盾的事嗎？至少作為現實的問題，鄰國之治亂必給日本帶來重大的政治和經濟上的影響，若朝野永遠對中國的局勢作無理解的袖手旁觀，實令身為區區國民的鄙人深以為憂。

雖然在諸公的辦公桌上堆滿了許多調查報告，每日還會聽取所謂中國通加油添醋的功名錄，從而形成個人各自不同的見解。但是，由駐華官吏和外派軍人乃至中國通所做的報告或言說，真能向諸公提交正確的見解嗎？毋寧說這其中是大有問題的。

官吏們擅長做的，就是只看膚淺表面的桌上觀察，尤其是通過領事館那群長袖善舞之流，來了解非捕捉不可的革命漩渦中之事況，那就像是火山爆發時派遣哲學教授做調查報告一樣。而那些由軍人們所做的調查，由於在專門知識上的侷限，因而不會著眼於對作為革命要點的思想之覺醒、乃至物質方面的原因多加思考。至於所謂中國通，只知道替與他們有往來的領袖努力吹噓張揚，把自己對十年前滅亡的清國的觀察推論至正在進行革命的當下中國，不僅邏輯錯誤，而且缺乏反思，最終淪為脫離現實的守舊思想家。受這三者在見解上的如斯誤導，即使諸公都是絕頂聰明之人，對中國革命黨和革命的中國的理解仍然只能墜入無知的深淵。

中國問題雖不能說是日本對外政策的唯一關注點，但如今的日本對外政策確實應該以中國問題為中軸，每當彼國出現動亂或是與彼國政府進行交涉時，朝野內部便黨同伐異、糾紛不斷，以至於外人完全不知我國的真意究竟何在，並為之所苦。歸根究柢事情之所以如此，乃是日本當局和國民完全不了解革命中國之故也。在所謂二次革命失敗之後，大隈重信伯爵因為對中國的膚淺認識和對英國資本的渴求，公開宣稱要促成日英經濟同盟，結果惹來在華英國人的訕笑。他身為國民的代表，卻毫不自覺地成了不理解中國的日本國民代言人。數年來，這種無知的狀況竟毫無變化，實令鄙人深感難以繼續保持沉默。

大隈重信。北一輝撰寫《外史》期間，適逢大隈氏二度擔任日本首相。

要講述革命的理由和理應革命的原因，就得從踐行革命的革命黨和要求革命的國民說起。日本維新革命時火攻高輪英國公使館[2]的伊藤博文公爵、井上馨等元勳在他們事後的回顧中均坦言：「所有人都像是沉浸在忘我的狂熱之中。」這說明革命的踐行者並不一定清楚理解革命的意義。後藤象次郎[3]懷揣五萬石封侯的保證書，說明他也不理解當時作為倒幕綱領的「廢藩置縣」的統一理想。法國革命時的米拉波打算以奧爾良公爵代替路易十六[4]，說明他不明白這兩家都是應該被革命的、代表貴族階級的大貴族。丹

早在伊藤博文等人於御殿山英國公使館縱火的一年前，已發生攘夷派浪人闖進高輪英使館、持刀襲擊公使及駐員的事件，兩案均由德川幕府承擔賠償責任。

東和羅伯斯比爾矛盾地以自由之名對夸夸其談的自由主義者處刑，這證明他們是為了挽救國家而蹂躪自由，不理解真正的愛國主義的人。

其實，對於置身於革命漩渦中的這些人，不能期待他們為革命做說明，就好像身處火場的人，你不能向他問清楚起火的原因才去找消防員，甚至讓他畫新建築的藍圖。那麼就中國革命而言，對於孫文無現實根據的空想、譚人鳳頑固的國粹主義、黃興一片混沌的想法、故人宋教仁君執拗的立法主義頭腦，要透過聆聽他們的話而得到真正的了解，那是不可能的，此乃古今革命的通則。只要想想法國革命已經百年，到今天才有比較接近真理的深入探討；維新革命也過了五十年，但迄今沒有令人信服的研究，那麼對於好不容易才踏出革命第一步的中國，即便是超人或偉人，也不敢在今天對它擅作草率的議論。如此說來，鄙人在拙作中妄論中國革命，看在後代卓越研究者的眼中，也只不過是無知漩渦中的人云亦云而已。預想及此，不禁羞愧萬分矣。

鑑於當前之殆切需要，鄙人顧不得被後人譏笑，願斗膽對中國的革命做一番評述。這同時也是為了對完全不理解革命、認為與列強聯手支持袁氏稱帝，中國就不會發生動亂的日本政府提出警告。然而，我們也沒有足夠反證，能夠證明袁氏不稱帝，中國就不會動亂。輿論傾向於由孫文黃興代替袁世凱，或許有利於日中之親善，但為何雙方一定能實現親善呢？似乎也沒有合理的說明。英國政治家柏克隔海觀看作為近代歐洲革命之源頭的法國革命時，卻放聲說：「我只見到一幫暴徒在胡鬧。」日本的許多所謂有識之士，同樣以輕視和厭惡的眼光看待海峽對岸，他們沒有想到近代亞洲史，將會為此寫下怎樣的一筆；這與鄙人此前提出的言論，或許會一同遭到後世的訕笑吧！

鄙人雖然害怕後世人的批判，但鑑於日本的現狀，在此時此刻，不得不僭越自身應有之本分，向諸君說明鄰國革命黨的概略和要求革命之真相。鄙人雖人微言輕，但願將自身之概念與諸公分享。從中國革命黨祕密結社起，鄙人就與該黨的領袖和執行人物祕密接觸且共同奔波達十年之久。雖然尚有其他數名日人同志均為豪士俊傑，但由於所交所視所行各有不同，因此他們的見解與鄙人未必相同。十年歲月雖然不長，但自與彼等出於自覺結合以來至今，鄙人親身耳聞目睹，實際參與其間，屢屢干犯刑辟，出入鋒鏑之間，從中得到第一手的資料和體認。是故，鄙人所云者絕非書齋裡的空頭議論，也非街頭巷尾的流言蜚語，乃係對中國革命黨和革命中國有憑有據、且有足夠資格的說明；而此微言，對諸公而言，亦多少有傾聽之價值也。故此鄙人願以此一論究，以應朝野之渴望。

由於鄙人深信，以鄙人特殊之立場，應不至於遭到過分嚴厲的批判，因此自不量力，敢於冒險嘗試，擔起撰寫此一著作之責。若能以這本小冊子傳達中國革命黨與至今仍處於革命之中的中國之真相，以一掃日本朝野對中國現況完全不理解的遺憾，並代無處申

譚人鳳。

宋教仁。

訴的彼等苦主，博得讀者諸君之了解與同情，必令鄙人喜出而望外，不辜負大丈夫十年血盟之艱辛也。古人謂「文章乃經國之大業」，但如今已不聞以一論而傾廟議，甚至是翻轉民間輿論之事矣。拙論之對錯與否？當唯諸公捨採是依。鄙人所深切期盼者，無非是希冀懷抱赤心而憂國的諸公之情弦，並為那些倒臥於國家存亡歧路上之鄰邦國士之遺骸撒下一滴英雄淚罷了。故此，鄙人敢為日本言，又敢為中國言。

1 指同盟會以及其後由宋教仁改組的國民黨。
2 一八六三年，抱持攘夷思想的高杉晉作率領伊藤博文、井上馨等人，縱火燒毀尚在建設中、位於現東京都品川區的英國公使館。其後，英國將館址遷往橫濱。
3 或作後藤象二郎（一八三八年～一八九七年），日本政治家、實業家，歷任通信大臣、農商務大臣等職。
4 路易・菲利普・約瑟夫（Louis Philippe Joseph d'Orléans，一七四七年～一七九三年），奧爾良公爵，路易十六的表兄。他的繼承順位僅排在波旁王室嫡系之後。法國大革命爆發後，他具名表示支持，後投票贊成國民議會處死路易十六。其長子是後來的法國國王路易・菲利普一世。

二

孫文的美國理想不是革命黨的理想

一般人視孫文為革命理想代言人的前提是錯誤的——古德諾的中國不可行共和論——這與透過板垣伯爵解釋日本憲法相似——美國與中國的立國精神之不同——美國的自由政治到了中國就變成不認可其他自由的一黨專制政治——抄襲美國的聯邦論——美利堅合眾國的建國是十三個獨立國對英攻守同盟的永久化，以及購買和征服土地的結果——中國自建國以來即為統一國家——日本維新革命時期作為獨立國的各藩不能與中國各省的感情聯繫相比——拉法葉抄襲聯邦國的想法在保留封建區劃的法國行不通的理由——照抄美國經驗的外國援助運動——向外國支持的舊權力展開鬥爭的法國革命，與靠外國兵力援助方能獨立之美國獨立戰爭截然不同——從華盛頓宣布北美永久中立到門羅主義的提出——日本既不援助中國革命也不阻礙中國革命的倫理方面理由——革命是愛國志士的事業——孫文不是革命運動的總代表——日本浪人的援助運動以及他們與革命黨人的矛盾——不對個別人做褒貶的革命因果研究

孫文大名鼎鼎，從祕密結社時代的中國同盟會總理，到南京臨時政府的第一任大總統，世人認為孫氏代表了中國革命黨的理想，他所說的便是新中國的要求，只要對他本人進行解讀，似乎就能明瞭中國革命黨的真相，了解革命的中國。這種乍聽之下似乎理所當然的想法，令所有中國研究者每在提及袁世凱的同時，也就會提到孫文；到最後，

即便中國人自己，也將所謂「北袁南孫」，當作新舊兩黨的代名詞。於是，認同中國革命的人士就通過同情孫文來同情中國革命，而欲考察革命黨理想的人，亦必先對孫文的思想進行批評而論斷是非，這成為順理成章的事。雖然有些人對孫文在人格方面的價值嗤之以鼻，認為他不過是個理想家而已，但他們也在不知不覺間，將孫氏肯定為中國革命理想的代言人。

然而，這些看法不過是從極為輕率的假定引申出來的結論。鄙人參加祕密結社時代的中國同盟會時，曾在孫文的家中當著他的面發誓立盟。正因如此，鄙人時常嘗試去理解孫氏，對他予以深切的同情。但是，通過漫長的歲月觀察和嚴酷的事實，鄙人不得不得做出這樣的斷言：孫文的理想從一開始就屬於錯誤的方向，中國所希求的東西與他給出的東西完全是兩碼事。假如這斷言是正確的話，那麼透過孫氏來考察革命運動、認識不斷發生革命的中國，就不能不說是徒勞無益了。

這就是說，一般人往往通過對袁世凱與孫文的人格上比較，來觀察這兩個對立勢力的消長，或判斷兩者所代表的君主主義與共和主義何者為適合中國國情的政體，這不能不說是非常膚淺的觀察方法。根本的問題在於，當袁世凱和孫文這些泡沫都被抹除之後，才能看清中國革命潮流的本質。

袁世凱不過是一個脆而薄的泡沫，這點將在後文予以論述；而視孫文之名為中國革命化身的觀察家，他們的眼睛被陰影所遮蔽，因此當他們認真探討革命黨的真理想和革命中國的真正要求時，就不得不面對孫文的美國理想（他乃親美主義者）；但它基本上不是中國革命黨的理想，也不符合中國的要求，甚至兩者間根本沒有交集。

僅僅以常識來考慮，相對於袁世凱野蠻的國體變革計劃，以及古德諾[1]等學者提出的「不建立君主政體就無法統治中國」的意見，孫文欲以美國共和制與之對抗，是否也是毫無根據的主張了？換言之，如果革命黨想達成的東洋共和主義與孫文的美國共和制是一回事的話，那麼袁氏提出的共和政體將破壞中國統一的口實，和外國人認為革命黨的計劃完全是空想的嘲笑就變得很有道理了，甚至連鄙人也不得不認可袁世凱和古德諾的看法。

身為美國人的古德諾對他祖國的共和政體與孫文模仿出的民國政制方案作比較後後，認為在中國不可能實行美國意義的共和政體。在這點上，我認為他的見解是正確的。理由是即使已經實行東洋君主立憲政體數十年的日本，至今還弄不清楚英國的情況，由只做了幾天政府顧問的美國人來設想中國自身所要求的東洋共和政體，也是完全不切實際的。這就是說，古德諾也與一般人那樣根據輕率的假定，認定孫文的思想就是革命黨的理想，於是就像基於板垣退助伯爵的言論來解釋日本憲法那樣，只會做出令人失笑的結論。

實際上，孫文的中國與古德諾的美國，兩者的立國精神是完全不同的。北美的建國者是那些寧願捨棄故國也不願放棄自由、為了信仰自由而不為母國所容的移民子孫。美國人自詡他們的國家乃自由之鄉，儘管清教徒的血液隨著移居者的增加而逐漸混濁，但自由仍成為貫串這個國家歷史的國民精神。中國則與其截然不同，百姓遵奉與自由完全相反的服從式道德，即所謂孝順父母和忠於君王的忠孝兩全模式，齊家治國平天下。換言之，中國人是在統治者道德異常發達的歷史下生活的國民。

美國的建國歷程淬煉出一批崇尚自由的移民，中國數千年的歷史則鞭打出一大群奴隸。美國和中國根本是從立國精神到歷史發展方向迥然不同的兩個國家，孫文生搬硬套的空想也未經美國人的充分論證，而這也成為了革命黨在政治現實感方面，廣為人所知的痼疾。在世界上的共和國當中，只有美利堅合眾國未經反動與革命的反覆較量，立國就是簡單的分離，毋需依靠革命。所以，大總統負全責，在反對黨監督下領導國家，國民充分享有反對的自由和監督的自由。

對於那些自由尚未覺醒，或正在覺醒，但仍被專制的歷史惰性牢牢掣肘的國家，絕不可能實行像美國那樣的制度，也不會擁護自由。這就是說，只有像美國那樣實行兩

古德諾。

黨對立政治的國家，才會擁有反對的自由、監督的自由、批評攻擊的自由、輪流執政的自由。而對那些不允許反對黨存在，不將所有的自由蹂躪殆盡絕不甘心的一黨專制政治而言，在野黨似乎成了「叛徒」的代名詞。

假如在中國的立國和它的漫長的歷史中，找不到擁護在野黨自由的國民自由精神，那麼孫文抄襲美國式大總統政治的理想，從邏輯上推想，反而會背叛民主自由而讓專制登台。這種推想實際上已被他自身的經歷所證實：反對袁世凱的孫文，連在祖國居住的自由也被剝奪，不得不亡命外國。看一看立基於自由立國精神，故從未發生侵犯自由事實的美國，和受到順從歷史所約束，以至於在革命後不久立即回到袁氏專制的中國，看看這些再清楚不過的事實，就不難明白中國根本不可能採用與美國相同形式的共和政體。

孫文輕率地把他的美國夢與革命黨的理想混淆起來，急於否定古德諾博士關於中國不得不實行君主制的結論，最終忽視了對中國欲實現共和政體應具備怎樣前提的考察。雖然亞洲各邦積弱已久，但在決定國體的重大問題上，總還不至於到了必須仰賴美國人意見的程度。認為觀察孫文就能了解革命黨的大多數日本人，應該要以他那種欠缺立論基礎的失態為鑑，自我警惕才對。

不過，與古德諾認為孫文把他的美國夢與革命黨的東洋共和主義相混淆乃不可行的結論相反，我國的中國研究學者內藤湖南博士則持肯定看法。他支持孫文從美國輸入各省聯邦論，認為將來的中國實行聯邦共和制是可行的。然而相當遺憾的是，他和古德諾的看法只是肯定與否定的立場差異，換言之，即是同樣被孫文的陰影，遮蔽了他做研究時的智慧。中國的歷史已清楚證明，那樣的夢想絕非已經覺醒的中國革命黨的理想，也絕不符合革命中國的要求。

美利堅合眾國，正如其名字所顯示，其歷史始於十三個邦國的集合，與中國毫無相似之處。它們的聯邦制，乃是由具有獨立意志的移民集合而成的獨立小邦國，並非通過征服或併吞，而是為了與英國對抗，因此採取攻守同盟策略而形成永久性的聯合。這些小邦國的獨立意志，實際上是來源於清教徒、天主教徒、王黨人士等各個宗派劃地殖民，它們為整合信仰而交換土地，因而彼此相安無事。後來雖擴展至如今的四十八州，但那是向法國購入路易斯安那、向西班牙購入佛羅里達，以及脫離墨西哥加入的德克薩斯、加利福尼亞、亞利桑那而造就的結果，總之是不再受歐洲各母國的支配，成為非常成熟發達的邦國聯合。美利堅合眾國從立國當初的十三個州，演變至領土有當初四倍之多的現時領土，實際上是經過十五次的獨立邦國聯合而成就的。這就是說，從國家結構學的角度來看，美國屬於「集合國家」，這與作為「單一國家」的中國相比，兩者的歷史發展截然不同。

中國自有歷史記載以來就是統一的國家。雖然偶有群雄割據或兩朝抗爭之類，但那與日本元龜天正[2]的分立時代或南北朝的爭霸時代相同。但若以這類現象為由而提出日本的帝國憲法應模仿美國的做法採用各藩聯邦制，那豈不成了可笑的歷史觀？即便在中國的春秋時代，百姓也盼望天下定於一尊，就連諸葛亮提出的三國鼎立之策，那也不過是為後面的統一做準備而已。統治者和百姓的理想都在於統一。出現分離與抗爭的時代，乃統一之覺醒尚未足夠強大的歷史過程，根本毋須多言。但一般人只看中國的表象，不去探究其歷史過程，把各省內部的強大團結力其實是國家統一的基礎這點，用相反的方式去解釋，一味強調方言的不同和排他性習慣，作為引進美式聯邦制的理由，實在是令人感到非常遺憾。

視維新革命為統一的覺醒之結果的日本人，基於尊王的大目標，總對薩長兩藩互相妨害、感情惡劣的歷史，將之輕視為為過渡時代而已。其實，中國各省的獨特性並不強烈，與日本維新前由獨立藩國統治而形成的幕藩體制不可比擬。面對如此微小的障礙卻躊躇不前，寧願放棄統一的要求，鄙人並不認為中國的革命黨有如此脆弱。

當脫離封建組織，演進成為近代化新型組織的時候，在此革命過程中，必然要實現新統一而做出排除舊地方區劃的努力，就像日本的維新革命或法國革命那樣；中國今後毫無疑問，也會踏上這樣的荊棘之路吧！為此，儘管革命黨畏懼四周發出的分離聲音，但他們當中仍然有人洞見到，比起遵循各省的感情，建立各省自行其是的立法而貽害無窮，還不如群策群力，朝向統一的大勢邁進，這樣的困難遠遠要少得多。

當意圖分割法國的同盟軍如潮水般侵入時，建立在封建區劃之上的聯邦共和制就成為危及國家的存在了。所以拉法葉參加美國獨立戰爭凱旋歸來，但其主張在法國根本不被重視。中國的危機與此同理，當孫文掌握大總統權力之日，豈不是可以利用臨時憲法，將照搬美國的痕跡全部拭去？袁世凱提出的共和政治不能讓中國統一的口實，反而促成了孫文的聯邦論。但如此的共和政體，以某人的空想作為前提，竟認為不會加速各省自治分離的論斷，實在是甚為輕率。

不明事情真相的外國人，往往將孫文與革命黨混淆而胡亂做出結論。為革命中國準備的「中華民國臨時憲法」，本來應該以維護中央集權統一為宗旨，徹底摒棄效法美國那種分權制度的壞主意。但實際上，堅持不同論斷的兩位外國著名學者給中國所開的藥方，根本沒有觸及革命黨的理想和革命中國的要求，不能不陷於僅僅靠觀察孫文來理解這個革命過渡中的鄰國的錯誤。於是只能容忍孫文個人曾經提出的主張，亦即實行美國式的大總統責任制和違背統一要求的各省分割式聯邦論。這是對中國共和政體根本理想的誤解。孫文的革命運動一味照抄美國，結果使得世人對眾多中國憂國之士的意氣精神也抱持起輕蔑的態度，這是什麼道理！

說得露骨一點，孫文參與中國革命，就是想如同美國獨立運動那樣能夠得到外國的援助。他希望取得故國的統治權，創建一個有別於先前、完全嶄新的中國，作為殖民地而享受經濟、政治的繁榮；這與為了挽救政治經濟頹廢、即將滅亡的舊中國之存亡，不斷在暗中嘗試使國家復活並飛躍發展的革命，毋寧說是站在兩個極端。

為了達到這個目的，孫文哀求外國——譬如日本——的援助，而不為此感到羞恥或恐懼。要知道這個剛創建的中華民國，是在向之前與清國打過仗、因此屬於昔日敵人的敵國乞求援助，但他不覺得恥辱，反認為這是堂堂正正的國際攻守同盟。姑且不論各殖民地在經濟上的獨立程度，假設印度人因為政治狂熱而創建一個獨立國家，然後他們卻和英國的敵人德國聯手，並說這是聰明的國際同盟，這難道不是自尋恥辱，又難道不會迎來第二個征服者並為之而恐懼嗎？

革命無疑將導致一國內部之動亂；相對於成王敗寇的內亂，外國的援助很明顯就是干涉內政。本國革命請求外國援助的最恐怖例子，莫過於法國的亡命貴族。被法國革命黨這一新興階級所驅逐的這群亡國階級，既無愛國心，也無恐懼感，甘於替強鄰侵略軍做分裂故國的嚮導。與此相似，作為亡國階級的滿清貴族肅親王一派，他們向日本求援時，恰如法國王公貴族乞師的口吻，說中國腐敗混亂，已難於立國，倒不如處於日本保護之下，還可免去百姓生靈塗炭之苦。不過，有人認為孫文也屬於亡國階級之列，這就有點出人意料之外了。雖然今天的日本對於中國的立國尚抱有疑問，孫氏也有要求日本援助的想法，不過，孫文的這種想法至多是愛國心不夠和缺乏興國的氣魄而已，絕不能與其他亡國階級相提並論。

孫文的最大問題，在於他的美國迷思。當初法國、荷蘭、西班牙三國之所以支持殖民地十三州的分離，並向英國宣戰，是因為這三國在北美擁有的殖民勢力圈被英國奪取而對英國做出的報復，因為與其讓這些未開化的殖民地被英國占領，不如讓它們獨立並成為永久中立國，換言之這可說是歐洲列強之間殖民政策之衝突。尤其是法國海軍不能把部隊輸送到發生叛亂的殖民地去，故必須打破英國的海上霸權。兩國歷來的爭霸戰說到底只不過是為爭奪殖民地而戰。其後拿破崙的大軍，也在特拉法加海峽被英國擊敗。

說實在的，美國的獨立戰爭與中國革命是風馬牛不相及，前者不過是作為英法殖民戰爭的副產品而被承認為永久中立國而已。所以，華盛頓不是革命家。在美國國力尚不及南美諸國的時候，門羅也只能宣稱從歐洲分離出來的北美保持永久中立。也就是說，門羅的南北擴張主義首先著眼於北美洲。

孫文與美國華僑的合照。為方便出入美國，他透過假出生證明而取得美國國籍。

但是，中國從來不是為另一國所有的附庸國。這就像是，即便有千百個富蘭克林來到日本，也不可能讓日本變成法國那樣的國家，這是不言自明的事情。

這種不顧國體問題的迷思，對於日中兩國的未來為害甚深。不過，與美國截然不同的中國，從一開始就對孫文想施行的美國大總統制和聯邦制不屑一顧，所以它給中國帶來的禍害還不算太大。至於日本對待中國革命的態度，基本上認為是由中國人自己決定革命的成敗與否，日本只關心該國將來長遠的國運而已。中國革命之成敗對於日本即時的利害感情，遠沒有美國獨立對法國的影響那麼大。當然，若出現對中貿易上的經濟損失且得不到賠償，不能不說是一個大問題。但日本朝野超越這種利害關係，對中國革命還是給予一種精神上的聲援；這是因為日本人自身擁有的愛國心，與中國革命黨的愛國奮鬥行動產生共鳴，並出於同屬於黃種人的情懷，為面對著歐美列強分割的彼岸大陸實現復興而慶賀。這簡直就像是法國革命之際，無論是對岸的英國，還是作為鄰國的奧地利和普魯士，都放棄了實現國家利益的好機會，發揚俠義之國風，仿如接受了上帝啟示那樣，展現坦蕩蕩的王道政治。這就是說，中國革命者的鮮血換來了日本超越當前利害得失的同情。若像美國獨立軍那樣在利己的目的下，極盡逃跑、叛變、裡應外合之能事，那就絕不可能產生上面的情形了。

以從原宗主國分離為目標的獨立戰爭，為占據獨立的地域而鬥爭，也可視為某種國際戰爭。但是，被動接受這種命運而死的那些平凡的戰爭犧牲者，其實是死不足惜的。

革命乃是國士的事業，需要有一手翻轉國運的壯志，有一人當關萬夫莫敵的大無畏精神，一切犧牲都是自覺自願的。所以，美國的獨立戰爭基本上沒有什麼可歌可泣的悲壯事跡，而在革命的中國，壯烈的故事則在所多有。所謂革命，往往是國家的腐敗墮落達到極致的時刻，在亡國的屍骸中產生的新興聲音。至於革命誕下的孩子是否健康，端視其意氣精神之有無了。看到北美移民僅僅依靠外力的援助便成功地獲得中立國地位，於是孫文也一味地哀求外援，這無論從革命理論和政治現實兩方面來看，恐怕都不能認為他是革命運動的代表者。

在此不妨看一看以下兩個事實：在一舉推翻滿清王朝的排滿革命那一刻，作為美國夢想家的孫文身在美國，他與排滿革命豈不是一點關係都沒有？各省的中心勢力並沒有得到日本的援助，但他們不也是積極呼應和參與革命嗎？以為觀察孫文便能理解中國革命黨的那些人，正證明直至五年後的今日，他們仍然不明白排滿革命的真相。由於某人的思想缺陷，而喚起日本人習慣性的對中國輕侮，甚至蔑視中國革命黨整體壯烈英勇的意氣精神，實令人嘆息也。沒有投身革命的意氣精神，卻成天在嘴上掛著革命，這難道不是自打嘴巴嗎？

被他所誤導的日本人，應省察革命的中國是如何了解他們高貴而俠義的援助。作為孫文支持者的數百名「支那浪人」，他們沒有俠義以外的動機。但謠言因此而起：有所謂日本乘機謀利的說法，也有人說南北就快收兵，日本以此而博好感耳。所謂二次革命的起伏和瀰漫在中國朝野關於日本野心的流言，減弱了中國人對袁世凱之人格的厭惡，豈不是令許多有影響力且直率的愛國志士，不知何去何從嗎？

對於內亂中某一方所做的是外國援助還是恐怖干涉，兩者實際上只有一線之隔。對日本來說，它的基本外交方針是維持鄰國的分治局面。然而，中國民眾普遍的愛國心已然覺醒，因此他們不得不擔心積弱的當下和動亂頻生的未來，這樣果真能避免日本的侵略嗎？正因憂慮此事，孫文的背後有日本撐腰的謠言蜂起，有人不但對革命不予援助，反而視革命黨為賣國賊予以聲討。事實上，中國革命並非由民主共和的空論而起，而是國民為救亡圖存而奮發的自衛本能。眼前見到的事實是，他們在武昌、長沙、上海與南京，在沒有與日本打招呼的情況下起義，同時也不期待日本干涉，堪稱為獨立獨行的愛國志士。

國民的自衛本能，往往在直覺上是相當敏銳的。如果由日本援助孫文推行美國式運動，顯然會給中國國民一種干涉的直覺，例如犬養毅對南北統一的非議以及日本間諜的招搖過市。在頭山滿等人歸國之際，孫文甚至不派代表送行，實際上應該也是憚於國民的愛國本能。但當孫文再度亡命日本，他又重新寄身於頭山氏翼下，非為忘恩之輩，而是出於孫文的美國迷思產生的依賴心理之故。

他們對於在動亂中並未露出豺狼的爪牙，而只是像王者一般持續表現出善意旁觀的日本態度，表示誠心感謝。但與此同時，他們也擔心別無他意的日本的舉動，會不會煽起國民的恐慌從而損害他們的救亡大業。原本因一個美國夢想家的他力本願[3]主義而被誤解的革命援助力量，今日終於在日本的庇護之下，變成一種對革命幾近積極干涉的力量。鄙人認為這種侮蔑和恐懼，很有可能會成為損害革命之後日中兩國關係的重大禍因，因此憂懼不已。

通過以上概說，我們應可明白孫文想讓日本知道的理想以及對日本朝野的遊說運動，其實並非是中國革命黨的理想和革命中國的要求。要明白這一點，本來毋須講太多的道理。但孫文的大名今天已遮蔽了世上觀察者的眼睛，為了辨明是非，鄙人不得不做這一番類似鑑別玉石的事情。

看到這裡，讀者諸君或許會提出疑問：既然如此，那為何中國要採用共和政體？為何孫文會被推舉為民國第一任大總統呢？鄙人在回答這些問題之前，先從革命的思想原因說起，然後按順序予以考察。對孫文、黃興、譚人鳳、宋教仁等人的成敗得失，自有人逐一予以褒貶，鄙人論述的目的乃在於冷靜研究中國革命的前因後果。

1 弗蘭克・詹森・古德諾（Frank Johnson Goodnow，一八五九年～一九三九年），美國法學家及教育家。一九一五年，他為袁世凱寫下一份討論憲政的備忘錄（Dr.Goodnow's Memorandum to the President），其後袁氏命人將其翻譯為中文，作為稱帝的理論依據。

2 元龜、天正是日本歷史上的兩個年號，時間橫跨一五七〇年到一五九三年。這期間，織田信長、豐臣秀吉兩人逐漸完成對日本的統一。

3 原為佛教術語，意為由於阿彌陀佛（Amitābha）的本願而成佛，後衍生出「期望他人為自己達成願望」的意思。

三

啟發中國革命的日本思想

中國革命的理想乃是由日本思想所啟發——啟發維新革命理想的是漢學思想——日本思想的輸入之於中國革命，正如英國《百科全書》法譯本的影響——法國奴隸嚮往英國的自由，相當於亡國的中國人嚮往日本的國家民族主義——日本的國家民族主義，成為直接否定清朝的革命哲學——古今革命都是少數青年書生的事業——維新革命、法國革命及俄國革命的例證——不是中國民族的亦步亦趨性而是出於對革命理解的普及——與驅逐孫文無關的日本留學生革命化——考試及第而取得官位者不能理解中國革命——日本切不可如英國給予法國革命思想指導般，毫無自覺

有人問：若不是受孫文的美國理想所影響，那麼是何種思想啟發了中國革命？至少對於這一點，鄙人可以信心十足地答道：中國的革命並非來自遙遠的太平洋彼岸，其十之八九乃源於一衣帶水的相鄰島國，亦即是受到日本思想的啟發。視日本為中國革命黨的策源地或當作革命的煽動者固然不太恰當，但日本思想對中國革命的影響，確實在責任和榮譽兩方面兼而有之。

日本自身幾乎對此重大事實毫無自覺，就像英吉利海峽北岸的島國，對於自己的思想引發了法國革命一事，始終毫無自覺一般；鄙人每思及此，不由得對歷史重演感到驚訝不已。其實，因為思想的國際交流而成為一國一朝興亡的重大原因，這樣的情況在歷史上屢見不鮮。

近的來說，不妨看看我日本國的維新革命。對於產生這場革命的物質原因，可以從各方面去加以考量，而其思想上的原因，則是源於強有力的外來文化系統，那就是如世人所知般，德川氏為了長治久安而倡導漢學所產生的結果。

德川氏為了統治者的利益，大肆鼓吹忠孝信條，以維持其馬上所得的天下；但是，當軍隊的威力日漸衰落，導致政權走向覆滅的各種政治經濟原因紛至沓來的時候，漢學倒過來又成了王霸之辨的利器，為皇室應受尊崇、幕府實為逆賊提供了理論根據。當時的青年革命黨人伊藤公爵，他出洋留學時，在箱子中隨身攜帶的《日本政記》，其實就是根據漢學的革命理論批判日本歷史的文章。反諷徹底執行北條義時、足利尊氏的傳統政策、大逆不道的德川幕府，稱揚尊王忠君之道，通過對歷代幕府的亂賊予以口誅筆伐而昭示倒幕革命的《日本外史》，可謂是受中國漢學影響的革命文學。那麼，現在在中國革命中一變而成為其師友的日本雄渾思想，不也能成為中國王霸之辨的利器嗎？

當然可以。對日本政治、法律、文學、軍事諸方面思想的大規模漢譯介紹，正如翻譯英國的先進思想為法國人帶來巨大啟發一樣。以崇拜歐美為榮、卻不以侮蔑包括自身在內的東洋為恥的日本人，嘲笑中國革命黨不過是一群見識膚淺、讀著翻譯文字的書生；殊不知法國革命黨正是因為輸入了「淺薄的英國思想」才得以覺醒。伏爾泰的研究乃基於英國法律，孟德斯鳩費二十年苦心而寫成的《論法的精神》也不過是重新闡述英國法學家們所說的那一套而已。與此相似，故人宋教仁君翻譯《比較財政學》，其他革命領導者也踴躍翻譯日文書籍，從中吸收了許多新知識和先進的思想。正如《日本外史》採用春秋筆法那樣，法國的革命文學也筆調溫和，態度小心謹慎，筆鋒缺乏力量，那就遠遠不如堂堂正正就事論事的中國革命論了。不過，章太炎之輩所寫的文章，雖然文筆燦爛華麗，但缺少盧梭的獨創思想，論旨支離破碎，沒有組織性和邏輯性。若是根據歷史學家的見解，譯成法語的英國《百科全書》喚起了法國的革命思想，那麼提供汗牛充棟的書籍以供漢譯的東洋不列顛，對於中國革命的思想，必然也帶來了極大的啟發。

其實，革命中國的真正覺醒，正如日本依靠國學的復興那樣，它也必須依靠自身國粹文化中的東洋精神復活才行。而促進、鼓勵、鞭策其復活的，正是閃耀著東洋魂燦爛光輝的日本思想。中國革命黨人仰望大勝強俄如旭日衝天之勢的日本，就猶如像豬一般活著、像蠅一般死去的奴隸時代法國人，仰望具有大憲章自由的對岸英國那般。所以，就像沒有自由的法國人從英國的思想中汲取自己缺少的東西那樣，瀕於亡國的中國人，不由自主地開始向日本學習興國的精神。法譯的自由論與漢譯的國家主義，針對奴隸階級與將亡之國，正好成為各自向對岸尋求的渴望之泉。尤其是中國，由於其危亡的廹切性，單靠譯書的間接交流已經不足夠了，所以又派遣大批留學生來到東瀛。於是日本的興國思想，毫無保留地促成了這批留學生自身的東洋魂覺醒，然後，覺醒了的留學生又將日本的興國之學直接作為革命哲學加以接受。

顯然，這是滿清皇室所始料不及的。他們也看到日本國民精神當中蘊含的國家民族主義，故期待留學生們學到這種國家民族主義後能夠忠於皇室，在危難中為清廷赴湯蹈火。然而，人算不如天算。正如德川氏希望幕府能夠綿延萬世，但漢學卻成了王霸之辨的利器，為維新革命運動提供了理論基礎的弄巧成拙一般，不明天意的滿清皇室，也忘了自己乃是滅人君、奪人國的外來征服者，會隨著被征服者的覺醒而遭到顛覆，還把留學生送去日本，學習講述這種道理的國家民族主義，這正與德川氏的做派有異曲同工之妙。

在中國，漢學乃是站在統治者利益，對「霸者」消滅「王者」的正當性毫不予以質疑的學說，但到了王霸並立的日本後，就自然被拿來解釋革命的道德依據。從而，在不受異族統治的日本，原本用於維持治安的國家民族主義，一旦西渡到被滿人征服的中國，就被理解成革命的科學理論。這就是說，用日本的國家民族主義解釋的忠孝道德，教給中國人的正是應與滅君亡國者勢不兩立，與其接受異族的統治而活，還不如因為反抗異族而死。

如此一來，對滿清皇室而言，日本的一切教科書都成了革命哲學，日本的所有

章太炎。

學校都成了革命俱樂部。更何況還有千萬種漢譯的「百科全書」，像潮水般地湧向中國各地。世人對於在武昌城頭突然飄揚「排滿興漢」的革命旗幟感到驚異不解，其實，鼓吹推翻滿人統治、復興漢族的國家民族主義，在日清兩國的共同推動下，已於東京的講堂公然傳播了十多年之久。世人對於在武昌首義後不足一個月的時間內就有半個清國、十一個行省呼應，三個月就達到推翻滿清的目標，認為乃中國人的亦步亦趨性，以及無謀的謾罵所致，殊不知革命的炸藥早就藏在漢譯書籍內，從而被埋在三百九十一萬平方英里的中國國土中了。

或曰：這少數黃毛書生們能成就大事嗎？這純屬害怕這股變革力量者，所做出的毫無根據非難。古往今來，諸位看到過由白髮衰顏人士完成革命大變革的事例嗎？絕對沒有。日本維新革命取得成功之時，最年長者西鄉隆盛四十一歲，大久保利通、木戶孝允等人次之，板垣伯爵、大隈伯爵與山縣有朋公爵、後藤象次郎諸公只有三十歲左右，而伊藤公爵、井上馨、松方正義等人則更年輕了。不難想見，彼等為革命奔波的時候，個個都是年少氣盛呀。如果指責他們人數太少，那不妨看看當年法國的情況。在總數約七、八萬的巴黎學生中，作為革命中堅者僅有數千名學生，但他們鼓動了大量的貧苦窮人起來鬧革命。而中國赴日留學生有十餘萬之多，加上各省各縣中產階級中已然覺醒的年少書生，則有上百萬之眾。

就革命的物質條件而言，在財政瀕於破產的中國，要煽動成千上萬勞苦民眾起來造反乃易如反掌也。日俄戰爭後，從西伯利亞監牢中脫身逃亡的俄國革命黨人格爾雪尼[1]路經日本時，說了一番震撼全俄的豪言壯語：「我有同志二百八十名，即便被一網打盡，也絕對有能力東山再起。」數百名俄國人能做成的事，數千名法國人能實現的事業，如果說數萬個東洋人反而不行，豈不是太傷我們的自尊心了？

在日本，我們見到數十名薩長革命黨人聯合數百名京都的窮困失業武士，就組成了維新革命的中堅力量。僅僅由少數水戶脫藩浪士濺灑在櫻田門外雪地上的鮮血，就掀起了倒幕的滔天巨浪。有人認為，影響中國只是少數日本人的一廂情願，大多數中國人出於鎖國的心理，是不會認同日本思想啟發的；然而這種看法是鄙人絕對不敢苟同的。諸公不見在彼等數十萬書生的努力下，在全中國國土上普及了同一種民族覺醒、同一種愛國情操、同一種革命理想的豐功偉績嗎？武昌首義槍聲一響，各省的紛起響應又應作如何解釋？

輕侮中國的觀察者諸君不好好反省自己對歐美的盲從，只是一味批判中國民族的亦步亦趨。但鄙人以為，與其說它是亦步亦趨，毋寧說同一種革命情

格爾雪尼。

感，已經在廣袤的國土上得到普及和認同。實際上，無論古今東西，革命向來都是書生的事業。顛覆滿清皇室的中國革命，實乃受我日本思想啟發的年少書生的鼓吹與計劃，最終達成目標。它不像漢學之於日本維新革命，僅僅起到間接的交流作用，而比起大西洋的不列顛島國，之於海峽對岸國家的影響也更為深刻得多。

說實在，滿清王朝的覆亡，並非上天的惡作劇。滿清皇帝送一批人來日本留學，日本政府也欣然接受，但兩者都未料到這批人在日本學的竟是如何排滿興漢；這種發展，恐怕上天也不得不為之啞然失笑吧！

清廷不見得一早就注意到普及內地的漢譯書籍是「炸彈」，但他們發現了在日本的留學生發表具有革命傾向的言論。送留學生來日的慶親王認為此乃受孫文的煽動誘惑之故，於是祕密地向伊藤公爵要求驅逐孫。伊藤公爵也覺得為了鄰國的安穩，不該讓這些學生加入亂賊之列，於是決定驅逐孫文。明治三十九（一九〇六）年某個寒星寥落的冬夜，鄙人與其他人雖然噙淚目送這位天才空想家的寂寞背影，但想到他的離去一點都不會妨礙如燎原之火蔓延開來的革命風潮，竟然轉悲為喜，臉上露出一絲微笑。被驅逐的只是一位民主革命家而已，中國所盼望的愛國革命烈火已熊熊燃燒。除非日本政府有本事把東京的所有學堂全部搗毀，否則就不能防止留學生革命黨的發展壯大。清廷拿著原本該被焚毀的漢譯日本書、企圖達成變法自強的夢想，卑詞厚幣邀請日本儒者到各省各縣講學，渾然不覺自己已經掉進了一個大陷阱當中，這真是何等的諷刺啊！

就在兩國統治者力圖控制事態的數年間，有數萬名中國子弟渡海來日留學，他們在此地變成了革命黨，然後又回到中國，與全國數十萬因接觸漢譯革命哲學而覺醒的年少書生相結合，令排滿興漢的暗流終於湧遍東亞大陸的河山，最後因為武昌一炬而把清王朝燒成焦土。

面對鄰國這一變局，日本倒像是一隻抱著鴨蛋的雞了。傳來武漢首義成功的消息後，日本朝野一片騷然，多數人固然抱著讚嘆和同情的態度，但對中國革命志士真正的要求，卻連一個簡單的解釋都說不出來。曾有數十數百名壯士提劍渡海支援中國革命，但當他們凱旋歸來，又有誰向日本人傳達中國革命志士的真精神？

鄙人也曾與中國友人一起戰鬥，是故常在官府的監視之下。在戰火倥傯之間，實在沒有向天下訴說的餘力，於是只能在同情革命的諸位友人當中，特別拜託內田良平向山縣有朋、桂太郎等長州系元老力陳是非，蓋彼等乃明治末期政界權力之核心是也。

革命乃書生之事業，那些靠考試及第而取得官位者是不可能理解並產生共鳴的；故此，在日本能期待對此事業有所理解的，也只有那些殘存的維新志士了。一個堂堂帝國，何必為見到雛鴨入水而狂亂如雞？日本不該以霸者之姿，透過第五項提案[2]來指導中國，而應以浩浩蕩蕩、雄渾的王道思想，在破壞舊中國，建設新中國的偉業中盡一份綿薄之力。毋需顧慮列強的眼光，認為我們是動亂的煽動者；在亞洲的自覺史上，必會大書一筆，寫上「日本帶來的曙光，幫助神州四億居民從征服者的手中獲得解放，是故深受感激」吧！

總之，瀕臨亡國邊緣的中國，它的廹切要求是興國。中國的新理想幾乎全來自日本的思想。而孫文的照抄美國，不過是探究革命形而上的原因之際，毋需多加注意的主張之一罷了。對我東洋之不列顛而言，切不可以重蹈英國漠視對法國革命應有的責任和榮譽的覆轍，否則，堂堂六千年的歷史，豈不只是於後世管治者徒增無益？

1 格爾雪尼（Grigory Andreyevich Gershuni，一八七〇年～一九〇八年），俄羅斯政治解放工人黨（Workers' Party for the Political Liberation of Russia）創始人之一，一九〇〇年、一九〇三年兩次被逮捕，被判處死刑，後改為無期徒刑並流放至西伯利亞。其後他越獄到中國，再到日本，期間與孫文、宮崎滔天等人會面。

2 即《二十一條》的第五項：中國政府應聘請日本人為顧問、承認日本人在中國的土地所有權、中國的軍備應優先從日本購買等條款。

四

革命黨
的覺醒時代

排滿民族革命已成功的今天，為什麼還需要與漢革命——排滿革命的元勳們貽誤去留的原因——排滿革命是與漢革命的前提運動——日本對於今後不免出現革命亂象的中國應予徹底的理解——與法國、日本一樣，革命並非兵力之勝敗而是一場思想戰爭——依靠暗殺成功的日本維新革命——祕密結社時代的各思想體系——章太炎與孫文之爭——受東京政府迫害的時代——故人宋教仁君的國家主義統一論與祕密聯絡時代——與孫文訣別的革命系統軍隊運動——青年土耳其黨的實際教訓——支那浪人們的滑稽劇

其實，只要對這種與滿清皇室不共戴天的民族覺醒有所理解，那麼康有為等人的保皇黨雖然疏遠了清廷，但仍然缺乏國民支持的原因，也就毋需鄙人多言了。這與日本維新革命前，為了彌補勢不兩立的王霸關係而提出公武合體案，但最終成為泡影的情況是一樣的。但如果從以上的略說，就認為漢民族僅僅是依靠其民族覺醒來進行革命，只會更容易將不明事理的吾國諸公引入迷途。

有人說：如果革命的目標僅僅在於漢民族的復興，而不是為實現美國夢想的話，那麼只要在身為漢人的袁世凱統治下取得國家的統一，不就已經達到目標了嗎？又有人說：敬仰異族征服者的康有為，不過是採取溫和漸進的改良途徑罷了。那麼，在已經達到排滿目標的今日，如果由被漢人統治的漢人進行所謂二次革命、三次革命，反倒促成

國家的分裂動亂，那與事者豈不是成了禍國殃民的亂賊？

這看在外國人的眼中，確是理所當然的疑問。其實，正如鄙人一早就指出的：革命家本人往往說不清革命是怎麼一回事，因此多數中國革命黨人，也無法對上述疑問做出清晰的說明。正因為如此，康有為的弟子們像勝海舟一樣，忍辱負重與不共戴天的袁世凱聯手，夢想在這個處於亡國邊緣的國家裡實施變法自強之策，這並非如日本人所侮蔑的那樣，是基於附權阿勢的動機。正因為如此，即便像敲響國粹之覺醒警鐘的曠世英才章太炎，也成了袁世凱的顧問；但這絕非如日本人傳聞那樣，是出於他的學究式幼稚。正因為如此，經同志們千苦萬難營救，才從無期徒刑的大牢裡放出來的革命元勳胡瑛、孫毓筠，竟親自組織籌安會，希望借助梟雄袁氏的力量實現統一國家、拯救累卵之危的理想；這並非如日本人所非難那樣，猶如本國政友會與同志會之間秤斤論兩的交易。正因為如比，既然背叛舊主的袁世凱功勳最大，所以理所當然讓他坐了總統的尊位；這並非如日本人所妄論那般，是袁氏通過兵力或謀略，從舊王朝和孫文手上竊取而得。正因為如此，國民所希望的是在他的治下能過上三年安寧日子，不受「亂黨」的誘惑，面對日華爭端和亡國之虞，願意與他一起反對日本；這並非如日本人放言那樣，是中國百姓聽命於強權、不論統治者為何人，只知道一味臣服的國民性所致。顯然，為輕率而驕慢的中國輕視論者所看不懂的當下中國政局，僅靠膚淺的觀察是無法透徹理解的。

一種普遍的看法認為：中國今後必定還會多次發生動亂，但這只是政權爭奪戰而不再是革命了，這就是對中國政局膚淺觀察的結果。雖然在滔滔不絕的論客當中，有不少人提出應該倒袁和支持中國的革命黨，但由於跳不出政權爭奪觀的範疇，遂令日本朝野諸公躊躇不前，無法做出決斷。尤有甚者，還有一些說客竟認為怕日本怕得要死、毫無抗爭勇氣的袁氏是排日主義者，建議支持侮蔑日本為專制國家的崇美病患者孫文，說服他親日。他們甚至鼓吹利用本國的威力，促成鄰國新首腦的登場。這樣的援助，倒是符合美國思想的邏輯脈絡，但明顯將受到已覺醒的中國人奮力反擊。

鄙人雖愚鈍，但畢竟是以新日本為榮的國民，難道鄙人不懼安危、冒險患難，就是為後進鄰人的權勢之爭做走狗嗎？非也！鄙人之理念乃在於支持偉大鄰國的革命。

「排滿革命」實為「興漢革命」的準備工夫，而革命黨對袁世凱的抗爭，實為興國階級與亡國階級的革命性決戰之延續。所以，這無關乎袁氏的個人人格，也不是因為他採用了以夷制夷的外交政策，或蹂躪共和政體想當皇帝的冒險家行為。中國在追求排滿民族革命的同時，也同樣渴求徹底掃除以袁世凱為代表的亡國階級。為了建設真正具有近代意義、有組織的有機統一國家，就必須進行興漢革命；換言之，要進行的是一場將亡國階級及其代表者掃進歷史的垃圾堆，從而消除中國積弱衰亡的禍根，並決定中國是否能夠存活下來的關鍵革命——這就是說，排滿僅僅是興漢的預備運動，袁孫更迭在這當中根本微不足道。

觀測中國的將來，日本和其他列強不免擔心，袁世凱若稱帝會不會引起動亂？也有人反駁此看法，認為就算袁氏忠實地做他的大總統，難道必能維持和平？對此問題若有人答曰「然也」，那此人對袁世凱必有過於獨特的理解，因此毋需和他爭論，敬而遠之就好。但是，大多數的膚淺觀察者都認為中國的動亂是難以止息的，而對於鄰國的治亂應該負有休戚相關責任的吾國朝野諸公，似乎對這些粉飾愚妄的胡言亂語也坐立難安。

事實上，現在的中國含淚向袁世凱的稱帝計劃屈服，是出於避免動亂以利國家生存的真誠之憂慮而為。擁袁者也是為了避免國家的分裂衰亡，希望依靠袁世凱來實現中國的永久統一，因此其動機值得同情，但仍然必須將它看成是一種妄動；簡單說，他們雖想彌補裂縫，但其舉動仍然是不可原諒的。所以，不管將來袁氏做皇帝也好，不做皇帝也好，若是中國的革命動亂終究不可避免，那麼朝野諸公都應該早做準備，現在就定下方策才對。吾等必須以一次革命時由於朝野對中國情況的不了解，而給日本自身及鄰國帶來無窮遺憾的前例為鑑。所以，鄙人為了朝野諸公在觀測與應對將來的時候不致失誤，不再墜入像過去觀察中國革命運動那樣的誤區，有必要對中國革命運動之經緯做一簡略說明。

正像前述的革命思想觀只是鄙人一家之見那樣，這裡要說的，也僅僅是作為一名外國人的鄙人在一個狹窄的範圍內實際見到的中國革命運動的情況而已。不過，鄙人有革命黨祕密結社時代的經歷，還與作為革命中樞人物之一的故人宋教仁君相攜穿梭於長江上下、親見革命運動的聚合離散之勢，又作為革命漩渦中人目睹了南京政府的成立和崩潰。而且，作為外國人，鄙人尚具不偏不倚的優勢。鄙人所述，若與諸公所知的情況有所出入，那諸公必定是被所謂中國通們遊俠式的誇耀以及官吏們的紙面觀察所誤導。至少，鄙人就以上範圍的敘述，可以保證基本上是正確無誤的。

鄙人在回顧中國革命運動的軌跡之前，首先有必要與中國輕視論者劃清界線。他們無視排滿革命是一場革命戰爭，以勝敗論英雄，把罪過推卸到中國民族性上，嘲諷這場革命戰爭不過是一場可笑的空包彈演習而已。與此看法相反，鄙人認為古今之一切革命運動實際上都是思想戰爭，與兵家之勝敗無關。就法國的革命史而言，除了與鄰國侵略軍交戰的國際戰爭之外，記錄所謂革命戰記的部分，不過寥寥幾頁而已。革命戰爭的死傷人數，不過是恐怖統治時期大屠殺的百分之一。「去攻打巴士底獄」的呼聲猶如雷聲震天，但救出的犯人僅僅是七名票證偽造犯[1]。再看中國革命，被滿清政府釋放的政治犯也只有汪精衛、胡瑛、孫毓筠數人，但這難道就值得恥笑嗎？

板垣伯爵曾對鄙人說過，維新革命之大勢非決於戊辰戰爭，而是由頻繁的暗殺行為來決定。因聽到伏見街道的砲聲而驚慌，拋棄包括榎本武揚等人的海軍艦隊而逃亡的將軍德川慶喜，與因故張振武君等人率領幾個小兵造反而嚇得魂飛魄散急急逃竄的總督瑞澂，堪稱為一對難兄難弟。會津城與南京城頭其實都沒有被砲彈擊中的史實，不妨將兩城列為戰爭史中的姐妹城市。所以說，革命與戰爭其實是兩樣東西，只要對比一下在滿洲原野上展開的日俄戰爭與支那浪人南下革命的場景，就知鄙人所言不虛。所以，鄙人對時下那些既尊崇法國革命又誇耀日本自己的維新革命，卻獨獨鄙視中國革命，愚蠢傲慢而毫無智慧的論客，實在不敢苟同。總之，革命史不是純粹的戰事記錄，因此鄙人要講的主要是關於中國革命思想家所從事的運動，而不會過多留意由這種運動引起的軍事現象。

所謂回顧，也只是做一個概觀而已。明治三十八（一九〇五）年，在內田良平和宮崎滔天兩君的斡旋下，所謂廣東派與湖南派聯手合作，於東京祕密成立了「中國同盟會」。十年前這些來自中國兩省、處於半覺醒狀態的革命先驅們，堪與日本維新前的薩摩和長州兩藩相比擬。薩長的對抗令倒幕運動受到挫折，而當兩者握手聯合，則共同成為維新的中堅。內田、宮崎兩君策劃孫文黨與黃

孫文與同盟會芝加哥分部成員的合照。

興黨聯合的豐功偉績，希望鄰國史家往後編纂民國史時不要漏掉這濃墨重彩的一筆。

但是，這世上的事物有合必有分。孫文的美國思想過於濃厚，令革命運動帶有太多的世界主義色彩；而黃興一系毋寧說具有排外的國家主義思想，所以兩者的距離相差太遠。基於同一目標、因緣際會融合在一黨之內的革命隊伍，本身就潛伏著分裂的危機；更何況著有《訄書》、提倡反清復明的章太炎此時出獄了，作為三百年不世出的大文豪，他的盛名為革命隊伍注入了熾烈的國粹覺醒。大陸豪雄譚人鳳則率領哥老會匪，在長江流域一帶割據稱雄。內部紛爭在鄙人入黨後數月就發生了；諸友責備鄙人的行為，要為內訌負責云云，但鄙人樂於見到他們每個人的思想色彩終於變得鮮明起來，並期盼他們朝著各自覺醒的方向堅定地前進。至於對鄙人的非難，鄙人倒是一點都不在乎。

因思想理念之異同而出現離合乃形勢使然，強行靠人力彌補之多半是作無用功。孫文在革命之初提出的廣東獨立案與黃興、老譚他們致力的反清復明運動，在根本性的國家觀念上存在著不可踰越的溝壑。更由於章太炎的輿論鼓吹和日本思想的普及，進一步深化了這些領袖們的覺醒，從而使尊奉世界民主主義的孫文與崇尚國粹復古主義、國家民族主義的其他領導人不得不分道揚鑣，此乃理所當然之事。

過去的事情沒有必要再在今天論其是非。孫文胸懷英美式的超國家觀，當他被驅逐出境時，日本政府贈予數千日圓的餞別費，這可視為對國際亡命客的一種憐憫。然而，章太炎具有強烈的國粹自尊心，他憤慨孫文率留學生而去卻不示威，對孫氏的隱瞞贈款一事窮追猛打，又迫使孫文辭去總理之位——他做了這些也應該解氣了。雙方的隔閡本來就存在，而由於思想傾向處於兩個極端，一切行為也就完全不同。所以，在進行革命運動時就不得不自行其是了。如此一來，破壞了統一團結的氣勢，在當時而言自然是一種遺憾。但今日回顧此事，當時具有基於各自的思想理念發起運動的自由，這對革命大局而言反而是值得慶幸的事。

具有寬大胸懷因此專做和事佬的黃興，與其說時刻顧全著聯合的大局，不如說時刻擔憂革命黨內可能出現隔閡。狂熱分子張繼其時已經深孚眾望，他認為在革命之前，首先要對革命黨自身進行革命，打出了反孫第一砲。張繼認為不能把希望寄託在黨魁一人身上，故自行組織暗殺團。章太炎則揮動其如椽大筆，向留學生們的熾烈胸懷中灌注亡明志士的熱血。

明治四十（一九〇七）年的夏天，黃興滿懷憂愁而南下，故人宋教仁君則從北方的運動歸來。宋君在張繼的帶領下來訪。隨著相交日深，鄙人十分欣賞他的組織頭腦和蘇秦張儀式的才幹。宋君具備作為冷靜不惑的國家主義者而應有的法律素養，足以擔當組織集團的大任。在革命領袖們最清醒的一、二年間，宋君完美的國家主義，與章太炎的國粹文學和張繼的雷霆般熱情相輔相成，在理論、熱情與組織方面都建構起無懈可擊的革命黨。但不幸的是，與革命如形隨影的黃興欲在鎮南關東山再起又告敗北，汪精衛計劃刺殺攝政王事敗而被判處無期徒刑；身為革命幹部的一員，竟在他們的鍋裡下毒，因而令全社會震驚。於是，基於清國政府的要求，日本警方勒令唯一鼓吹革命的宣傳機器《民報》永久停刊。鄙人介紹幸德秋水給張繼認識竟成為禍事，因為意外地把他的思想引導向無政府主義。為逃避日本警方追捕，張繼不得不流亡巴黎。

如此這般，孫文走了、黃興走了、張繼也走了。這之後的中國同盟會，聲勢一落千丈，而且日本警方對它的鎮壓更日甚一日，願意參加同盟會的遊俠之士也愈來愈少。就在這種極端困難的處境下，宋君充分發揮了他卓越的組織才能。他一方面繼續擴大同盟會的力量，一方面將國家的覺醒和民族的熱情深化成一黨一理想的偉大目標，並且將經過實戰教鞭鍛冶出愛國魂的軍事留學生源源不斷送回中國，讓他們去訓練叛軍，準備與滿清征服者決一死戰。不只如此，在革命爆發的兩年前，宋君透過擁立會黨豪傑譚人鳳，已經穩當而祕密地掌握了愛國革命運動的參謀部。鄙人有幸得以近距離觀察孫文離去後中國革命黨的祕密運動，故可以明白無誤敘述武漢爆發之革命運動的真相。

思想理念的不同，自然導致運動分道揚鑣。源自美國思想的運動方式，在密謀獨立的同時，也想方便地學習美國人由法國人提供大量武器彈藥來對抗原宗主國英國的那種方式，即在鄰國（日本）的默許下利用「辰丸」號輪船來偷運彈藥。但是覺醒的愛國者認為日本與清國政府不僅沒有利害衝突，而且有保全其秩序的外交政策，因此依靠日本只能是一場白日夢，並且無法容忍因辰丸事件[2]再一次給國家帶來的極大恥辱。他們對美國獨立戰爭與中國革命運動的異與同做了深入的考察，發現美國獨立與中國革命的巨大差別，終於在與美國人行動方向完全不同的斷崖絕壁上邁開艱辛的革命步伐，那就是從統治者的腰間盜取叛逆之劍——發動軍隊叛變。

可以如此做的原因在於眾人都有革命的願望，在革命的過程中大家走到一條道上來了。不能再忍受腐敗墮落至極的統治者的軍隊，無論古今東西，歷來都是革命領導者可以發動和倚重的力量。他們把全黨的心血傾注於此。走筆至此，不妨再看一看法國革命的例子。在攻打巴士底監獄時，革命黨已得到近衛軍兩個大隊的支持，因此後來他們將國王從凡爾賽押至巴黎議會，除了有三百名瑞士僱傭兵堅持抵抗之外，其餘士兵全部倒戈。要知道，海峽對面的島國連一粒子彈都沒有偷運到法國。在日本維新革命中，薩長的革命黨人在其藩內幾番參與政爭，那是賭上身命而戰，非蝸牛角上之爭。顯然，如果維新黨人沒有掌握藩侯的軍隊的話，他們是無法完成倒幕革命的。但在革命過程中，薩長革命黨並沒有得到一心驅逐外國人的攘夷浪人的大力支持。顯然，中國要進行革命，它要走的道路與古今東西其他國家完全相同。

特別是當時的青年土耳其黨把敵方的軍隊為己所用，無疑給中國革命黨的領導者們帶來啟發。他們與美國夢想家將黃白兩人種的兩大聯邦共和國一再比較並以之為樂的態度正好相反。奧斯曼土耳其這個古老大帝國作為國之將亡的悲慘對照物，其革命黨竟能做出如此卓越的革命實踐，東方的青年革命黨人必然深感震驚，同時也讓他們受到極大鼓勵和促進他們的奮起。土耳其與中國，青年土耳其黨與中國同盟會，天下還有如此相似的一對嗎？如此一來，多數中國革命黨領袖與那位根本不考慮半滅亡國家渴求的美國夢想家劃清了界線，不再幻想依賴外邦的武器和外人的援助，在流血的革命道路上奮勇前進。

明治四十三（一九一〇）年夏，被驅逐出境的孫文突然來到東京，但數日後再被驅逐出境。他與故人宋教仁君的會見頗為冷淡。由於鄙人與宋君比較親近，鄙人親眼見到宋君的思想在數年間有徹底的轉變，堪稱質的飛躍，他終於走上了革命運動的正道。當時鄙人相信，宋君一定能用他的熱血挽亡國於既倒。但在另一方面，日本許多所謂支那浪人卻只知道飲酒作樂，還大做拍賣廢槍的生意，如此這般地參贊東亞大策，頗顯得殘酷和滑稽。這齣滑稽劇，由頭山滿和犬養毅兩人擔綱主演，於翌年在中國各地巡迴演出了一番。鄙人欲敬告諸公：與處境困難的中國國士打交道時也應敬如上賓，萬勿因參與或指導了中國革命運動而自命不凡。

1 據另外的說法，七人分別為四名票據偽造犯、兩名犯罪的貴族、一名精神病患者。

2 一九〇八年，日艦「二辰丸」載運軍火從神戶港駛往澳門，惟於珠海拱北附近的海面被清軍攔截，船隻被押往廣東。日本出動艦隊施壓，最終清廷釋放船隻並賠償損失。

五

中國革命運動之概觀

一切愛國革命都始於排外黨——因為中國革命黨思想源出日本，所以便視其為親日分子，這是完全沒有道理的——革命黨在某種場合成為最強烈排日運動中堅力量的理由——愛國革命領導人之一的故人宋教仁君受到孫系浪人的排斥——鄙人對宋君所持的立場——宋君在間島問題上抨擊日本的苦衷——革命黨的拒絕借款運動——支配新統治意識的影子政府《民立報》——廣東的失敗與趙聲的大器——「中部同盟會」運動與對譚人鳳的評價——策動軍隊起事的手段——黎元洪非首義元動，而是作為革命黨的俘虜被強迫上位——革命黨的輿論運動與粵漢鐵路國有化的導火線——相當於杜伊勒利宮之波旁王室的的紫禁城責國皇族——從四川燒到武昌長沙的烽火

中國的革命運動也走上了日本和法國昔日的道路。不過，在熱衷於傾全黨之力與軍隊聯絡的同時，革命黨的領導人們仍然不得不面對就連他們自己也沒想到會如此迫在眉睫的國家問題。此非民主與王權之爭奪，也非自由與平等之論道，實乃東亞大陸之生死存亡問題。

中國的革命黨人打從一開始，就不是像無視於愛國心、捨棄故國毅然移居北美的殖民地居民那樣，企圖反對自己的國家。這些愛國的革命黨人意圖一肩扛起危如累卵、處於滅亡邊緣的祖國，因此革命運動的目標，也就自然而然地集中到自己的國家問題上來

了。既然要救亡圖存，面對那些趁中國積弱而來欺負凌辱中國、要求賠款割地的外國列強，革命黨就不得不變成排外黨了。

這種情況略似顛覆了封建政權後的法國革命一轉而為拿破崙的對外戰爭，也像後來掃除三百藩侯的維新革命黨一度轉過頭去砲擊外國艦艇，因而成為外人眼中的薩長團匪。[1]勃發於武漢的中國革命黨，正如北清事變中那猶如薩長攘夷黨的義和團，以日本史的思想脈絡來理解，其行為是完全合理的。這就是說，在透過飲酒作樂聯繫軍隊的同時，中國革命黨人還站在輿論的曠野大聲疾呼，點燃對外強硬的怒火、敲響外患警鐘，在全國範圍掀起憂國情操和愛國覺醒的狂濤。

因此，當日本對中國構成威脅和恐嚇時，中國革命黨就理所當然地成為排日運動的中堅力量了。由日本的興盛和日本思想孵化出來的中國的國家覺醒，對於日本面對三國干涉、因而選擇臥薪嘗膽的大教訓，理應拳拳服膺才對；但他們卻告訴自己，絕對不可像當年的日本般，面對強俄低頭俯首，出賣國家。這正像出生於自由國家英國的殖民地居民，為了保護自由，不惜與母國作戰一般。從中國學問獲得眾多啟發的日本忠孝道德，卻在後來演變成加諸於中國本身的征服論。當日本的愛國魂漸漸在中國露出曙光後，面對日本的強權壓迫，中國的革命黨選擇了掀起排日運動，這毋寧說是一種值得令人讚賞的覺醒。

一般而言，即使是一名研究法國的學者，在日俄戰爭情勢激烈之際，絕不會夢想日法同盟[2]的締結；又假如是德國學派的軍官，在攻打青島的時候，也絕不會畏縮不前。但唯獨中國革命黨，只因為他們多數是日本留學生、屬於日本思想體系，就認定他們一定會成為親日主義者，這是什麼道理！

日本約莫在十年前開始接受教導這批來自鄰國的青年，起初並沒有什麼革命的打算，他們只是希望中國成為一個獨立自主的國家，並能夠向日本提供些許好處罷了。但這些青年對於國家的榮辱特別敏感，睜大雙眼密切注視國權之得失，從而對日本抱持著深切的期望；這不能不說是日本身為亞洲盟主以及教導者該感到驕傲的事。然而，在傾聽所謂「同文同種、唇齒相依」，陳腔濫調的日中親善論中，他們覺醒的程度遠遠超乎眾人想像。結果，日本那種慣於欺壓亡國階級的傳統輕侮觀念，使得親善變得不可行，而留學生也都變成了更強烈的愛國者。

在他們的理解與期望中，覺得兩國的將來必須取決於他們本身取得中國的統治權和日本對華政策的改弦易轍，這樣才能做到真正的親善。但遺憾的是，在強者與弱者的親疏關係上，基本上不由弱者的願望來決定，而是取決於強者的態度。故此，儘管大多數革命黨人都可稱之為日本思想家，但他們日後是成為忠實的親日主義者或強硬的排日論者，其實是由作為強者的日本的態度來決定的。

在數年前的辰丸事件上，中國只是在某些地區、展開小規模的拒買日貨運動，但今春的日中談判，卻掀起了舉國的抗議聲浪；由此可見中國人民對於國家的理解，相差已經不是以道里計。在亡國階級袁世凱治下已經如此，今後若由日本文化之精華所冶煉出來的革命黨憂國者統治中國，情況會變成怎樣，實在難以想像。

總而言之，現在的中國已經不是十年前的中國了。吾國的官僚和那些所謂的中國通們根據十年前先入為主的偏見進行演繹而得出的結論，僅僅只是接觸到中國的表面而已。他們所把握的，不過是腐爛透頂、被武漢首義一擊即潰的亡國階級的情況。剝去這層表皮，取而代之的新統治階級將是現在的革命黨和革命青年，可惜這些新生力量尚未進入吾國官僚大人們的視野。故此，官僚僅憑和革命黨人膚淺的些許交遊，就誤判他們是仰賴日本、只能在日本鼻息下建國的一群人——就跟亡韓的親日黨一樣，然後邊皺著眉頭，邊把援助塞給他們，這樣的情況比比皆是。那些人自認通曉中國，但對於今日中國上下的疑懼乃是「孫文會不會成為李完用第二」[3]、而袁世凱施策的巧妙之處也是基於這種疑懼，卻完全不曾真正理解，這到底是因為什麼！就像這樣，不管是談論革命黨、參與革命運動、乃至於議論中日親善，憂國之士始終都被排拒在我國達官貴人的視野之外。

鄙人將沿著思想的線索一路追溯，對武漢革命的

李完用（前排左二）早年負責對美交涉，同時屬於親美派，惟其後立場改為親俄、親日。

運動系統作一番考察。孫文的民主理想，天下間無人不知；假使他的理想對於身處革命漩渦中的人們而言總是全屬錯謬，但他透過經濟政治等方面的論述，卻能讓中國的國體達到漢民族非抵達不可的極致高度，那倒真應該在中華民國史的開卷第一章為之大書特書了。對此，鄙人將在後面的章節再做論述；然而正如在第二章中已經提到的，對於正處於亡國邊緣的中國，孫文所渴望的現實，其實是只能由宋教仁所倡議的國家理想而達致，這才是真正值得大書特書，不能不予以特別留意之事。

孫文的革命運動是國際性的，認為接受外邦或外人的援助乃理所當然之事，所以要看破他們的手腳，其實非常簡單。與此相反，宋君著眼於自己的國家，推動愛國運動，警惕與外人的過分接近，對待外國的援助，除非是在萬不得已的情況下，而且必須在不損害國權的條件下才予以接受，換言之即是一種基於愛國熱情推展的行動。

所以，前者採用他力本願策略，讓數十數百名支那浪人嘯聚在自身周圍以壯聲威；但基於後者愛國的自尊心，他們所能統合起來的，終究只是一小撮反宋的勢力罷了。然而，對中國革命黨的認知，乃至對中政策的輿論造勢，均由這幫人操持，所以迄今為止日本對於中國革命運動的真相完全不理解，鄙人對此不能不感到痛惜和嘆息。

革命期間，上海總領事有吉明對於原來被視為親日論者的宋君曾以「漁夫」名號發表排日言論深感不滿，他對著忍不住想笑的鄙人忿忿不平地說，這暴露了中國人的反覆無常。其實，這話反而暴露了外務省官僚蔑視中國的態度。頭山滿干涉一國的自主任命權，決定不讓宋君擔任駐日全權大使，反而向孫文提出建議，委任一個在中國默默無名的何天炯。他對革命作為愛國運動的根本意義，竟暴露出如此缺乏智慧的態度！連身處動亂政局的中樞之地，實際見聞革命、堪稱日本代表的這兩位先生都這樣，只能依靠他們報告的政府，和被浪人集團牽動的輿論，會陷入極度困惑迷惘的境地中，那就更不用說了。

事實上，故人宋教仁君的愛國自尊心，與日本那些抱持屬邦觀的援助者是積不相容的；革命的爆發，其實是他們傳統的輕侮觀中難以想像的愛國運動，點燃火種所產生的結果。這無關民主共和，也無關自由平等。宋君在革命史上的價值，正在於他在這些人所不曾察知的這一面上，成為具代表性的領導者之故。

生涯宛如彗星般，迅速消失在空中的不幸吾友呀！宋君到北京組織國民黨，在能決定正式大總統的大選中取得可以控制兩院的絕對多數席位，這可嚇壞了袁世凱。而辛亥年的武昌一夕談，又令黎元洪對他佩服得五體投地。然後宋君東下長江，其熠熠光輝開始為眾人所仰視。作為卓越的革命家，當他橫死於上海火車站時，那些以前讒誣詬罵他的人都一改口風，盛讚宋教仁乃肩負整個革命黨命運的偉人，而他在革命黨內的統率地位，至此才浮上水面。其實如果有所察覺的話，就可以發現在這之前，宋君已經在號令革命黨的國民運動了；但那種異口同聲的褒貶，恐怕也只能讓人看輕，鄙視為中國人的民族性、或是毫無差異的集團性愚鈍吧！

有人把鄙人看成是親宋分子，實非如此也。也有人認為鄙人是宋君的顧問或參謀，這更加不符實情。鄙人與宋教仁君不過是一對經常同聲唱和又經常爭論不已的同齡益友。歷經多年相交，鄙人看到了他異於常人的真正價值。也就是說，鄙人之所以看重宋君，並非如世人所言，是因為他的足智多謀，也非因為他的學富五車，更非他的雄辯滔滔，而只是因為宋君是一名剛毅誠烈且一以貫之的愛國者。

在已然陰陽相隔的今天，回想起來，故人宋君的愛國心是在祖國處於存亡危急的關頭顯現出來的。

明治四十一（一九〇八）年，日清兩國就間島[4]的主權所屬發生爭執，這讓不幸的愛國者不得不表明其愛國情懷。宋君在東京帝國圖書館發現幾種朝鮮王室編纂的古書，裡面明確記載了間島不是朝鮮的領土。這就是說，他可以利用在日本找到的材料證明該爭議地區不是日本的領土。為此，宋君撰寫了《間島問題》一書，這在力挫強鄰的不法主張的同時，也相當於助了不共戴天的清政府一臂之力。

對宋君而言，這實際上是一個尷尬之舉。有日本人建議他把此書賣給日本政府，所得款項正好用來資助革命，但為宋君嚴詞拒絕。宋君毅然把此書郵寄到北京。據十幾天後的電訊報導，清國方面以他提供的證據有力地駁斥了日本方面，而我國政府則以忙於處理其他事務為由放棄了對間島的領土要求。這就是作為愛國分子的中國革命黨人在遇到實際問題時所持的立場。

與此相比，明治三十三年（一九〇〇，此時正是犬養氏憲政黨的全盛時代），孫文為了廣東的獨立竟求助於日本治下的台灣總督府，而罔顧福建被劃入日本勢力範圍的作為，兩者真有天壤之別。但是遺憾的是，故人宋教仁君為了間島之事，竟被日本政府當成是清國的密探加以迫害，甚至還被同志猜疑，懷疑他勾結清政府出賣本黨的利益。這讓他悲憤莫名、痛心萬分；知其丹心赤誠者，能不痛歎惋惜者幾希！

受連累者尚有鄙人。由於鄙人與宋乃刎頸之交，故鄙人也被本國人士誤以為賣國賊。然而，鄙人在十年前曾經撰寫過一本名為《國體論及純正社會主義》的禁書；在該書的自序中，針對當時萬國社會黨大會作出的反日俄戰爭決議，鄙人曾說：思想自由乃是以萬國之名行之，不可侵犯的權利。換言之，鄙人乃是基於自我信念，絕不向其屈服之人。而在十年後的今天，最為空想主義的法國社會黨[5]，雖面臨歐洲大戰、因而無人主張非戰論的窘境，仍拒絕迎合潮流，這正是盡自己心力，以全國士之節的態度啊！置身於大批假冒愛國者之間，鄙人為了捍衛自身的愛國心之尊嚴，不能不以日本豎子之身，堅決擁護正在孤憤苦鬥中的宋君的愛國魂。總之，指導革命黨愛國運動的故人宋教仁君，絕非如一般人所誤解般，乃是所謂的親日分子。

愛國運動就是如此用先知先覺者的血淚，凝聚成國家覺醒的洪流漫溢到全中國，並漸漸在輿論當中掀起大潮。

中國之憂主要是日俄對華北地區的武力威脅，和英美德法四國賴以脅持清室的經濟滲透。對於列強割據土地持強硬反對態度的宋教仁及中國革命黨，面對策劃經濟瓜分的四國借款，理所當然地發起堅決的排外運動。明治四十三（一九一〇）年宋君祕密前往上海，與故人范鴻仙和于右任兩君一起刊行《民立報》，大力讚美民間誓死反抗以滿洲租稅徵收權做擔保的四國借款，這正是他一以貫之的表現啊！

賣國階級辯解說招徠四國資本是為了防禦日俄的武力侵略，其實這只是以夷制夷的祖傳外交策略而已。正在興起的新統治階級則已看清，為了對抗四國的挑戰，必定會促使中日這兩國聯手；但這種兩國對四國的態勢，不論何者取勝，最終仍免不了使滿洲從中國分離出去。

與章太炎並駕齊驅的國粹覺醒之先達于右任君，和常被鄙人敬為現代王陽明的故人范鴻仙君，與故人宋教仁君一起奮鬥，領導輿論界，向新知識階層灌輸愛國的決心。偉人的價值就在於能夠喚起國民的決心。這情況與兩、三名薩長藩士召集各地遊蕩武士聚集於京都，最終煽動各藩之革命軍起事是一樣的。

所謂革命，必定要控制政府和輿論，才能達到奪取統治權的目的。而當時，上海成為全中國輿論的神經中樞，猶如維新前的京都。事實上，在發動革命前，新統治階級的意志已通過各地各報的傳播擴散，相當於一個影子政府在統治中國。是故，之後革命蜂起，各省都立了都督，但新的中央政府尚未成立期間，出現來自各省及海外的電報雲集於「民立報大樓」這種奇觀，也就不足為奇了。

所以，反對四國借款的宋君，並非如世間誤解的那樣是反日分子；而他以「漁夫」之名撰寫批判日本的文章，也不是忘恩負義、或是害怕日本，純粹只是因為宋教仁這個本名，是被通緝的待斬之身罷了。但卻有人以此責備他，說他暴露了反覆無常的民族性。

革命黨對軍隊的策動猶如洪水般泛濫到長江流域各省。在血氣方剛的年輕革命家的辭典裡，是沒有「等待」這個詞彙的。所謂時機是否成熟乃後世史家論述的話題，作為革命的劇中人根本難以拿捏，一切都在未定之天。

明治四十四（一九一一）年三月，黃興率領一批革命黨書生在廣州起義，不幸再次遭致慘敗。這場失敗給日後革命黨帶來的禍害是難以估量的；這些年輕熱血壯士的犧牲，是就算拿十萬武裝大軍來換都難以補償的重大損失。尤其是趙聲之死，有人痛惜曰：「無北方吳祿貞之死，無南方趙聲之亡，難見今日之孫愚袁奸。」宋君聞趙聲之死訊痛哭失聲，說：「吾以霸才奉之的王者，如今已不在了，奈何！」趙聲君之大器正是如此。連玩弄孫文、黃興於股掌之上的陳其美等策士，也不敢對趙君發出不敬之言，可見他不只有霸才，更有王德。故人范鴻仙君對鄙人說道：「開始還不大服氣的黃興，僅僅與趙聲見了一次面便對他心悅誠服，願為其效命，尊他為奉天命下凡、可以統率一切的英雄。」這樣的人物逝去，對革命黨的打擊是不言而喻的。

現在再追究負責取得軍隊內應的胡瑞清（胡漢民之兄）的責任已無意思，但這個慘痛的事實帶給革命黨的教訓是：革命運動非發動軍隊起事不可。棄許多盟友之屍而逃的黃興，其內心之悲痛和沮喪可以想見，這甚至挫傷了他再度起事的勇氣；然而，這也是人之常情啊！

據鄙人所知，黃興此人雖然欠缺對大局的宏觀視野，但絕不是因為丟掉幾根手指，就變得貪生怕死的怯弱者，這點鄙人可以掛保證。多愁善感的黃興含著眼淚在盟友流血之地低徊，久久不願離開香港；於是後至的故人宋教仁君終於下定決心擁戴當時還穿著滿服、留著長辮的老譚，回到作為愛國運動和軍隊運動中樞的上海。

就這樣，宋君前年在東京的與孫文的冷淡會見，意味著追求民主的夢想家與追求國權的思想家在事實上的分離。雖然黃興作為協調者試圖彌補孫宋之間的裂痕，但在孫文的故鄉廣東，由於孫系人馬的軍隊內應出了問題而導致革命黨的巨大犧牲，結果協調者留在香港，宋君則跑去長江流域結黨募軍、繼續奮戰，這就是所謂的「中部同盟會」。

中部同盟會在形式上是中國同盟會內部的一派，但這只是為了避免分裂公開化而做的粉飾而已。其盟主譚人鳳甚少受到外國思想的影響，堪稱是一位純正的中國本土豪傑。他本人不僅是位博覽強記、令人驚愕的讀書家，而且還具有卓越的組織能力，把一批青年書生組成猶如崑崙山般的堅強組織。老譚統一了在華中、華南有著頗大勢力的哥老會的各個山頭，促使他們覺醒，參加反清興漢的大業，是位乍看之下相當古怪的人物。

這也可以說是中國的氣運使然，基於東亞大陸之磅礴氣勢，國粹意識從大多數中國書生的心中覺醒。僅僅花了很短的時間，日本輸入的思想便被融納於排滿革命之中了。

不妨說，中國氣運的化身就是譚人鳳。他對遜於自己的愛國革命黨人之包容，其出發點是他人難以想像到的。老譚力圖把墮落的中國轉化成正派的中國，也想利用東洋魂來改造腐敗墮落的中國，讓中國人變得像日本人一樣凝練。換言之，他就像是一名頑強的日本古武士。

譚人鳳清楚理解到，為了在這腐敗的大陸上復活東洋魂，就要組織革命黨和發起革命運動。同時，老譚又是一名鼎鑊甘之如飴的無畏先行者，因此在他手下雲集了革命黨的行動派，這也是理所當然的事。正因如此，宋君的國家主義者集團尊奉國粹會黨化身的譚人鳳為盟主，並與其緊密團結，絕非是偶發的或一時性的聯合，而可看成是捨己為國心理的共鳴和相同思想體系的合理融合。

不過，人們加入中部同盟會的時候向譚人鳳宣讀的盟誓，恰似加入中國同盟會時向孫文宣讀的盟誓一樣，效力是不推及到另一方的。雖說附有兩個系統將來或許有機會再次聯手的條文，但難以掩飾兩者兩不相屬的分離實質。

他們所做的策動軍隊運動，以不

譚人鳳與北一輝的合照。兩人關係甚篤，後來北一輝甚至收養了譚人鳳的孫子譚瀛生（北大輝）。

結交營長及以上級別者為原則。因為對於這個革命一觸即發的腐朽墮落國家而言，身居營長以上位置的人都是錦衣玉食之徒，沒有冒險的氣慨。尤其是那些雖居高位卻無軍功學識，僅憑請託賄賂而取得軍職的人，對其做策動工作，卻反被對方密告出賣是大有可能的事情。而即便策動營長以下級別的士官，他們也規定策動下級軍官者與聯絡士兵者是不相與聞的。總之，這是在一個衰敗混亂的國家裡所做的非常繁複勞累、且一不小心就容易洩密的工作。

日本人對於黎元洪率領一隊兵馬造反成為「大義首倡者」這種顛倒黑白的事實表示深信不疑，那是因為他們習慣了維新後的秩序井然，以為士兵服從營長、營長服從團長、團長服從師長的命令是理所當然的。事實上，正如太陽從來不可能從西邊升起那樣，古今歷史上也未見由上層階級率先起來革命的事例。

黎元洪本來屬於既有能力顛覆革命運動，但又可以只成為告密者的中上階級，當時他正擔任阻止革命黨人聯絡工作的旅長角色。武昌首義倉促發動時，威脅黎氏出面的故人張振武、蔣翊武兩君，當時其實都是下級軍官，是被孫武、劉公、楊玉如等人鼓動起來的棄暗投明者；然而當時被其他人員連繫起來的士兵，卻不知道下級軍官也是被自己人所鼓動起來，反而誤認黎元洪是革命首倡者，從而集結在他身邊。

黎元洪受到「汝願剪辮乎？還是斬頭乎？」的威脅，左右都有人持槍監視著他，於是黎氏不敢制止士兵開砲。他與總督瑞澂的差別只是後者當夜便捨城逃竄，而他因為沒有逃亡的機會、被革命黨人俘虜而已。黎元洪後來竟然登上副大總統的顯赫高位，堪稱是破了列國革命史的記錄。

在這齣老天爺撰寫的喜劇中，日本浪人團的登場，堪稱扮演了恰如其分的小丑角色。他們擁護黎元洪這位令人噴飯的副總統坐鎮武昌，南望身處南京的孫文，北盼雄踞北京的袁世凱，在擁妓喝酒之餘打著天下三分的主意。所謂南北議和是這些三國演義看多了的事後諸葛不能理解的，恰如維新革命的勝海舟與西鄉隆盛的談判，不能用時代久遠的元龜天正年間的軍事典故來做說明一般。總之，革命黨領袖們對軍隊的滲透以廣州起義的失敗教訓為契機，決定與孫系人馬分道揚鑣，在長江流域各省廣泛聯絡軍隊的下層階級，最終取得武漢首義成功。

當革命黨的愛國運動者積極地在各省軍隊下層做策反動員工作的同時，他們也沒有忽視重大的國家問題。老譚以「聯絡部長」和「文事部長」之名與諸省同志聲息相通，宋、范兩君則已牢牢掌握《民立報》——可惜兩君相繼橫死，只剩下老譚一人得享高壽，這是何等悲切！辛亥年的春天廣州起義失敗，但到

黎元洪。

秋天便取得了武昌起義的光輝勝利。當時，革命黨人用輿論來推動革命，甚至以輿論代替政府的職能統率一切。

站在《民立報》背後的文事部長等人的愛國論，以「影子政府」之姿，喚起全國新統治階級的憂國心，讓政府與世界充耳不聞的聲音響徹天際。這時，一個天人不容的國家問題明顯擺在革命黨眼前，那就是基於四國借款契約之上的粵漢鐵路國有化。

在此務請諸君不要陷於膚淺的國有民有爭論中。問題不在於可行與否，而是涉及國家存亡之根本，以及利權收回對國家是否有利的問題。古今東西，愛國之覺醒都被包裹在攘夷的胞衣內發酵、擴大。燒毀高輪英國公使館的伊藤井上諸公，他們的團匪精神已經到了連他們自己的歐化政策，都覺得會導向亡國的程度。既然如此，以盛宣懷的四國借款為契機，排外黨的領袖譚人鳳把矛頭直指盛氏，認為批判粵漢鐵路總辦沒有擊中要害，也是理所當然了。

對攘夷黨來說，他們連公使館的建築物也看不慣。愛國黨認為向外國借款就是對日本的瓜分，於是也顧不得計算借外債的利弊得失了。然而，後世對於那些在下關海峽攻擊黑船的團匪，只有深深的感謝之情。而粵漢鐵路事件更以遠超攘夷論的程度，透過愛國心的覺醒，喚起國民要收回自身民脂民膏所出的利權。

在法國革命的例子當中，路易十六的賣國行為是為了自身的安全，通過亡命貴族招來同盟列強的侵略軍以瓜分國家；但在中國革命當中，要實際讓國民的眼睛清楚看到

「四國借款就是賣國」的證據，事實上是不可能的。國民的耳朵聽到的，是踏破國境的敵蹄靴聲，國民的眼睛所看到的，是距離首都四十里外的劍戟之閃光。日俄的武裝軍隊在華北耀武揚威時，中國國民領悟到除了必須學習日本之外，還必須推翻清朝。警告為抵消皇族大臣們的揮霍浪費而做的四國借款，最終將導致出賣滿洲的先覺者的聲音猶如杜鵑啼血，但完全感覺不到國民實際所見所聞的清廷，只把它當作一種姑且信之的預言看待。結果，北京城這邊還沒有把國家賣出去、單單因為害怕買方未來的舉動而停下腳步，但已經如同杜伊勒里宮的破壞行為一般，激起了廣大的憤怒。

果然，四國借款的危害從北方的滿洲蔓延至中原，然後擴散到粵川漢鐵路；彷彿在驗證革命黨對清廷賣國的預言般，盛宣懷沒收了民間的股票。他口中所謂的國有，絕不意味人民是這個國家的所有者，而是征服者為自己所導致的財政破產，不惜把國家主權出賣給四國，這無異於在眾目睽睽之下，從人民手中掠奪財產。國民為了回收利權，不惜流血奪回本屬於自己的東西；而同時，他們也清楚發現了居住在中國之杜伊勒里宮的賣國賊。

「市民們，國家危矣！」——民立報在輿論的鐘樓上敲響了警鐘，愛國運動者指向遙遠北方的指揮刀，轉而指向蜀地的天空。四川亂起來了。緊接著革命黨的軍隊在武昌起義，長沙隨之響應，兩湖的興國之火熊熊燃燒，愛國運動終於逼使資政院彈劾盛宣懷，盛氏不得不逃離北京。在萬里長江的上空，革命的閃電劈開了烏雲。

1 一八六三年五月，長州藩封鎖下關海峽，並砲擊美、法、荷等國的艦船。同年八月，薩摩藩由於前一年砍傷英國人的生麥事件，亦與英國開戰。

2 一八九一年至一八九三年，法國與俄羅斯陸續簽訂協定，建立同盟關係。此後該同盟維持到十月革命時，蘇俄政府宣布失效為止。

3 李完用（一八五六年~一九二六年），李氏朝鮮末期的官僚，代表朝鮮於《第二次日韓協約》、《日韓合併條約》上簽字。

4 位於圖們江以北的朝鮮族聚居地，大致範圍在現中國吉林省的延邊自治州。由於李氏朝鮮於一九〇三年設置「間島管理使」一職，其後據有朝鮮半島的日本因而與清廷發生領土糾紛。

5 工人國際法國支部（Section Française de l'Internationale ouvrière），一九〇五年創立，後於一九六九年改組為現今的法國社會黨（Parti Socialiste）。

六

置身革命漩渦中的批評

孫文、黃興、譚人鳳、宋教仁並非革命爆發的計劃者——四川動亂及長江各省起事均係氣運所致——炸彈誤爆引起的武昌首義——日本人與中國革命無關的論證——作為證據之一的上海光復親歷談——日本人的道德共鳴不等於實質援助——占領東京公使館與東京市民無關——革命黨自身應成為發號施令者的規定—老譚沒有成為武昌的指揮者是根本性的失策——沒有聽從宋君組織軍政府的建議是黃興的失策——黃興的敗走是自取其咎——宋君的占領南京方針——出入敵城時親見革命黨人的與國冒險氣魄——所謂中國悲觀論者，跟以德川時代的觀察來類推日本將亡的外人並無二致

鄙人不想在此處以外人的身份來評判中國革命家們的功勳，而且這也不是重要之事。但是不能不提的是，無論從思想體系的分離，還是從運動手段的截然不同來看，至少就一九一一年的辛亥革命而言，孫文完全是一個局外人。孫文本人也承認這一點，且為後代史家所論證。尤其他當時身在萬里之外的美國，怎麼可能像支那浪人們所吹噓的那樣，運籌帷幄地指揮東亞大地的革命運動？所謂革命，是國家不統一、社會組織崩潰之際的國民起義。若說在新國家新社會成立之前，就已經存在一個有機且統一的組織，而且能夠從西半球的盡頭，號令東半球的治亂，這種事情只要是稍有頭腦，想想都知道不可能。

且說故人宋教仁君，每逢有事，總要與鄙人反覆討論。武漢舉兵前一週，老譚每日

催促宋君去武昌，但他猶豫不決，終致失去良機，造成終生的遺憾，史家或許也會因此而吝惜給宋君更好的評價吧！老譚為宋君的拖拉而焦心，不得不提前從南京的醫院出來，帶著藥瓶溯江西上。但就在他奔赴武漢的路上，張振武和蔣翊武已經發動起義，導致原本的計畫未能實現，這或許是天意弄人，所以讓這位豪爽的老翁也無從得到功動吧！功動是天授的，其等級則由命運決定。真正重要的是，愛國黨人把全國的輿論焦點引導和集中到粵川漢諸省的國家權益問題上，在向全國人民指出國家存亡危機的同時，也抓住湘蜀騷亂的機會。中國革命黨人這種經世的大局眼光和興國之氣魄，不能不令鄙人擊掌而讚之。然而，這些仗劍之士在這個微妙的革命爆發期，竟未能參與箇中的諸多交涉。

四川諸友經常說：革命自蜀人始，也以蜀人終。確實，四川的騷亂成為中國革命的開端，接著清朝的柱石良弼在北京被炸死、皇帝終於退位，造成這一切的同樣是蜀人，這確實可說是四川值得驕傲的事。

鄙人有幸親身在中國的革命漩渦中漂流，深感板垣伯爵對維新革命的論述，同樣可以解釋中國的革命。決定革命的並非戰爭，而是大勢所至。誠然，正如蜀人所誇耀的那樣，四川的動亂拉開了中國革命的大幕，但長江流域的舞台也等待著演員們的登場。陝西要起

良弼。

事啦，湖南也要起事啦，安徽和江蘇都出現動亂啦，又或者四川也要舉兵啦……這些都不過是時間問題而已，所以武漢首義並非是必然的。這是鄙人親耳聽到各省諸友的議論，又考察了前述的思想覺醒和他們的運動而得到的結論。

事實正是如此，僅僅一個多月的時間，中國諸省便紛紛舉兵獨立了。不管如何用輕侮和膚淺的觀點，將之貶低為單純的一呼而百應，或是像那些吹噓之士所言，乃是由一個夢想家在太平洋彼岸發號施令所致，這種荒謬的道理都是說不通的。鄙人認為，真正的原因其實就只是因為氣運到了。

當時，不知道時機是否成熟的革命劇中人，正埋頭在漢口俄租界的支部裡偷偷製造炸彈。但上天為了諭示時機已經到來，特意讓製造者手中的炸彈掉到地上。爆炸聲轟然而響。孫武、劉公、楊玉如諸君見東窗事發，趕緊像脫韁之兔般地逃走了。沒多久租界巡捕循聲上門，他們搜獲結社成員的名冊。連如此重要的社員名冊都遺留在屋裡，可見三人逃跑時的狼狽，但有誰忍心責備他們呢？這只能說是天意如此了。

故人宋教仁君因未能及時趕赴武昌而遺恨終生，但這不也是天意嗎？他與張人傑、張斗樞君偽裝做生意在武昌開設「寶慶公司」，而發生炸彈爆炸的地方恰好就在「寶慶公司」的隔壁。以宋君這種天煞孤星式的運氣來說，要是他在那裡，有可能會因此喪失逃跑的機會，而成為無名首級、曝屍荒野或者被梟首示眾也說不定。老譚得知此事，腳跺地板大罵計劃一再出錯；但或許正因為天意如此，才讓他如此長壽，最後得以在亡命的異域憤死吧！

但是爆炸的那瞬間，其實可視之為國家興亡的轉機。磅礡的興國之氣從革命青年的心中噴薄而出。日本的輕中論者視中國人為亡國階級，這純屬無稽之談。也在名冊上的故人張振武和蔣翊武兩君，當時均在漢口，他們完全有條件馬上逃亡，保全自己的身家性命。但他們恥於做逃兵。僅僅是排長職位的張、蔣兩人，並沒有如想像中的那樣，有辦法算氣運、察大局，並具備十足的動機；他們只是與前來告急的孫武等人會合，為了營救名冊中的諸友，與孫武、楊天如、劉公諸君連夜渡江，回歸武昌軍營。興國之氣慨，正是只有青年的冒險精神才能掌握啊！

這名冊在送到黎元洪手上之前，

武昌首義翌日，中華民國鄂軍都督府成立，於湖北諮議局辦公。

革命黨人便已為了不讓他逃跑，而對其實施名為擁戴、實是搜捕的「擁挾」行為。總督瑞澂逃亡後的武昌城，一時間為冒險家所支配。革命黨人覺得黎元洪此人 良厚道，是個好好先生，且受到下屬兵士的愛戴，決定推舉他做都督。眾人「擁挾」黎元洪到諮議局，他被迫認同革命，中華民國鄂省軍政府都督就此產生。

這位可憐的所謂「大義首倡者」在革命爆發後易服逃跑，藏匿在下屬的寢床底下；被革命黨人尋獲後，又在兵荒馬亂的城中被數十名陸軍學校學生監視了三天，直至老譚入城，且有來人報告水師也反叛了，於是才下定決心剪去辮子，宣布與張彪開戰。諸君，如此不堪的黎元洪、三天後姍姍來遲的譚人鳳、在上海沉思的宋君、在香港灰心的黃興、還有正在美國耽讀華盛頓傳的孫文君——這就是當年中國領袖們的眾生相了。

日本的支那浪人各有其所親，妄論上述領袖們的功過。但在武漢爆發的革命，實乃天意所為也。所以對鄙人而言，覺得最要緊的是把握革命的思想系統和革命運動系統之大綱，如此才能正確認識中國全局之大勢。

然而不能不提的是，與日本人有交往的上述眾領袖都沒有掌握機會是不爭的事實。而這也證明了以鄙人為首的所謂支那浪人，對於武昌起義沒有做出哪怕是些微的援助，由此倒可以拭去日本政府被認為比西方列強更積極在煽動鄰國動亂的不實罪名吧！在此同時也說明了，中國的革命就像是西洋的法國般，完全是獨力進行的革命，而不像靠外力援助的美國獨立軍。那群癡鈍的浪人集團在市井誇耀，說自己參與了多大的謀劃；流傳如此虛妄的事情，豈不是一種重大的國際罪惡嗎？事實上，中國革命者只不過是對於流亡時內田、宮崎諸君在日本政府鎮壓下庇護他們的溫情俠義，不曾忘恩罷了。

與支那浪人對於武昌起義全無幫助一樣，日本政府和日本人對於其他各省的革命也沒有給予絲毫援助，這有鄙人親歷上海光復為證。

當時，作為「中部同盟會」評議員兼上海分部長的陳其美，是一位身材碩長、長辮搖曳、穿深紫色綢緞衫的中國紳士。他專程拜訪鄙人，說的話題僅僅是關於幾百支手槍的事，然而鄙人作為日本人，卻連這小小的幫助也做不到。當時上海雖有幾家日本軍火商社，卻不獲儲存武器彈藥的許可，僅是陳列各種武器模具而已。革命黨人擁有幾枚突擊用的炸彈。有傳言說炸彈是日本浪人偷運來上海的，但這純屬美麗的謊言。實情是，革命黨人通過賄賂從機器局的腐敗官吏手中取得一些火藥，利用這些火藥才得以製作了幾枚炸彈。

某日，鄙人一邊與來訪的某位少校聊天，一邊看著手表的時針。當鄙人估計革命黨人應該到達機器局了，就告訴他：「此刻上海有戰事。」同時鄙人又向其請求，對革命黨予以最善意的援助。少校聞言大驚失色，然後匆匆趕回領事館，在武官室忙不迭地打電話。

大勢已經確定，入夜的上海城到處飄揚著「排

陳其美。

滿興漢」的白底旗幟，江南火車站護衛的左手腕也纏上了作為革命記號的白布。《民立報》報館和祕密機關的諸友都奔赴戰場了，沒有人來告訴鄙人起事是否成功，倒是領事館的武官室打來電話表示祝賀，謂革命目的已經達到，可以安心。但鄙人對諸友之生死始終不放心；當與那通祝賀電話相反、向我報告起事失敗消息的黃興之子黃一歐君逃回來時，鄙人緊握那雙沾滿鮮血的手，深感震驚。

一歐君眼觀四方，帽子深戴，匆匆跑上樓梯，驚惶地衝入室內。他向鄙人訴苦道：「武器缺乏、子彈也買不到，以至於同志們就算持有槍械，但從一開始只能放空槍。」鄙人覺得訝異，問道：「出發前不是說有充足的武器彈藥麼？」一歐君答道：「那是因為機器局裡的內應告訴我們倉庫裡有大量武器。」鄙人聽了為之愕然。

情急之下，鄙人趕往領事館武官室，請求他們能夠給予某種援助。少校卻說他們獲得的取勝消息是確實的，一歐君是不是因為年輕的關係，一見到敵人的影子就嚇得逃回來了？鄙人惟有搖頭嘆息。顯然這位少校也陷入世俗的中國人輕視論的泥坑之中。

鄙人在深更半夜回到支部，叫醒已經入睡的一歐君，問他帶領另一支隊伍的陳其美君是否已攻進了機器局？他答曰沒有，又說陳君已被捕，此刻落在敵人手上。鄙人聞之大驚失色。

在深宵被月色照得慘白的街道上，再度響起噠噠的馬蹄聲。鄙人第二次敲開少校的門，心情萬分激動的鄙人輕率地提出借用警備艦[1]上的槍械的要求，但充滿同情心的少校只是拱手嘆息道：「此事萬萬做不到。」鄙人垂頭喪氣地返回寓所，是晚焦躁無眠，坐待拂曉。

天亮時分鄙人接到武官室的電話，確認了前面的報告，此刻松江的騎兵隊已在機器局把守了。沒多久，譚人鳳的公子譚盍材君前來接鄙人到都督府，路上向鄙人敘說了事件的始末。實際情況是，在天長節[2]當晚舉行夜宴，領事與道台正在舉杯共祝日清友好時，革命黨發起襲擊了。起初襲擊失敗，部長等人在城裡被捕。但松江的騎兵隊迅即趕來施援，再舉革命，成功救出陳其美等人。在鄙人眼前，再次證明了古今東西的革命乃得力於軍隊運動的歷史通則。但同時也證明了，不說當時浪人團尚未大舉到中國，作為其成員之一的鄙人以及作為日本政府人員之一的某少校，對中國革命的聲援確是有心無

甲午戰爭後，日本即開始向長江流域派出軍艦。這些艦隻噸位雖小，但由於兼領外交而享有較高位階。

力，沒有絲毫實質性的幫助。

換言之，日本人相對於中國革命，確實是沒有關係的；甚至不妨說，鄙人與某少校及其他支那浪人均是沒有價值的人物。空有同情之心，猶如寒冬挖筍，沒有實質效果。除了那些花街柳巷的「援助」外，日本政府就只是夾在輿論與伊集院公使之間，迷惑不已且一無作為罷了。故此，若將同情等同於援助，實在有辱於獨立獨行的鄰邦國士。

當然，鄙人並沒有那麼極端，全盤否認日本人對中國革命的價值和作用。但是，若說到提供某種物質的助力來促使事變爆發，則因為日本政府與滿清尚有國交，所以要援助中國國內的「叛逆」，基本上是不可能辦到的。正因如此，某些日本人說自己對民國建立有多大的恩惠、又有多大的功勞，因此痛批民國的反日是「野蠻的謾罵、忘恩負義的民族性」，但實際上他們該自己反省一下，看自己是不是犯下了國際的罪惡吧！

當然，日本人出於誠心的同情及舉國聲援，確實也給中國革命黨人帶來了難以估量的精神上的支持。然而，這也只是出於對「邪不勝正」的歡喜，是一種出於正義本能的同情；換言之，這不過是勝敗進入決勝點的剎那間，觀眾們爆發的本能喝采罷了。從對校園裡比賽的選手寄與同情和聲援的影響來看，給予那些踏著鮮血、為國家存亡而爭的鄰人倫理上的共鳴與鼓勵，每當看到他們奪險而進、便為他們喝采雀躍，產生的效用有多大，自是毋庸置疑。然而，這並不意味著只有日本人是倫理的動物，而其他在華列強的國民就屬於不講倫理的野獸。事實上有點諷刺地，英美德法四國的國民也都忘了是因為他們四國壟斷鐵路才引發革命這件事，出於正義和同情的本能為革命喝采聲援。

就鄙人在上海決勝那天親眼所見，他們的表現或許比日本人還要來得更加熱烈。所以就援助程度這點來說，日本人並不見得比其他外國人來得更多；而同樣地，在出於人類本能的同情聲援上，其他外國人也絕不遜色於日本人。只是和那種鶯鶯燕燕圍繞著一歐君，要幫他介紹婚約的討好者相反，日本人從聲援席上跳了出來，切齒扼腕、怒罵爭鬥，非把革命的優勝旗弄到沾滿泥土不甘心。按照日本人的傳統觀點，處事這樣的毫無分寸，豈不是會讓人對自己的國民性看笑話嗎！

更何況誣妄那些獨力扭轉亡國命運、踏屍浴血的國士，散布虛偽的流言，說他們是在自己的庇護援助之下成事，這又是多麼令人唾棄的罪惡呢！鄙人實在憂心，將來日本在人道上的國恥，不是偷運婦女去南洋賣春，而是在對華貿易表上，看見一大堆沒有操守的男人變成「輸出品」。各位啊！日本人在中國革命中該享有的光榮，並不是那些表面上的物質資助，或是在妓樓置酒爭功的個人交情；日本真正的貢獻，乃是透過其興盛與思想，培育了中國的國家民族主義。關於這點，鄙人也想用上海的親眼見聞來加以論證。

就鄙人在上海祕密機關所見，出入往來的幾乎全是日本留學生。當隊伍集合、準備襲擊機器局時，義士們穿的都是立領銅扣服裝。聽到武漢首義成功的消息後為了奔赴各省而雲集於上海，準備打破這座通路大關的他們，是昨天還住在東京神田公寓裡的士官學校寄宿生或無故蹺課的留學生。正因如此，留學生服甚至被稱為革命服。

唉，事實上無須鄙人講述自己在上海的見聞，即便身在東京的各位日本人，也能耳聞目見此等景象——那就是陳猶龍率領出發前的留學生，占領了清國公使館。公使不用說，當然是清國皇帝的外派代理人。陳氏曾與唐才常一起反叛清廷，自稱鄭州王，是位不受泰西風氣影響，落後時代的國粹黨人。至於留學生，雖然他們不是全部都受過民主共和學校的薰陶，但至少都受過國家民族主義的教育。這一群人敢於占據大清皇帝代表的官舍，這件事實就證明了中國革命在受日本思想家薰陶的情況下，其根本要求與當年的日本一樣，都是出於國家民族主義；所以他們才會在希望取得日本人諒解的情況下，在日本的首都上演這樣一齣戲碼。

但是鄙人需要重申的是，無論是武漢首義也好，抑或革命軍占領上海關口也好，日本政府及日本人並無給予絲毫的援助。與此相同，東京市民在中國留學生占據清國公使館這件事上，也沒有出過什麼力。所以鄙人實在不明白，為什麼日本人要把自己沒施予的恩惠標榜為己有，並且反過來汙衊中國人是忘恩負義的民族，同時對於自己導引四億民眾愛國覺醒的真實功績反而置而不提，這難道不是件咄咄怪事嗎？

再說回上海光復。功成之後，鄙人不自覺地拍了拍陳其美的長脖子，笑說「差一點點，你的腦袋就不在了」；雖然看似輕鬆，但實際上這場起事真的是千鈞一髮。將革命與戰爭混同的人認為他只是靠著外力擁戴，才能成為都督。但事實上陳其美是江南新興力量的代表人物，他固然被抓，後又被軍隊所救，但陳氏有能力指揮軍隊，以九鼎之威號令上海。反觀武昌的情況就不是如此了。讓一名俘虜來做都督，以此欺瞞天下的耳目。這錯誤的第一步，似惡咒般地依附在往後革命運動的開展上。

就像十天後獨立的湖南省，故人焦達峯君率領三百名新軍起事，斬了巡防隊統領的頭，經諮議局認可而擔任長沙的都督。但沒多久，焦君便為譚延闓所殺，都督也馬上換人。這當然大失革命黨所望。事實上，革命黨一早就已規定，凡一省一地革命成功，其首長職位當由革命黨人擔任。所以，陳其美擔任上海都督乃順理成章之事。不論怎麼說，在一場無節度、不統一的革命中，恐慌、動搖、混亂之群眾心理，若是沒有一個能夠體現新精神的人物坐鎮中樞進行統制，那麼全軍、全省就沒辦法團結一致、堅定不移。

黎元洪不過一名俘虜耳，在動亂的群眾面前充分暴露了他的懦弱和因循舊例。然而革命初成，有必要喚起全省民眾的新精神和統一全軍必勝的決心，於是推舉黎氏為都督，這實為革命黨的愚蠢之舉。老譚為遲了三天進城感到遺憾，其原因或許就在此吧。但實際上，老譚進城之時，黎元洪尚未下定做領袖的決心。即便張振武、蔣翊武、孫武、劉公等人主張推舉黎氏，老譚若斷然訓示必須履行革命黨的規條，那麼黎元洪作為一名降將，就只有甘效犬馬之勞的餘地了。

或許老譚是顧慮兩湖的南北協調論吧，就好像日本革命黨在維新前不能忽視各藩侯的利益那樣。但十幾天後湖南舉事，故人焦達峯、楊任、謝介僧、曾傑諸君，都是他的忠實手下，那麼此前常共謀大計，只是因為陷於死地所以不得不先行發動起義的湖北孫武、劉公、楊天如諸君，難道不也是以老譚為盟主、歃血為盟的成員嗎？作為中部同盟會的首領，老譚負有理所當然的領導責任。黎元洪本應率軍隊擁戴老譚，這樣的話，滿足群眾心理的神經中樞就樹立起來了，能在國民面前體現新的精神，給予全軍以必勝的決心。所以，遲到三天並不是問題，老譚固守退位讓賢的舊式道德才是他的最大失策，在革命的開端就造成重大禍害。

故人宋教仁君也從另外的角度，為鄙人的批評作了證。當時他準備偷偷北上，去做袁大總統手下的農林總長。鄙人期期以為不可，對他進行苦諫；最終，我們以書生交往時常見的互相對罵收場。或許宋君不堪焦燥鬱悶，只見他用手猛拍他坐的椅子，忿忿不平地說道：「就是這把椅子。老譚催我去武昌，我坐在這把椅子上正在反覆考量之際，武漢起義就爆發了。如今我準備北上，是為了再次革命。在此之前，革命對我而言是完全失敗了。你看，黎元洪不是要做副總統了嗎？」

當時左擁老譚、右依黃興的年輕宋君，假如人在武漢，是有敢於當大總統的氣概的。其實，白髯盟主不過遲到三日而已，為何推舉一名俘虜來指揮全軍？由於指揮者的因循舊例，軍隊士氣也受到影響，結果漢口很快被清軍奪回；堅持死守硬拚的，僅有穿銅扣革命服的書生，這其實也是可以想見的狀況啊！借用這樣的軍隊去打仗的黃興絕非怯者，他在戰略上也沒有什麼錯誤，但是，當革命黨團的先鋒們陷於苦戰時，起義軍的兵士卻爭先恐後地渡江而逃，漢陽就這樣失守了。

就在此危難時刻，黎元洪又棄武昌而去了蔡甸。直接進城整頓軍紀和安撫民心的，反而是「北面招討使」兼「武昌防禦使」的老譚了。發現逃亡俘虜的行踪之後，老譚將他請回來，然後再度讓位給黎元洪，固守舊道德的老譚真是愚不可及矣！要知道，這場挾江之戰關係到革命發祥地的勝負，也決定了天下人心的向背。就算鄙人不使用春秋筆法，也不得不嘆曰：先失漢口再失漢陽的敗責第一人者，既非黎元洪亦非黃興，實為譚人鳳也。

老譚固然愚不可及，黃

革命軍占據武昌後，隨即與前來鎮壓的清軍在武昌、漢口一帶展開激烈的攻防戰。

興也糊塗得難以估量。當黃興、宋君相攜到達武昌後，宋君立刻疾呼建立臨時軍政府的必要性，但黃興認為必須先一戰而功成，然後才能談這個問題，於是始終不肯答應。革命家不理解革命乃古今之通則，而黃君也把革命與戰爭混同起來了；這樣的做法與包圍在他周圍那些浪人團的看法並無不同。事實上，革命黨早已不厭其煩地明文規定，在革命成功的地方必須組織軍政府，只需以人民承認的方式公布就可以了。建立了政府以後即可向軍民發出指令，那麼黎元洪作為一名軍官就不得不奉命行事了。在新政府的名義下，以革命黨的新精神、新決意來統治全省軍民，實現振興國家的理想，這才是最理所當然的啊！但黃興與老譚一樣因循舊道德，放著除舊布新的陽關道不走，竟甘心淪為黎元洪下面的一名稗將，循著受君命而行事的老朽方式，跑去漢陽前線打仗——這又是何等本末倒置之事啊！

革命黨從祕密活動時代開始就規定，應由黨員擔任都督或參謀，正因為這樣，故人焦達峯君奪取長沙後即自任都督，陳其美被救出後就在騎兵的萬歲聲裡高舉指揮刀，結果堂堂革命領袖黃興，居然成了一介俘虜的手下稗將？這實在是對於革命的本義太無知了！革命黨是以受日本思想影響而覺醒的日本留學生、以及他們在海外獲得的新知識為中堅而組成；他們是背負起全部輿論，自發崛起的革命理想體現者，既然如此，那以中央臨時軍政府的名義來號令黎元洪，又有何顧忌乎？

維新革命之際，坂本龍馬眼見滯留大阪的將軍德川慶喜與京都的薩長聯軍正處於對峙的危機，於是提出「奉某位親王為太政大臣、而以三條實美公與慶喜為左右大臣」的提案。關於這點，可以用因為他是土佐人、不知伏見鳥羽革命戰爭的走向將會如何加以辯護；然而，黃興卻是在武漢的伏見戰爭勝利後才到那裡的，不是嗎？如果說在湖北人看來，他和坂本龍馬沒有兩樣，那麼黃興就不做湖北省都督，而擔任全中國的中央政府首腦，又會如何？尤其是向他提供了許多宏觀見解的宋君，不管在溯江的船上，還是在城中的會議上，都反覆強調把祕密活動時代的革命計劃付諸實現的重要性；但到最後，事情卻還是弄成這個德行，不僅老譚有責，黃興在革命中犯下的罪責，也同樣嚴重到不可原諒的地步。

事後批評乃是史家的後見之明，但鄙人一直到革命軍從漢陽敗走為止，確實都不明白身居武昌的宋君為何鬱鬱寡歡、沉思不已。宋君，這時候正是汝該誇示一下援助參贊大功的時候啊！身為日本人的鄙人，豪氣干雲地聽著對岸的隆隆砲聲，深感愉悅無比；尤其得悉萱野長知君率領一隊支那浪人，也奔赴前線參加戰鬥，在鄙人眼前驀然出現加里波第舉槍帶領法國人衝鋒的景象，更不由得有種詩意的感懷。然而，我們這些不擔負決策責任的外人，卻未能給這位肩負龐大興國責任之人的苦心，再多添一分的援助。

在陰陽相隔的今日，每當鄙人憶起靠在桌上雙手捧頭沉思，考慮著若黃興能順利奪回漢口，又或者雙方陷入長期對峙、戰局膠著時該如何是好的故友宋君風貌時，心中總是感到無限悲痛，淚水不禁奪眶而出。

故人宋教仁君如他自認般，確實具有王霸之才，他的長處就在於能夠用那雙聰慧的眼睛，一眼看穿大局的走向。相較之下，黃興雖然熱情雅量，不失為一個優秀人物，但就是欠缺大局眼光。他不聽宋君的忠告而屢誤大事。世人視黃興失守漢陽逃往上海的行為，是中華民族怯懦的表現。然而，黃興之失敗，並非他勇氣不足，而是他見事不明。黃興逃回上海，也只是糊里糊塗成了日本浪人團的神轎，被扛在花街柳巷間招搖過市罷了。

宋君作為王霸之才，時刻考慮著革命的執行計劃。他既有老譚國粹系統的實力，又有黃興的日本思想系淵源，本就是該以王霸之才大顯身手的人物。不過，鄙人既為宋君屢屢不接納老譚提出的孤注一擲大膽計劃而替他覺得可惜，又為黃興不聽宋君的忠告而引致許多令宋憤懣的失誤，而替他感到遺憾。老譚這個人是不是想追隨垓下一戰落敗後自刎的西楚霸王？鄙人不敢妄下判斷。但鄙人可以肯定的是，黃興不管在生前或是死後，都絕不會成為像趙聲那樣讓人惋惜不已的王者之器。

宋君雖然有冷靜的頭腦，但並非算無遺策的神仙。在他的考量中，沒有估計到黃興在漢陽會吃敗仗。那晚我們在武昌都督府留宿，對岸的槍砲聲震得臥室的玻璃窗悉悉作響。宋君對鄙人說道：「我來此地，實在是被黃興硬拉來的。像過去那樣，他總是不聽我的忠告。我認為老譚既然已在此地，我們倆人沒有必要來武漢了。我正在策劃率領南京的新軍奪取江南諸省以制令天下的大計，但黃興不聽我的，拉我來此，反而在黎元洪的支配下讓我黨失去領導地位。昨天南京的代表來迎接我們了，我將順江東下前往那裡。不管黃興是成是敗，只要取下南京，收復漢口就易於反掌了。」

翌日，宋君寫就一信，向在漢陽陣地上的黃興報告他的行蹤；鄙人也寫了一張便條託人帶過去，告訴黃興說他的兒子黃一歐在上海表現得相當剛毅，不辱乃父的名望，又對未能渡江與其相見而感到遺憾云云。午後下了一場驟雨，江面上黯淡無光。兩軍的砲彈交相落到江上，升騰起一股股的水煙。宋君一行肩負歷史之大任，步履艱難地登上即將起航的輪船大利丸。良機不可失，奪城成功與否在此一舉了。可是，此時的南京已非宋君、黃興去武昌之前的南京了。革命黨準備仰仗的新軍不僅被繳械，還被逐出了南京城。鬥志昂揚的張勳關閉城門，擺出堅守南京的姿態。尊敬的讀者諸公，下面所述乃鄙人之親眼見聞。鄙人雖位卑言輕，但從這見聞中可以看出宋君等人的革命運動富有何等的犧牲犯難精神！他們的強大意志足以改變國運、振興國家。

負責鎮守南京的張勳與鐵良，對革命軍展開了抵抗。

船上聽到的一些傳聞看來沒錯。輪船靠近碼頭，鄙人舉目眺望，但見南京全城飄揚著黃龍旗，在目力可及的山丘和蜿蜒的城牆上都做足了戰鬥準備。城裡的老百姓，扶老攜幼，背負行李細軟，爭相逃難。宋君一行人聚集到客艙內，討論從前晚到昨晚清軍大肆虐殺革命黨嫌疑者的結果，估計入城成事的機會恐怕不大了。得悉欲聯絡之新軍已被趕到城外，派來接我們的南京代表倪鐵僧覺得機會已失而垂頭喪氣，而宋君一時也想不出對策，而鄙人則注視著這一行人的面色。事實上，正如武昌首義所彰顯的那樣，革命乃是在不可能的黑暗隧道中從事的飛躍式冒險。

倪鐵僧語帶勉強地說道：「只要城中還有倖存的革命者，起事總是有希望的。」宋君臉露微笑，握著鄙人的手，斷然說道：「不如一起進城吧！進城看一看具體情況，或許能找到什麼對付的辦法！」後世的史家必會記得他這毅然決然的豪言壯語。宋君這種「雖千萬人吾往矣」的英勇氣概，絕對不遜於日本維新革命黨諸君。

正在討論之間，只見遠方有兩乘馬車穿過騷亂的群眾向我們這艘船駛來。於是鄙人趕緊請人將宋君等兩、三人及一名勤務兵帶往城外的日本旅館暫避，自己則和倪鐵僧乘上這便車，逕直往城門駛去。一些曾在描繪日清戰爭的插圖本上看過的怪異山東兵鎮守在門外，他們發現之前由馬車載去避難的美女，回到城內時居然變成了有鬍子的男人，不由得大感怪異，於是舉起青龍刀對準我們的鼻尖，厲聲問道：是誰？幹什麼的？但他們並沒有捉拿看起來像是來點燃南京起義之火的可怕潛入者。

然而事有湊巧，我們一行人裡有一個負責駕車的見證人，剛好是從軍隊裡出來的；當一個士兵追過來爬上車架時，那靴聲嚇得他面無人色。他作為此行的保護者，深感責任重大，更何況宋君在船艙中託付他：「吾今日已置生死於度外，但你必須保護外國友人的安全。」而且各省同志的居所名冊及暗號電報等也裝在他的褡褳裡，因此他的驚慌是完全可以理解的。待驚魂甫定，這位怯懦的車伕仰起頭，得知車架上的士兵揚起黃旗，是要保護我們通過大屠殺後的街道、一路前往日本領事館，才重新露出微笑，恢復成原來的表情。

失去的機會看來已不復可得了。南京同志的祕密機關已被徹底搗毀，散髮的青年只要不掛辮子就殺無赦。一千多名學生被屠殺後的古都，即便是外國人，入夜後也不敢外出一步。整座南京城處於腥風血雨的戒嚴狀態之中。領事館的樓上樓下塞滿了準備帶領婦女老幼去上海避難的民眾，彷佛成了義勇軍的軍營。顯然，欲借領

南京城牆的鳥瞰圖。

事館一地作為施展謀略的巢窟是完全不可能的。南京幾乎成為一座空城，完全掌握在敵人手中；倪鐵僧為無從著手而氣得咬牙切齒。不過，鄙人從某大佐處探得革命軍已在離開南京城不遠的地方集結的消息，於是建議翌日出城沿江而下。鄙人站在領事館的樓上憑欄遠眺，那是何等悲壯的眺望！極目所見，歷史悠久的金陵山河籠罩在茫茫煙雨之中，似為清朝將近三百年的統治即將結束而哭泣，古今之興亡不過黃粱一夢耳，古人的眼淚就順著此刻的歷史見證者的雙頰滂沱而下。昔日古羅馬將軍西庇阿眺望著在迦太基城頭升起的火光，喟嘆曰：「百年後會不會有人在我羅馬城也看到如斯景象？」確實，只要往振興的路上走，最終必會得到振興的結果；但如果踏上衰亡之路，難免是死路一條。即使是我日本，也難保不會有為迦太基之火哭泣、為金陵之雨哽咽的那一日到來吧！在這個風蕭蕭、雨淋淋的寂靜早晨，鄙人不禁感慨萬分，忍不住想向諸位友人中最熾烈的大羅馬主義者——內田良平君，傾訴自己的憂國之情。敬愛的讀者諸公，日本何德何能，能成為世上永恆之霸者呢！因國運昌盛而驕於鄰邦之存亡，從而忘了五十年前的危機，不知警戒自身的驕橫傲慢，這樣難道不會踏上亡清的覆轍嗎？

總之，鄙人一行人潛身於外國的國旗之下，因而得以倖免於屠殺乃是事實；而因為南京並非租界所在地，所以鄙人一行在宋君等前去旅館後，遇到拔劍持槍的跳上馬車的蠻橫兵士也是事實。此後我們再度坐上領事館的馬車，這一回恐怕難以從正門而入了，倪鐵僧戰戰兢兢地陪著鄙人來到鐵道門，當值班士兵繞著我們看時，倪鐵僧嚇得面如土色，他和同行的另一個日本人一起，露出怯懦的表情。歷經兩天的大屠殺，原本打算第二天要找尋生還者再謀舉事的他，此刻實在看不出有什麼興國的風采。完全不懂日語的倪鐵僧，卻打扮成一副日本官吏的模樣，樣子實在很難不引人注目。至於鄙人則是換下了宋君贈與的勤務兵軍裝，改穿一件當地居民惠贈的舊西裝，樣子也變得怪模怪樣。幸運的是，值班兵士只顧著分發鄙人給他們的仁丹[3]，所以顧不得多看我們幾眼。當鄙人在霏霏細雨中見到互憂生死的宋君時，彼此奔跑向前、緊緊擁抱在一起，那種激動的心情迄今難忘。

終於登上安全的外國輪船甲板，隨著汽笛鳴響，戲弄了這座萬軍雲集的都城的感覺在鄙人心中油然而生，臉上不覺露出一抹微笑。但宋君一行悵然眺望著漸漸遠離的城樓，江風吹拂他們滿露遺憾的面容，又讓鄙人感到心有戚戚焉。由張靜江的騎兵隊負責警衛，在柏文蔚君的軍營裡住宿一宵，因此感到特別的安心——鄙人親眼看見了這些字典裡不存在「不可能」三字

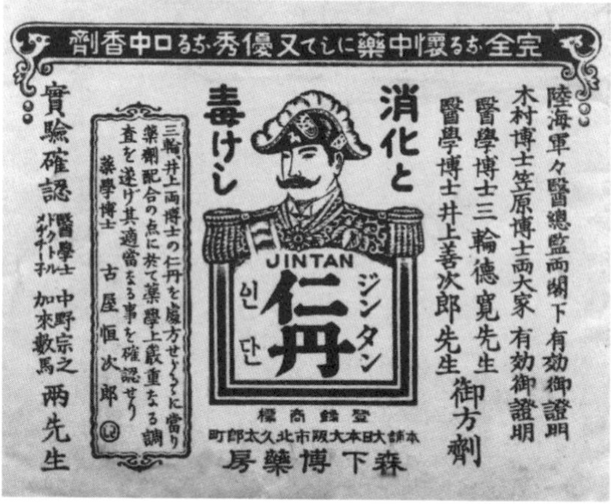

森下仁丹的說明書。借重專家和名人的宣傳，是其銷售策略的重要一環。

的革命青年的勇猛，並為繫於這種氣魄上的一縷興國希望感到深深的滿足。這種興國的氣魄，難道不是跟從充滿俯首聽命的百姓和奴隸武士的幕末當中，創立出大日本帝國的維新革命黨如出一轍嗎？因為某個美國夢想家的外援政策而招致輕侮，那並不是自立獨行的革命中國該負的代價啊！又有人把肅親王那套有如法國亡命貴族般的亡國階級陳腔濫調，套用在現今中國之上——想將它和日本合併；這就跟外國人以亡國封建時代的眼光來看革命後的明治日本，從而令人啞然失笑是一樣的啊！

一九一一年後的中國，正是這種興國魂或隱或顯的過渡期；故此，斷然以亡國清朝時代的先入為主觀念進行演繹是絕對不行的。既然中國與日本同樣是黃種人、又與日本基於同樣的思想而覺醒，那麼往後的發展必也會與日本相同，這又有什麼好懷疑的！鄙人之所以敢於講述南京之行的親歷見聞，正是為了對中國悲觀論者做出有力反駁。

1 甲午戰爭後，日本開始派軍艦在長江流域巡邏，辛亥革命前後更大幅增派艦隻。

2 即「天皇誕生日」，二戰後改為現稱。此處指一九一一年七月三十日。

3 一九〇五年，森下博根據其在台灣的見聞，研製出一種口服藥，並將其命名為「仁丹」。仁丹在中國銷售時，遭遇一連串商標沖淡（Trademark Dilution）、仿造或偽造、廣告戰事件。

七

南京政府的成立真相

沒有脫離封建奴隸心態的現代日本人——被支那浪人捧為神轎的黃興的禍因——最終占領南京也沒有依賴日本人——故人宋教仁的大局眼光和一貫行動——設立中央政府時的苦心——章太炎否認黃興宣言——因大元帥一詞的弦外之音導致形勢逆轉——孫文的歸來與浪人團的擁戴——張繼調停孫宋矛盾——無寸功而不肯辭請大總統的孫文之心理——孫文的歷史功勳在於建國之際宣布共和政體一事——革命期間一般國民不理解新政體之日本及法蘭西前例——盧梭對共和的不理解——《中華民國臨時政府組織大綱》從完全照搬歐美經驗到構建獨立的東洋共和政體——與孫文握手言和的宋教仁在憲法上的讓步是其最大失策——中央政府的籌備者在政府成立之時卻受到排擠陷害

對弱者的侮蔑之心，往往也會產生出在強者面前磕頭拜跪的奴隸之心。受到美國人凌辱不敢還手的卑屈日本人，卻轉過身來輕侮中國的覺醒，以成敗論英雄、笑罵國士，擺出妄自尊大的姿態；面對倫敦外交部的代辦人員，以及東洋的印度警察，只知拜命盲從，卻無視於一個獨立國的威信，以倨傲的姿態，向對方下達最後通牒，要求取得對該國的指導權。

在日本朝野尚未擺脫這種封建奴隸心態的今天，鄙人有責任批評支那浪人團的言行。他們在華北與亡國階級打交道時肆意妄為、宛如對待賤民般自大倨傲；但在陽夏之戰（一九一一年十一月八日）的敗軍之將黃興面前，卻卑恭屈膝，俯首稱臣，這就是奴隸心態正反兩面的同時表現，乃尋常事耳。像鄙人這種在新日本空氣下育成的純正日本人，對此只能以手掩目，蓋不忍卒睹矣。

為了臣服，就必須佞幸、必須讒言、必須排斥構陷。鄙人多少還有點俠義精神，縱令沒有久別重逢暢敘之機，吾也不忍通過他人談論敗兵之事。黃興失去漢陽，可謂勝敗乃兵家常事吧，即使因此令局面逆轉，眾人也不欲把責任歸咎於他。但在接到敗報的同時，上海的領導人聯名電告黃興應留在武昌，因為陳其美和宋君都在上海，他沒必要匆匆返滬。可是黃還是很快回到上海了。有誹謗者說他怯懦，這當然是侮蔑攻擊之詞。辯護者說武昌的兵士拒他入城，恐怕這也不實。當見到黃興在對岸落敗時，黎元洪便匆匆去了蔡甸，城中只留下一片混亂。根本沒有人下命令拒絕他，毋寧說老百姓都期盼有將領入城穩定人心。其後的事實也證明確是如此，當時在漢口租界的老譚，馬上渡江入城，管制被黎氏拋棄的軍民，儼然成為「武昌防禦使」，不正是這樣一回事嗎？

僅僅作為只知道臣服的浪人團之神轎的黃興，由於無能，在打了大敗仗的同時，還被戴上敗走千里的怯懦者的冤枉帽子而為世人知，甚至成為此後中央政府成立時的根本禍因，實令人唏噓也。其實，漢陽之敗，責不在黃興，罪在往來於上海的那批日本人。之所以能斷定他不是懦夫，是因為他從來不是那種一蹶不振的人。黃興只是輕信可以提供所需軍資軍械的支那浪人的甜言蜜語，但實情並非如此，最後只有倚重黎元洪的軍隊，卻被黎軍所誤；換言之，他不過是被自己的渴望所欺，企圖以遠水救近火罷了。這豈是千里而來的黃興所應為之事？鄙人對於黃興一時糊塗聽信妄言而闖下瀰天大禍深感憤慨，不得不讓人傳話，大罵他的無能。日本政府擺出傲然姿態牢牢控制外交指導權，惶惶然的浪人甘於臣服，於是朝野的對華政策無法一致。對鄰國的猜疑和蔑視，也是日本人奴隸心態的寫照。

鄙人沒有軍事素養，而且對軍事議題也不感興趣。因此關於鄰省聯軍是在怎樣的戰略態勢下攻克南京，從一開始就不得而知，且也不認為它值得研究。但有一事，鄙人迄今記憶猶新：攻克南京後，身任上海都督府軍機科長、肩負後方勤務重任的張群，用手拍拍破壞城門的攻城砲，彷彿講故事般對鄙人說道：「這是放在機器局裡的老古董，只能上下移動但不能左右轉動的大砲，是我在貴國學習時從未見過的；但因為我們實在沒有兵器的關係，所以把它運過來，想不到還有效用。應將此古董保存，作為革命之紀念。」鄙人欣賞張君的誠實和大膽，對他的將來寄予厚望，於是特意答道：「這不是革命的紀念品，而是亡國之殘餘。」攻守雙方均使用這種武器，說明國綱腐朽已極，難怪只需革命書生振臂一呼便亡國矣。倘若進攻者是外國人，情況又會變得如何呢？

此外，鄙人尚記得另一件事。經鄙人介紹，有兩、三位日本俠義人士參加聯軍作戰。他們為攻城沒有進展而焦慮，匆匆趕回上海，向鄙人說道：「若放任彼輩亂來，勢必難以攻陷南京，不如給我們幾顆炸彈，組織敢死隊去爆破城門。」瞧不起人的支援者，竟狂妄自大到認為沒有他們在，戰爭就沒辦法決定勝負的地步。但就在他們在飯館裡大吃大喝之際，卻傳來了攻克南京的報告。聽到鄙人的大聲歡呼，這些人睜開醉眼，全部露出目光呆滯的滑稽相。嗚呼，所謂來中國支持革命的日本浪人之價值，由此可以推斷得知！

大致上，在中國氣勢囂張的日本人，幾乎都是這類穿梭於酒席之間的聲援者。再對照上述用來破壞城門的古董大砲——日本商人為牟取暴利賣給中國的爛槍爛砲，甚至沒能通過橫濱海關的檢查——這一事實，不難明白：無論是武漢首義，還是上海和各

武漢大戰落敗後第六天，革命軍攻陷南京，南北對峙的戰略態勢為之而又一變。

省的獨立，乃至最後攻克南京，日本政府及日本人對中國革命，其實並沒有給予多麼值得感激的恩惠。

從戰爭的角度來看，用這種古董大砲都能攻克城池，實在不值一哂矣。但將革命與戰爭分開來考慮的論者則清楚認知到，就大局來看，攻克南京具有將因漢陽敗戰而逆轉的天下大勢重新扭轉之功，對於挽回革命黨的威信至為重要。

前面已略有提及，當聽到黃興失守漢陽且不顧電告順江東下的消息，住在一窗之隔鄰室的宋君徹夜坐在椅上默默思考，他對剛睡過一覺還連連打著呵欠走入他房間的鄙人說道：「北兄大概不下圍棋吧，要知道一子錯全盤皆落索，整個局面就被顛倒過來了。黃興的敗走，實致我黨於死地也。余千思萬慮至天明，覺得要扭轉此局面，惟有迅速攻克南京一途。惟有如此，方可解武昌之杞憂。」

宋君英明地洞察到，漢陽失守後，中國人對革命黨的向背，全繫於南京攻堅戰的成敗。南京光復後，他用高超的手腕，調停了徐紹楨、朱瑞以及已故林述慶等聯軍諸將對於都督人選的爭執，推舉原來的江蘇巡撫、一介老朽程德全擔任都督，而他自己則以政務廳長的身份執行全權委任之責。至此，革命黨的力量終於在古都堅定而確實地樹立起來。鄙人雖然知道對已逝者的歌功頌德乃東洋人的醜陋習慣，但縱觀宋君決意離開武昌都督府、冒險向南京進發、親任掌握都督實權的政務廳長官這一系列不屈不惑的決策，其光明磊落的大局眼光，實令鄙人欽佩至今。

其實，宋君與黃興一同溯江而上時便持續謀劃，如今獨自順江而下所謀的，還是掌握作為中央臨時政府所在的根據地，已光復的南京。十幾天前其首級大有可能梟於城門的宋君，如今作為掌握實權的都督在南京城內意氣風發地協調各聯軍勢力。接下來，他欲推舉被各省所有日系思想人士普遍認同的黃興作為中央政府的首腦。武漢首義後不足月餘，各省競相呼應，紛紛獨立；之所以如此，是因為大家都有同樣的國家意識和民族情操覺醒之故，這點鄙人在前面已經說明過。既然如此，那麼能夠組織心意共通且統一的意識中樞的中央政府首腦，就必定是意識情操上能夠使民眾產生共鳴，且能深刻了解民眾心意的人物。簡言之，有形的組織立法統一，是必須要建築在心意的共通之上才行的。破除舊組織、舊統一以後，勢必然要建立新的中央政府，對各省予以新的統一。所以，宋君決意推舉黃興為首腦，應該說是最合理不過的計劃。

當然，宋君也因為黃興揹上逃兵敗將的惡名而感到苦惱，而且若是馬上採用大總統——此乃共和政體的本義——的名號，各省會作如何感想，這也是必須考慮的事情。鄙人出於日本人的思維，覺得革命戰爭中第一要務乃掌控兵馬大權，故提出不妨推舉黃興為「大元帥」的想法；結果宋君為朋友之好意所誤，竟不假思索就採用了鄙人的建議，而沒有考慮到此舉在往後可能帶來的災禍。

當然，宋君不是不知道委任敗軍之將為大元帥的荒謬性。但是考慮到一則為了各省之統一必須建立一個中心，二則為了讓黃興有重新立功、一雪前恥之機會，而且由自己出任總理，將可以在此亂世施展其救國經世之才能，故不得不如此行事。於是，宋君鼓起莽勇，為了實現這不合理的想法施展渾身解數，最後居然說服了那些居功自傲不聽指揮的聯軍諸將領，同意推舉黃興為大元帥。諸將雖然心懷不滿，但也做了歡迎之準備，要迎接新首領進城。

然而，事態突然生變。本來應該接受迎接的黃興決定不來南京，開始其躊躇不前之生涯，而有中國盧梭之稱的章太炎則從東京返國，率先發出反對此任命的聲音。亂世中的百姓如雲霓般渴望大賢，是故章太炎每有宣言，眾人就跪拜在他的文字之下。他首先向中國人推薦宋君應該擔任總理，又認為大總統非黎元洪莫屬。章太炎猛烈抨擊黃興不過一敗軍之將耳，必須立功贖罪。章氏的文字，連袁世凱欲求其起草稱帝詔書都不得其門而入，甚至因此到了要毒殺他的地步，可知其文字威力非凡；何況是不諳世事的民眾，遂奉他的堂皇宣言為金科玉律。

在革命浪濤中翻滾的不可解不可測之群眾心理，視躊躇不前的黃興為無功而受祿之人，而影響所及，甚至猜疑本應被推選為總理的宋教仁君是策劃專制的野心家。儘管如此，充滿自信和莽勇的宋君不屈不撓，繼續周旋在躊躇不前的黃興、章太炎的宣言以及南京諸將軍之間，發揮其天才的組織手腕，最終決定以黎元洪為大元帥、以黃興為副元帥，同時正則虛之、副則實之，由副元帥掌握實權。實際上，宋君視正副元帥的設定為正副大總統的別名，而當時的中國也相信這是設立中央政府的基礎。但是宋君沒有察覺到這種推舉俘虜與敗軍之將以欺瞞天下耳目的行為，最終還是會露出破綻的。

年齡方過三十的宋君，血氣方剛，作為革命團體的首腦，以為光復了南京，乃天降大任於革命黨，只要總攬大權，即可輕易打倒滿清。但是，他沒有注意腳下的陷阱；這就跟年輕時的木戶孝允，面臨七卿被放逐的慘狀[1]是一樣的。革命的浪潮波濤洶湧，群眾心理變化莫測，朝不知夕。破綻突然暴露出來了。之所以會鬧出這種破綻，是因為有一些外人沒必要的胡亂多嘴，結果弄得群眾開始質問：既然已有大元帥，那麼應尊奉誰人居於大元帥之上呢？——這證明了日本人不只沒作出什麼貢獻，還為禍中國革命。

在日本，大元帥的稱號表示該人擁有至高無上的絕對權威，但中國恰恰相反，雖然是同一名銜，但中國自古以來有「將在外，君命有所不受」的說法，這就暗示在元帥上面應該還有更高地位的存在。本來就對俘虜和敗軍之將不滿的群眾心理，將這樣的暗示與剛從歐洲歸來的孫文相結合，令洶湧翻滾的巨浪遇到斷崖，頓時變成飛瀑，急轉直下。

鄙人猶記得數十日前，揚子江上的水師艦船上還飄揚著黃龍旗，其時鄙人正溯江而西上武昌。深夜，滿月的光輝於萬里平原和廣闊的江面閃耀，耳畔傳來打破寂靜的輕輕拍浪聲，鄙人踏著甲板上自己的身影，俯仰古今，不禁感慨萬千。爾後回船艙奮筆疾書，給京中朋友寫就一信。信曰：「昔者革命兒拿破崙，得悉巴黎危急，棄其軍於埃及沙漠，隻身歸京。但孫文至今尚未返國，實在愚不可及。」

不過，隨著武漢起義驟然爆發，身在美國的孫文頓時全身罩上五彩光環。對於動向

一九一〇年代的長江峽谷景色。

完全封鎖在祕密鐵函中的中國革命黨的突然奮起，全世界不明其所以然，惟有將孫文與中國革命視為一體。眾所周知，拿破崙衝破敵艦的封鎖逕自回國，但不見得比拿破崙更偉大的孫文，卻缺乏直接回國的決斷。他戴著五彩光環先在歐洲幾國風光了一番，然後就以英雄的姿態站在上海埠頭了。孫文的刎頸之友池亨吉[2]曾告訴他，廣東的同志擔憂其行動，認為一旦孫文到達長江流域，就有被昔日同志殺害之慮，勸他還是回到廣東為宜。孫文不從，於是池亨吉和宮崎滔天等人，便代表各團體親赴香港迎接，而比華盛頓還忠厚老實的孫文，就在日本人的保駕護航之下安全回國，完全符合他提倡的他力本願式的美國情結。於是英雄就在我們的眼前聳立起來了。

對俘虜和敗軍之將表示不滿的群眾心理，發酵成在大元帥之上必須得有英雄人物的想法。而因世界之誤判使之身披光環的孫文，在獲得本國同志擁戴之前，首先得到數百名日本浪人在他腳下頂禮膜拜的禮遇。池亨吉率領海軍大佐太田三治郎、法學博士中村宗雄等數十名所謂振中義會的成員，像侍衛官般地站在孫文的側近。宮崎滔天作為數百名游俠之徒的首領，曾經成功促成孫文和黃興的聯手，這次為了替躊躇不前的黃興解圍，又充分發揮了斡旋家的本領。革命黨諸君非常感激到中國活動的浪人團體以及投機商賈對孫文的狂熱聲援，認為孫氏已經得到日本的後援，他們更應盡速擁立孫文為英雄不可。

在革命的漩渦中，對一切事情不允許再做理性的判斷了。革命群眾的心理就好像此前在東京日比谷公園看到的景況[3]，這是經世改革家和學者無法解釋的現象，惟有精神病醫生才能分析之。無論在法蘭西，還是在中國，革命心理猶如潑婦在街頭瘋狂叫囂，完全是歇斯底里的。眾口鑠金，人們只能跟著指鹿為馬，如果有人敢指出它是鹿而不是馬，那麼他的腦袋就得搬家了。群眾拒絕膜拜俘虜和敗軍之將，他們需要的是偶像。法國革命廢除了教士階級、搗毀了修道院，那麼要到何處去找偶像呢？於是不得不由女演員扮演「正義之神」[4]在巴黎市中心巡遊。同樣是尋找偶像的群眾心理，

池亨吉。

但在中國就幸運得多，因為有現成的領導人和黨魁可以勝任這個角色了。就這樣，孫文乘勢取得了高居於萬人之上的顯赫地位。

鄙人出於朋友之情誼，看到潮流的轉變，不得不為宋君擔憂。由於他的擁立而被輿論激烈抨擊的黃興，得到宮崎滔天的指點，發現了一條活路，那就是立即靠攏親孫文勢力，委身於偶像壇下，成為忠實的信徒；而鄙人那既偉大又可憐的故友宋教仁，就因為由他擁立的那個人的變卦而前功盡棄，一切計劃都被破壞了，他則獨自一人陷於南京諸將軍的擺布。

就在此時，身在巴黎的張繼相隔四年後又回到舊友中間來了。雖然他那脫軌的無政府主義有愈演愈烈之

法國大革命時期的「至高者崇拜」。

勢，這一點令人遺憾。但與此同時，張繼的毫無私心的超脫性格，又令他在此時此刻成為最恰當的調停者。在舊友重聚的酒會上，鄙人一邊酌酒一邊聽到這位曾打出反孫第一砲的張繼，親口說「大總統一職非孫文莫屬」。他認為在各省都要求有一個精神中心的根本點上，與其頑固堅持推舉敗軍之將，不如選擇尚保持其名聲的昔日黨魁為正道，又說宮崎滔天的主張誠為收拾大局的良策也。

當晚鄙人直奔南京，向宋君告知此事。這是何等無情的忠告！這就好像是長州革命黨以尊王革命為綱領，結果卻斷絕了與皇室的聯繫、遭到幕府軍討伐、還被聯合艦隊砲擊，好不容易在伏見一戰取勝，結果卻有人跑來跟他們說，因為勤王的大義乃是源自《大日本史》，所以應該要把天下讓給水戶藩一樣，真是豈有此理！

宋君聽罷滿面通紅，嚴詞說道：「北兄也想學那些翻雲覆雨的浪人嗎？我已經被兄的大元帥說所誤，又被黃興的優柔寡斷所誤，如果再被孫文的空想所誤，這革命將何以處之？黃興食言不來也罷，我還有兵力。但我絕不允許孫文踏入這城門一步！」

就在這一觸即發的關頭，張繼接踵而至。鄙人親眼目睹張繼是如何緩和形勢的。大家本是刎頸之交，一切問題都靠友情解決。張繼還把宋君帶到上海。其實，給張繼戴上無政府主義的帽子乃世間俗人之所為，他根本不是破壞分子，而是一位解決危機的天賜調停者。每當鄙人回想起那次危機，就不得不感嘆張繼好像從天而降似的，在千鈞一髮之際，讓孫文與宋君得以握手言和。（但正因為他這種超越常人的調和性，後來當宋君等人為了武昌起義的真正元勳張振武遭槍殺一事[5]彈劾趙秉鈞內閣，並且把怒火燒到袁大總統的腳下時，他獨自拜訪袁氏，謂今時今日若袁公辭職必引致天下再亂，力勸袁世凱留任。這種脫軌行為，為時人所譏。翌年，宋君亦步張振武的後塵，同樣死於趙秉鈞與之有共犯嫌疑的無情殺手的槍彈之下，張繼當何以自處！）

眾所周知，與武漢革命毫無關係的孫文，是在翻閱美國報紙時才驚悉武昌首義成功的。他離開美國，繞道歐洲，在留歐期間發出電文，再三表示這大總統的職位應由黎元洪或其他起義元勳來擔任。在孫文到達上海之前——至少在他抵達香港、接受日本人諸君盛大歡迎之前，做夢也沒有想到這最高榮譽正等著他來接受呢。

正如黎元洪被張振武等人擁立並拉到諮議局時，戰戰兢兢不知自己生死那樣，孫文在見到因俘虜和敗將而空出來的座位之前，他的人身安全也全靠日本人的俠義和黃興的友情得以保護，前途其實並不明朗；所以孫文才沒有像拿破崙那樣，立刻動身返回首都。孫文認為大總統應由黎元洪擔任的電告，與發表同一宣言的章太炎一樣，兩者宏論滔滔，但都脫離了革命運動的實際，這不正證明他們對於武昌起義的內情，完全是一無所知嗎！

正如孫文喜歡用英文代替他常寫錯的中文那樣，在意識形態方面，與其說他是中國人，還不如說他是英國人、美國人。深具權利思想的孫文，在那些對「正義女神」如飢似渴的群眾面前，擺出了中國同盟會總理的姿態，並以蔑視陳腐禪讓形式的言行，接受了眾人對他的推舉。這與作為中部同盟會盟主的譚人鳳在武昌城中墨守禪讓舊道德的純粹中國人做法完全相反。

而且，孫文與譚人鳳那批死硬派會黨式的愛國黨人具有至純至誠的犧牲心相反，是一個在國家觀念上擁有難以抹滅缺陷、且缺乏決死犧牲覺悟到了令人吃驚程度的人物。他的顯著長處在於對自由民權的宗教般信仰，還有對自己深信不疑的自信心。事實上，當時革命黨內的有力人士視孫文這位局外人大總統，就如他們在武昌擁立的黎元洪那樣，覺得此人不過是個木偶而已；而且，孫文的自信力和權利思想也未必契合當時的群眾心理。一般認為，孫文在中華民國歷史上留下的百代不朽之功績，乃是他在建國之始宣布中國將來必定實行共和政

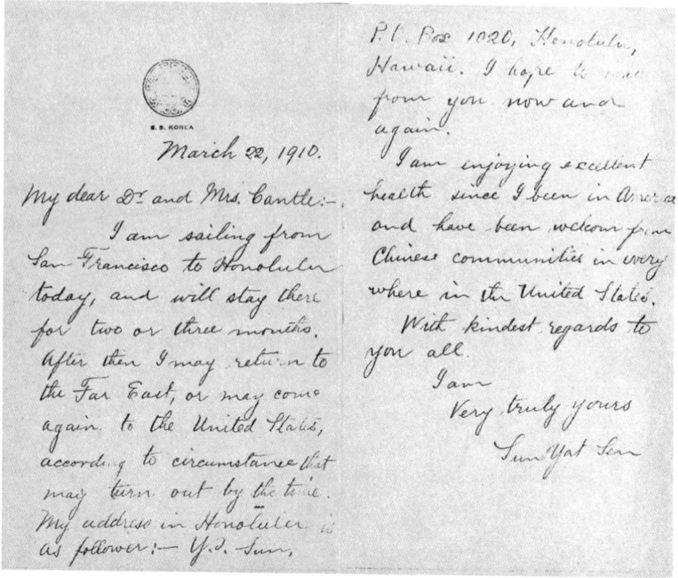
S.S. KOREA

March 22, 1910.

My dear Dr. and Mrs. Cantlie:-

I am sailing from San Francisco to Honolulu today, and will stay there for two or three months. After then I may return to the Far East, or may come again to the United States, according to circumstance that may turn out by the time. My address in Honolulu is as follows:- Y. S. Sun, P.O. Box 1020, Honolulu, Hawaii. I hope to hear from you now and again.

I am enjoying excellent health since I been in America and have been welcome from Chinese communities in every where in the United States.

With kindest regards to you all.

I am

Very truly yours

Sun Yat Sen

孫文寫給其老師兼朋友康德黎（James Cantlie）的英文信。

體，也就是弘揚了大憲章的精神。但嚴格來說，在孫文尚未回國之前，十一月末在武昌舉行的十一省代表會議上，已通過由宋君起草的「中華民國臨時政府組織大綱」；換句話說，早在革命戰爭期間，革命黨就已經明確宣布中國將實行共和政體了。相信往後的史家必會嚴肅查明共和政體的最早展望者係何人也。

當然，孫文的那一套不過是完全錯誤的美國思想的翻版，而且屬於很淺薄的東西。但話說回來，維新革命、法國革命、又或者宋君的國家主義運動，其實也都是不得不以淺顯方式表達的結果。大凡需要進行革命的地方，頹廢的國民不可能產生深刻的思想，此乃古今東西的通則。所以，強調中國國粹的革命黨難以萌芽出共和政體，在日本的國家民族主義當中，也見不到共和政體的蹤影。然而，孫文那套自由民權宗教早在祕密結社時期就已影響了一大批各省的先知先覺者，那麼當他作為大總統在建國之際宣布中國將來的幸福，其影響也就難以估量了。

那些淺薄的中國輕視論者，以為共和政治不過就是英國公使的轎夫用來把滿清皇帝替換成袁世凱的藉口，並拿著這點當盾牌，極度輕視南京臨時政府的意志力。但他們卻忘記了一個歷史原則，那就是在一國的過渡期中，賤民階級往往與新理想並沒有產生交集。譬如法國革命時，一般人以為所謂「自由」就是不用再敬奉上帝而可以放任淫蕩之舉，所謂「平等」就是可以掠奪富人並瓜分其財產，令人顫慄的民眾暴亂事件因此泛濫成災。在中國，英國公使的轎夫還沒有視袁世凱為皇帝，就已經有兩、三通祝賀南京政府成立的外電稱孫文為陛下，這實在是天大的誤會。日本維新革命時期，有人認為革命理想要實現，就必須要打破武士階級對武力的壟斷，所以提出「血稅」的主張，但卻被不明事理的人把這兩個字直譯為「要把民眾的血擠出來塗抹在電線桿上」，結果引發了不少暴動[6]，豈不是同樣的荒謬嗎？

在中國，將南孫北袁兩人鳴鼓收兵、共圖和平的「共和」理解成共和政體之「共和」，此乃利用同音同字而本義完全相反的極妙例子。本來，不識字的貧苦階級只留戀過去，而不問放眼將來的新思想。考察一個國家一個民族的思想交替期，必須抱著學究的慎重和國士的同情心。如果用賤民那樣的口吻發洩侮蔑之情，實為士人君子所不齒也。像英國人之流，往往陷入人種對比的傲慢，而在他們以冷笑看待今日中國的共和政體之前，就已經恥笑日本的君主立憲政體是沐猴而冠。因此，日本人侮蔑中國人是東施效顰，這種傲慢其實是從他們跪拜歐洲人言論的卑屈轉化而來；說得更正確一點，就是毫不知恥地暴露了自己的奴隸心態。

其實，即便被歐洲人稱讚為近代政治源泉的法國革命，也沒有人對共和政體持有堅定的信仰。就連法蘭西的聖人盧梭也明言道：「共和政體只適用於像瑞士、美利堅（當時美國還是新成立的小國）那樣的小國，而不適合像法蘭西這樣具有廣袤國土的王國。」[7]據說，作為日本帝國憲法核心精神的五條誓文，乃是橫井小楠向由利公正介紹了歐美政治概況，之後由後者起草出來的。既然作為歐洲覺醒史先驅的法國和作為東方覺醒史先驅的日本，在其覺醒的初始階段對於新思想的理解也如斯混沌的話，那我們又有什麼理由，獨獨對中國吹毛求疵呢！

何況孫文在革命黨未覺醒的時代，就已堅奉這個共和政體；如今由中華民國憲法體現的理想，卻完全拭除了他的美國迷思，儼然樹立了一個純東洋的共和政體。這就是說，中華民國憲法乃是遵循兩大原則編纂而成，一為大總統與美國的責任總統制相反，並不實際與政，純屬榮譽職位，政務由內閣負責；二為不模仿美國的聯邦制，而是實現統一的中央集權制。換言之，也就是接近法國政制的中國式共和政體。

從嚴格的意義上來說，孫文不過是號召中國應實現共和政體而已，而具體的理想實現者則是作為武漢起義原動力的那一群人。需知法蘭西革命經歷多少次的動亂，而日本的「萬機決於公論」原則，也是整整歷經了二十三年，都還僅止於嘴上說說的程度。那麼展望中國的將來，即便還不時會出現反動的暗湧，但就像日本已實現東洋的君主立憲政體那樣，中國也沒有不實現東洋共和政體的理由。

孫文作為一名卓越的西洋學學者，其對美國思想的借鑑，與橫井小楠的洋學對於日本憲法的貢獻，可謂異曲同工之妙。然而國粹的復古主義者與日本的國家民族主義者，則認為排除異族統治後，不應該讓奧爾良公爵代替路易十六、或是讓天皇代替德川將軍掌權。為此，他們希望借鑑歐美的政治形式，經東洋式的消化後建立共和政體。所以，孫文的影響，與其說是他對歐美的模仿，不如說證明了漢民族不亞於拉丁、條頓民族[8]

的政治能力；這難道不是吾輩的光榮嗎！

不管怎麼說，孫文雖然是提出共和政體不容侵犯的首倡者，但他同時也成了偶像。前面提到張繼君把宋教仁帶到上海。當晚，在張的居中調停下，宋與孫握手言和，一笑泯恩仇。事後，宋君來到鄙人的房間，叫醒鄙人後自行坐到床邊，對鄙人釋然道：

「對於今早在南京的狂妄之語，我已賠禮道歉。孫文實在是位善人君子，我也為在東京時對他的無禮感到後悔。與反對者眾多的黃興相比，擁立眾望所歸的孫文乃人心所向，對革命最為有利。由他擔任大總統，革命的中心就建立起來了，黎元洪與黃興分別在武昌與南京執掌軍權，我則擔任內務總長，也就是作為國務卿而把握實權，傾全力於統一。就這樣，各適其位，齊心建國。這是今晚與孫文所做之約定。如今還不到全面論述美法政體孰優孰劣的時機，望兄稍安勿躁。」

鄙人想起白天在車子裡親見國家至上主義者與無政府主義者的脈脈溫情，晚上又親聆美國夢想家與法國實幹家的握手言和，可謂舊友歡聚的淚水化解了一切爭端。於是鄙人有感而發，揶揄地對宋君說：「這不正是貴國古人所言的『吳越同舟』嗎？」宋君一聽，立刻正色辯解道：「大家都為了討滿的大目標，豈是為爭功勳的有無哉。」

但是，此後的事實表明，宋君乃天底下最最不幸的「天命之子」。就在他的手與孫文的手緊握之際，宋君不知道他的腳已被孫的手下馬君武緊緊縛住了。這情況恐怕連天神也預計不到。畢竟，在孫文的人格方面，最值得稱道的是其歐美化的作風，他從來不採用中國獨有的陰謀詭計。鄙人完全可以用人格保證，孫文的一切言行舉止都是光明正大的。可是，主宰命運的是大勢，而所謂大勢，實際上就是群眾的情緒和心理。宋君由於試圖擁立敗軍之將，這種不合理的行為使他捲入對自己不利的漩渦當中。然後，宋君與孫文的握手更是打破了攔截這個渦流的堰壩，使他不得不墜入奔流直下的瀑布當中。對孫文而言，當然他是充滿誠意地伸出手來，而宋君也是滿心歡喜地握住孫的手。在這一刻，是不存在任何陰謀權略的。他們緊緊相握的雙手，流動著舊友的熱血、浸透著亡命時的眼淚、鼓動著共赴復國大業的宏願。

孫文曾經給聯軍總司令部轉交一封署名電報，上面寫著：「文離祖國已十餘年，今日得以重踏故土，樂不可言，此全賴諸公所賜。」在孫文光明磊落的心胸中，充滿了至純至誠的感激之情。而宋君對於孫氏所謂的「文之所以遲遲回國，乃因等待解決外交問題」的辯解也深以為然，並沒有去質疑所謂外交問題是多麼可笑的藉口，也原諒了他沒有直接回國的問題嚴重性。就這樣，一人作為大總統而君臨天下，一人掌握國務卿的實權，由此組織革命軍諸省的中央政府——這樣的許諾在兩人之間確實成立了。

然而，宋君並沒有成功地讓孫文認同他想實行的法國共和政體，也沒法讓孫文滿足於擔任作為榮譽象徵的大總統。反倒是宋君對孫文的美國理想讓步，雖設置總理一職，但總理不負全責；而大總統本人掌握大權，可自行任命官員。對於這種讓步，宋君向鄙人辯解說：「現在的臨時政府，僅僅運作到北伐成功為止，今日最要緊的是討滿與共和的大同團結，美制與法制的孰優孰劣應該是南北統一後再解決的問題。」這一重大的誤判，不僅成為他失敗的原因，也導致國家新建之際，在訂立建國大典時的致命讓步。

宋君在革命前就已經設想了接近於法國共和制的中國憲法草案。且就當時的實力來看，孫文事實上不過是個榮譽的活牌位，而他也確實沒有獨攬大權的野心。倥偬之際，宋君為什麼不拿出早已寫好的草案讓孫文承認，令孫文成為在名義與事實上皆無權責的總統？為什麼宋君放棄了這種上上之策？與世人對他的評論相反，憑鄙人所見，宋君不僅是一個單純而頑固的愛國者，更是一個無謀之士；事實上，他缺乏謀略的程度，已經到了相當嚴重的地步。

由孫文系人馬執筆起草的憲法，規定各總長由大總統任命，再經參議院承認，最後由眾議院通過。孫文根據承諾，提名宋君擔任內務總長。有論者評論南京參議院，說它不是參議院而是瘋人院，它沒有

返國途中，孫文與其黨朋在香港的合照。

議論只有騷擾，沒有研討只有謾罵，議員甚至跳到桌上號叫云云。其實，革命中的議會確實不像現今各國議會那樣的秩序井然、溫文爾雅，只要回顧一下法國革命中的議會就不難體會了。

當時的參議院容不下道理，但憑感情支配一切。雄辯滔滔推動不了議案，聲音大就可以做出裁決，議事桌上甚至還放著一把手槍。這個南京參議院的尊貴議員們承認了其他全部總長的任命，惟獨對宋君擔任內務總長一事進行旋風般的擾亂：他們跳到桌上大聲喊叫，把手槍敲在議席上砰砰作響，歇斯底里的亢奮毫無保留地達到最高潮。有人怒罵說：「見到鄭州王陳猶龍拜訪宋家，可見宋教仁是專制走狗！」他們把宋君打成革命黨兩大敵人之一——共和的背叛者，正如法國革命時誣陷對手為「人民公敵」一般。又有一人大聲喊道：「宋教仁的居室曾是滿人之家，說明他必是漢奸！」意思是說宋君背叛了革命黨的重大目標——倒滿革命，那是很大的罪名，猶如法國革命中把某人扣上「貴族黨」帽子一樣。

馬君武是這場名為反映群眾心理，實為反宋大合唱的領唱人。雖然不能斷定馬君武是不正派的奸佞之徒，但至少可以說他是一名氣量狹窄的熱血男子，最適合在這種既不允許討論、也不允許調查的革命議會做事。於是，就如同法蘭西的參議院以自由之名，將自由的元勳們送上斷頭台般，中國的革命議會，也把宋君這位國家主義的代表者、民族運動的指導者，扣上漢奸的冤罪頭銜，將他的任命給否決掉。最後議決結果，由老朽程德全代替宋君成為南京臨時政府的內務總長；但這次可不像之前拱他擔任南京都督的時候那樣的奉以虛位，而是擔任真正掌握實權的國務卿。到了此時此刻，大勢已去矣。

這都是因為宋君擁戴黃興一事的不合情理以及一時失策而對孫文讓步，導致他在建立中央政府的同時，自己卻被逐出門外。這是何等荒謬的邏輯顛倒局面啊！俘虜成了大元帥，敗軍之將成了副元帥，「正義女神」成了中華民國的大總統，而中央政府的實際建立者則落得如此下場。特別令人悲憤莫名的是，作為長江流域各省盟主的譚人鳳，以「北方招討使」之名，竟獨自一邊捋著鬍子一邊在上海龍華廟檢閱一千親兵，同時對南京奪權之事茫然不知。

鄙人在此終於可以回答之前暫擱不提的問題，那就是孫文何以能夠成為民國第一任大總統？答案很簡單：黎元洪怎麼當上副總統的，那孫文就是怎麼當上大總統的。

與報告此變故的特使宋君一起坐在回南京的車子上時，憤慨之情不斷湧上鄙人沉重的心頭。這並非因為鄙人與宋君的私交。任何熟知革命的興起及其展開之真相的人，都會憎惡這種顛倒黑白荒謬絕倫之事。

1 一八六三年八月十八日，薩摩藩與幕府聯手於京都發動政變，事後七名攘夷派的公卿被放逐，長州藩的勢力因此受到打擊。

2 池亨吉（一八七三年～一九五四年），生於日本高知縣高知市，一九〇五年加入同盟會，此後長期擔任孫文的翻譯。

3 日俄戰爭結束後，雙方簽訂《普茨茅斯和約》，惟日本民眾對談判結果強烈不滿，並於日比谷公園舉行集會，最終釀成暴動。

4 一七九四年，羅伯斯比爾公開闡述他設計的「至高者崇拜」（Culte de l'Être suprême），並將其確立為法國的國教。該教於羅伯斯比爾死後旋即走向沒落，其後遭拿破崙明令禁止。

5 一九一二年八月十五日，張振武於赴宴後回家途中被袁世凱部下拘捕，並於翌日凌晨就地槍決。事後袁氏為之解晝，說他是按照黎元洪的意思行事云云。惟按記載，趙秉鈞內閣始於同年九月三十日。

6 一八七二年，日本政府頒布《徵兵告諭》。由於法令用字艱澀，且有「西洋人稱之為血稅，即以其鮮血報效國家」（血稅一詞是法語 Impôt du sang 的直譯）的描述，導致農民將其誤解為「徵收血液」，因此在日本各地陸續爆發被統稱為「血稅一揆」的多次暴動。

7 盧梭逝世時，美國獨立戰爭仍在進行之中。

8 此處指法國與德國，惟「拉丁」與「條頓」實際上具有更為廣泛的意涵。

八

南京政府的崩潰經過

宋教仁君負責編纂統一共和政體憲法——日本元老勸告南北妥協的謠言和宋君任遣日全權大使的流產——孫黨日本人的反宋運動和孫文本人的困惑——盛宣懷再世的孫文之漢冶萍借款談判——違反革命根本精神的孫文四面楚歌——張繼與宋君苦苦支撐風雨飄搖的孫政府——孫文從一開始就不該當革命政府首長——投袁成為孫文唯一活路——日本援助中國革命的說法不但虛妄而且有害——日本須以法國援助北美獨立以後，兩國國交反生阻隔為戒——南北議和是大勢所趨——反觀日本朝野的互不相容以及妄動

「如果不南北議和，如此不堪的中央政府，再多撐一個多月就必定土崩瓦解！」面對怒不可遏的鄙人，宋君回以冷靜的微笑。不過他接受了鄙人的建議，準備馬上參選法制院總裁。

鄙人事先已向他提出警告：如果把以大總統政治和聯邦制為原則的美國夢想輸入到革命政府的臨時憲法中，將給中國帶來無窮的禍患。其實宋君也明白，法國的統一制和虛位元首制，同樣是經過政治上的反覆較量而取得的。所以對於從君主制迅速轉變為共和制的中國而言，為了避免像法國那樣，在反動與革命間不斷拉鋸，制定一部良好的憲法是至關重要的。他深感責任重大，決心以自己撰寫的草案來編寫新國家的憲法，把這視之為最重要的政治活動。

時刻不忘考慮大局的宋君，還決定推選現任武昌民政長的湯化龍擔任副總裁。實際上，自黃興失守漢陽後，武昌已經暴露在危險之中，所以武昌的同志及其他對黃興抱持怨恨情緒的人漸漸令彼地與南京之間出現了疏離，而宋君的宏觀眼光也看到了這點。當宋君推測到群眾心理對於和黎元洪一派私通者感到不滿，且發現有人企圖組織對付他的同盟時，宋君覺得設置正副元帥已失去意義，於是認為若推選孫文為大總統，則推舉黎元洪為副總統乃理所當然之事，並為此日夜奔走不休。決定推薦湯化龍為副總裁，也是因為憂懼南京和武昌的關係生變——假如南京與武昌的關係斷絕，這就意味袁世凱將與黎元洪聯手了。

當時所謂的南北議和時機尚未成熟，宋君和其他有識之士都很擔憂孫文一派的冒進妄動。宋君所撰寫的憲法草案，在法國人看來似乎是採取法國大總統制，在日本人看來變成了日本統一制，在中國人自身看來，則好像是唐朝郡縣制的大規模復活，它就是這樣一個貨真價實的東洋共和制。在此國家大典樹立之際，鄙人為中國的覺醒而深感欣慰。

如果日本的思想透過國粹文學，喚醒了中國人在國家覺醒和統一要求上的真精神，那麼基於當時孫文的光輝形象和群眾心理下而引進、照抄美國式否定國家的權力分立思想，必然會為新共和國種下禍因。鄙人並非僅僅站在日本人的立場，為日本思想的勝利感到喜悅，而是為東洋民族樹立起自己的驕傲、為覺醒的東洋精神得以對歐美思想去蕪存菁，而感到滿腔欣喜。

某晚，張繼出於他志存高遠的社會革命要求，提出應增設人人平等擁有土地的條文，為此與鄙人爭執起來。將《日本憲法》譯成中文的宋君看著鄙人，沉痛地說道：「究竟何謂民國與帝國的差異？」從宋君此言，也可旁證他對中國統一的覺醒，令鄙人更覺欣慰。

但是，宋教仁君不像編纂日本帝國憲法的伊藤公爵那樣，只是一個在承平時期耽溺於學術研究當中的人。即使在革命黨的祕密運動時期，他也經常擔憂著日本的向背，對於中國革命能否成功起著舉足輕重的作用。即便身處在槍林彈雨下的武昌都督府，對於日本國民給予中國革命的赤熱同情，宋君也落淚表示感謝。對於日本政府善意的旁觀，他覺得欣慰。所以，宋君有一個迫切的願望，就是來日本向朝野說明中國革命的目的和展望兩國的將來。他作為法制院總裁執筆撰寫了憲法草案之後，就接受鄙人的建議，準備擔任遣日全權大使。群眾心理如大夢初醒，滿場拍手一致叫好，參議院也通過了這個任命。但是，宋君撰寫憲法大典之事似被霞關方面獲悉，並且引致外務省俗吏的不悅。果然，當內田良平傳來一封長長的電報後，鄙人不得不把這個令宋君戰慄的警報傳達給他。

原來，據說長州系元老仍屬意滿清皇室，希望中國革命黨方面與之妥協，實行君主立憲制。又有傳言說，元老們的真實想法是：若鄰國出現共和政體，將會對日本的帝政有害。這種低級的歷史觀察，無異於是把日本的意向，誤解成當年歐洲列強對法國革命的干涉。事實上，早前鄙人曾以宋君的名義通過內田良平運動那些長州系元老（山縣有朋、桂太郎等人），讓身處當時權力中心的他們對中國革命黨的行為予以默認和暗助。內田良平因為透過與朝鮮、中國的祕密往來而通曉資訊，並且信任鄙人的判斷，因此在武漢革命爆發時，和杉山茂丸等人一同說服桂太郎與山縣有朋等元老，讓他們在千鈞一髮之際，阻止了伊集院彥吉公使所提出的、蹂躪革命幼苗的殘酷方案——像德國人所做的那樣，協助清朝政府鎮壓武漢起義，以此換取滿洲諸懸案的解決。內田良平所立下的這種其他喧囂之輩遠遠不及的功勳，宋君等革命黨人對此了然於胸、滿懷感激。

然而，原本是宋君通過鄙人和內田良平去運動長州系元老，現在反過來，變成那些元老來運動他了，他們向宋君提出與清廷妥協的勸告。宋君聞訊，臉色頓時變成土灰色。在南京碼頭上，就算面對敵人的監視，他也一副神情自若的樣子，但當鄙人以他的名義給內田良平以及各方面發送電報時，也從沒見過他之前有像這樣過的雙手不住顫抖。宋君閉目良久，最終恢復冷靜，沉著地說道：「我要把所有其他事先擱一邊，去一趟日本。」

現在，每當回顧當時情況，鄙人仍然為那些對中國革命完全不理解的支那浪人團的言行，感到冷汗直流。他們固然具備作為普通人也會有的道德本能和喝采反應，但同時又顯露出卑劣的奴隸心態，讓眾外人看了不禁哂笑而不以為恥。他們爭著想做晏子的車伕[1]，以便誇耀自己作為奴僕的光榮，為此而不惜互相爭鬥。他們忘記了作為日本國士應該善導後進國覺醒的責任，反而迎合革命漩渦中的群眾心理，去盲目發動自己的一批人吶喊助威。其實，中國的民眾當時已開始覺得孫文不值得被奉為偶像，此時浪人團反而獨力擔當了造神工作的重任，喧囂熙攘，上演了市井祭典中難得一見的滑稽戲。被吹捧的孫文一時適應不過來，反倒感覺有些迷惘和為難——鄙人對此深表同情。

大功告成後，池亨吉回到日本，在大阪做演講，他對渴望了解中國革命情況的日本人說：「武漢沒有得到孫文的命令就擅自發動起義。」這堪稱為孫文塗脂抹粉的經典例子。當孫文看到登載在報紙上的這則消息，和指責孫文欲據此功為己有的流言時，他也不禁勃然大怒。孫文顧不得池亨吉是他的莫逆之友，也顧不得池亨吉親往香港迎接並一直保護他直至登上總統大位的豐功偉績，匆忙決定取消任命池亨吉為大總統祕書一事。

不過，池亨吉乃不世出的才子，鄙人素知他品行端正，絕非弄虛作假之人。尤其較早前鄙人正好在往來滬寧的火車上遇見池亨吉，他向鄙人熱情介紹孫文關於革命爆發真相的所謂「孫文是中國革命之化身」的三位一體式理論，實令鄙人噴飯。池亨吉當時的談話與他在日本的演講表達了相同的旨意，說明他不是會主動說謊的人，很可能孫文真的私底下說過那些話。

當然，孫文欲在外國人面前維護自己的形象也是情有可原的。但是，他這種狼狽地在外國報紙上刊登廣告發布取消任命的態度，簡直就像是妾婦一樣；所謂吹捧過度反而弄巧成拙，孫文的暈頭轉向與困惑是可以容易察覺的，敏銳的池亨吉應該也理解到這一點了吧！

再說因作為中國革命元老而市井皆知的宮崎滔天，以其名譽為代價，到處派發排斥宋教仁的電報，也是一樣的道理。那些跪拜孫文的馬屁集團奴隸心大發，對喪失地位的宋君予以毫無道理的謾罵。因三百年鎖國政策而完全欠缺外交訓練的日本人，往往將外交問題延伸至國內的政爭。為援助中國革命而來的頭山滿、犬養毅等人，認為宋君的日本之行是要依託自己的本國政敵長州閥，於是對宋君赴日只是與政權打交道而不論個人是非的正常外交活動大加非議。平日說話不多的頭山滿向懦弱的孫文提議，讓名不見經傳的何天炯來代替宋君擔任遣日全權大使，這樣做豈不是下三濫的黨同伐異嗎？我們日本人今後該對這樣的作為引以為戒啊！

在這種四面楚歌的情況下，鄙人忘了作為日本人該有的反省，反而在民立報大樓裡對于右任、張繼兩位參議員大發脾氣，怒道：「宋君作為遣日全權大使被孫文所排斥，還說他是要流亡日本，這是怎麼回事？諸君侮辱宋君是失敗者，說他代表革命政府、為求日本承認交戰團體而來，乃是要欺騙鄙人的祖國，這又是怎麼一回事？鄙人知道，孫文自己也不想讓宋擔任『全權』大使；宋君出南京只有八分權，離開上海只有五分權，到達長崎恐怕只有三分權了；既然如此，諸君對他還能有什麼期待呢！」

鄙人敢斷言，光靠孫文的空想以及那群浪人的大陸經營論，是絕對成不了事的，宋君也是同樣的想法。在此鄙人也想問一下讀者諸公：看到這裡，各位還敢說日本人對革命有一滴水的援助嗎？幸好皇天不負苦心人，後來根據日本國內輿論界的認真調查，證實長州元老的干涉說純屬流言而已，這實在是謝天謝地的事情。

說實在，上天對中國革命一開始是眷顧的，但由於革命黨人自作孽，遂陷於困窘境地。雖然正如宋君所說，現在還不是評論功過的時候，但是擁立與現實的理想相異、更與眼前的革命運動沒有關係；猶如外國人般的孫文做大總統，其懲罰性後果馬上就降臨到群眾頭上。當孫文大肆宣揚美式共和國的好處時，國民發現了他容不下國家民族觀念的缺陷。當鬧哄哄的日本浪人團頂禮膜拜中國革命的局外人時，國民發覺孫文和日本一起想顛覆愛國運動的根基。其中的一個例證是他與三井財團祕密談判漢冶萍借款問題。長期在外國生活，根本沒有國家的自尊心，而且又是當下革命的局外人——不妨可視之為外國人的孫文，以這筆借款作為達到其目的的手段；而其目的，無非是為了籌措臨時政府的政務費用，卻不惜為此蹂躪革命興起的大目的，這是什麼道理！

因反對粵川漢鐵路借款而在四川發起的革命，是不會寬恕盤踞南京的革命黨首領欲取得漢冶萍借款的圖謀的。一方面欲在滿洲抵禦日俄的武力入侵，另一方面又坐視英美法德的經濟侵略，這是亡國階級的作為。作為革命之新興階級，既不能坐視四列強在中原奪取鐵路，自然也不可能允許另一國來控制鐵礦。他們明白借款即亡國，誓死在門前防範四隻老虎。然而在數十上百名日本人簇擁之下大擺威風的革命局外人孫文，卻從後門放入一隻最恐怖的狼。

不過，此刻的中國已非孫文為了扶助廣東獨立而容忍在福建樹立日本勢力的十幾年前的中國了。貧寒的亡命書生為了捍衛一塊巴掌大的間島而出現了許多宋教仁式的人物。他們不惜流血犧牲，已經邁出了振興中國的第一步。但這些革命書生過於相信日本浪人團的倫理共鳴和本能喝采，以為這是先進國家的愛國者對後進國家憂國奮鬥的援助，因此感激不已。可是他們沒有料到他們的偶像與日本裡應外合出賣國家的行為，竟與盛宣懷與四國的勾結如出一轍。他們為不得不把革命之初針對四國的矛頭

自一九〇四年起，漢冶萍公司已從日本借款作經營用途，但其後經營不善而未能償付。孫文有意透過抵押漢冶萍而求得外援，而日本則希望獲取直接經營權，因此雙方可謂各取所需。

轉向日本而覺得戰慄，又為仰視自己的偶像後，竟然看清是一副賣國奴的相貌而深感驚愕。

正如浪人團把大資本家的侵略與國權之擴張盲目混同起來一樣，他們也不能冷靜地區分三井財團之利慾與頭山、犬養氏等人的聲援之不同。日本政府與日本人民慶賀鄰國的覺醒，毫無私心支持中國革命的俠義精神，堪稱上可昭示日月、下可俯仰天地。然而，國內那些侵略成性的資本集團卻違反國家和國民的真意，企圖為鄰國的興國注射滅亡的毒汁。對於以其後收回的滬杭甬鐵路的其中一段作擔保的三百萬兩借款計劃，宋君明確表示反對。大倉組對此甚為惱怒，派人來找鄙人，欲委託鄙人去說服宋君改變主意。但對方話音未落，即被鄙人堅決拒絕。

鄙人這麼做絕非不愛國。作為日本久長之計的對華政策，有必要保全在外國列強的資本侵略下瀕於滅亡的中國大陸。因借款亡國的警鐘而奮起的中國革命，與日本帝國將來應該採取的根本政策是一致的。鄙人拒絕做大倉組的說客，並非世俗所謂的因為鄙人是一名社會主義者的緣故，而是鄙人明白國家的長遠政策與資本家短暫利益的區別。由以上行動可見，即便作為一名外國人，鄙人對於中國的將來也是憂心忡忡的。

可是，姑且不論借款的內情如何，孫文作為一個堂堂的中國大總統，竟做出推倒革命本義、違背國家良知的妄動，這就不能不引來巨大的憤怒了。孫文的理由是為了籌措北伐的軍費，但把國家賣給列強來進行討伐，這就不是文王之師，而與桀紂無異了。

普通的中國國民看不出具有超國家思想的孫文與只有賣國壞心腸的盛宣懷之間的差別，這是因為民眾實在不理解以英美化為能事的孫文所持的開放中國的立場。孫文則一意孤行，漠然眺望已開始向他湧來的群眾心理的狂潮。而日本人也沒有餘暇來理解中國民眾的心理變化，仍然狂熱地讚美孫文，這就更進一步把孫文拖入非難的漩渦之中了。

孫文的祕書長胡漢民，權力日益膨脹，似在扮演實權總理的角色。但人們記憶猶新的是，在去年春天廣州起義中死了那麼多人的責任者正好是他的兄長。按中國自古以來的連坐刑罰，胡漢民本來是要梟首的，但孫反而重用之，由此可見孫文之剛愎自用，而這也引發了眾人更加旺盛的怒火。居住中國的英國人自己將長江流域劃入勢力範圍，日本人的橫插一手與飛揚跋扈，讓他們嫉妒不已，於是施展數百年外交功力的唇舌，到處以流言中傷，說日本和孫政府之間有著恐怖的祕密協定——日本到現在才察覺到日英在對華外交上的扞格，未免也太晚了！

前面提及，為了改善南京與武昌的關係，宋君做了不少協調工夫，可惜收效甚微，兩地的關係反而有日趨緊張之勢。由於漢冶萍位於湖北，湖北方面認為是自己的囊中物，因此他們應該有優先發言權，於是決心與南京斷絕關係。代表都督黎元洪的三位議員同時向參議院提出辭職。事實表明，在法制院總裁提出憲法草案之前，暫時施行的孫文的各省聯邦制的美夢在此徹底暴露了它的有害性。未能統一各省的中央政府，因為一省的反對而面臨顛覆危機，其脆弱性可見一斑。

不贊成敗將做大元帥，也不認同局外人做大總統的章太炎，為了促進統一大勢，聯合作為蘇浙兩大勢力代表人物的張謇和湯壽潛這兩位總長組織統一黨，大顯驅逐孫文的威風。不像羅伯斯比爾那樣果斷的黃興則威脅要解散參議院，但面對對方的怒火，很快就退縮了。而沒有丹東那種願一死以謝天下之膽識和責任感的孫文則束手無策，在日本浪人團的簇擁下六神無主，喪心落魂於輿論批評的狂濤之中。因選擇俘虜做副總統而招致漢口、漢陽失守的天理，又在懲罰以局外人為大總統欺瞞天下的中央政府了。

這時候，作為外國賓客與之共同起居的鄙人，朝夕目睹了宋君的痛心疾首。因日本干涉說被證實為不實之傳言而剛剛撫平的心情，再度被政府本身的風雨飄搖所刺痛。

除了同盟會系的兩、三人之外，有實力的總長們完全捨棄了南京，跑去上海悠哉遊哉。為調停雙方而往來於滬寧的張繼因連日奔波而精疲力竭。無論是主張第一任總統非孫文擔任不可的張繼，還是做出讓步同意暫行美國制的宋君，都沒有想到因違背天理而受到如此嚴重的懲罰。

他們面對反滿大業，對於如何化解危機憂心忡忡，萬分焦急。正像發生火警時，先不追究起火原因而以救火為第一要務那樣，他們殫精竭慮，盡力維持這個中央政府。而且，兩人也被日本人的崇孫狂熱所蒙蔽，不但不以屬於天外來客的革命局外人為問責對象，反而遷怒於章太炎的反孫行為。宋君作為法制院總裁，認為由他自己起草的憲法可以化解這種危機，又可以透過實際教訓，讓這樣的危機不再發生。美國的總統制是實行大總統負責制，一旦受到議會和輿論的彈劾，大總統就不得不引咎辭職，也即需要更換國家的首腦，因此平時必須相忍為國才行。雖然各省終於覺醒，已經有了統一的共識，但正值南北對立之際，如果現在突然更換首腦，倒不如一開始在孫文剛到達上海碼頭時，把他趕走就好了？

然而，現在孫文的心已經明顯傾向別處，而且將他違反大家共通心意的言論廣泛昭諸於天下。可憐的革命黨，此時處於左右為難的境地。在危機最深的時刻，鄙人聽聞某君力勸宋君果斷進行武裝政變。這主意或許來自譚人鳳的暗示，但宋君明智地婉拒了。在得以自由批評的事後今日，與其說這是不顧外國感想的無用情緒宣洩、或是宋君顧慮大局，不如說這有可能會把純粹出於中國自身必要的革命行動，一變為袁世凱的天下，我們只能這樣回顧而已。故此，某君顯然不明內外大勢。

當然，某君的憤怒是真摯且可以理解的，他認為絕不容許愚人孫文僭奪革命果實並贈呈於奸人袁世凱。事後作批評總是容易的。但當時天下渴望統一，如果南京不能成為中心的話，北京就會取而代之。也就是說，在孫政府崩潰的同時，即意味著袁政府的成立。從今日成敗來看某君的冒險計劃，他是為了擺脫革命黨左右為難的處境而孤注一擲，把偶像丟棄在路邊，重新回到「十月十日」空拳奮鬥的道路，這種奮起興國釁勇的暴虎馮河之舉，其心可憫，但看在鄙人這種外人眼中，終究只能搖頭苦笑了。

事實上，反孫的輿論愈來愈激烈，容易引起事變的不滿情緒也日益發酵。宋君看在眼中急在心裡。他終於不能沉默了，提出改變政府體制的要求。宋君衡量到若是依政變改換國家棟樑，不只違反他一貫統一各省意志的想法，而且在南北對立之際問鼎天下，也只會帶來不利；於是，宋君提出要求，要在孫大總統下面設立責任內閣。這麼一來，在讓革命黨走出窮巷的同時，又保持了孫文個人的地位，這是超越所有非難的惟一途徑。

但是，美式總統制是孫文十多年來的痼疾式信仰，做法國式的大總統，僅僅是榮譽的中心，這會不會讓孫文產生手上的權力被奪走的感覺呢？加之他與革命沒有什麼關係，僅僅是被少數人擁立而已，要求設立責任內閣，會不會讓孫文有借來的東西要歸還的感覺呢？就在拖延不決之際，大勢像奔流般地開始急轉直下了——那就是北方的袁世凱。

行文至此，鄙人願以日本民族慣有的俠義和多愁善感，為不幸的孫文奉上一掬之淚。滔滔不絕的中國輕視論者散布流言蜚語，說南北議和之所以成功，是因為孫氏接受了數十萬賄金，才決定讓位於袁世凱。這完全是誣陷不實之詞！孫文能夠成為某方面的革命領導人，取得受人尊敬的資格，正在於他具有視金錢如糞土的美德。作為欲打倒守財奴亡國階級的新興階級人格代表者，豈會做出這種卑鄙的事？對此，鄙人完全可以用自己的人格來保證孫文的清白。

老實說，用漫漫二十年亡命生涯博來的大丈夫不可一世之榮位，只擁有了一個半月便失去了，那是就算用一座黃金塔也補償不來的遺恨。輕視論者往往具有通過欺凌弱者來達到自身快感的奴隸心理，他們嘲笑孫文經由電報談判讓權於袁世凱，說這是意志薄弱的表現。但熟讀孫文傳記之光明部分者，都知道他的不屈不撓的意志和行動力是始終如一的。與孫文有交往的人，也都明白他的剛愎自用的性格；他並不是那種會根據利害計算，輕易從高位退下來的人物。所以，讓位的理由並不如輕侮論者所言在於他的人格缺陷，而只在於孫文是革命的局外人。孫文那超脫利欲的品性，使他具有面對任何不利，都不會感覺到不利的樂天派剛愎。孫文對袁的電告不得不退縮，乃在於他的錯誤理想招致革命群眾的眾怒。簡言之，讓位不是孫文個人的問題，而是他與反清革命不相干的問題。孫文被革命群眾所記得的，僅僅是他是東京中國同盟會總理這個過去的名稱罷了。

我們不妨來看看拿破崙。他從意圖瓜分國家的侵略軍手上拯救了法蘭西，而且帶兵蹂躪同盟列國，為祖國雪恨，堪稱是對國家有大恩的救國者；但當他遠征俄國失敗，從莫斯科撤兵回國後不久，就被驅逐到厄爾巴島上去了，滑鐵盧大敗後再被流放到聖赫勒拿島，最終鬱鬱而亡。當國家感到對自身利益不利的時候，哪怕是有恩於國家的救國者也一樣會被唾棄。更何況當時的中國並無外國侵略軍，所以孫文也絕非被當成救國英雄而擁立。武漢與南京發生了與他無關的革命，民國沒有蒙受他的哪怕是最微小的恩惠。孫文就任大總統，就像南京光復後由於聯軍諸將為功勞而爭持不下，而讓曾經是巡撫的一介老朽程德全出任都督一樣。這就是說，因為與之並列的是俘虜和敗將，因此只能勉為其難選擇這位中國同盟會的總理。既然對於有救國大恩的曠世英雄拿破崙都可以因為一戰之失而予以無情對待，那麼為了統一之必要，假若從碼頭拾得的偶像孫文已成為統一障礙的話，對冷酷的國家至上主義者來說，將其丟棄於路旁，就成為可以寬恕的道德選擇了。誤拜孫文為神靈的不倫關係，是不得不中止的。

輕視中國論者認為孫文乃中國人，故具有人格上的弱點。但事實上，這並非人格上的弱點問題，而是孫與革命政府的接合過於薄弱的緣故——不，與其說薄弱，不如說兩者的接合根本不合理；儘管這比讓俘虜做了大元帥，又讓敗將做了副元帥好一點，但還是像在惡魔的身軀上裝了天使之首。

天使之首夢想著華盛頓的樂園，惡魔的身軀卻欲品嚐法國革命的地獄之血。美國獨立後的樂園，財政富裕，沒有強鄰不懷好意地窺視它。自由建立起來了，憲法施行了，也沒有反動派潛入其中。開始邁入法國革命式地獄的中國革命黨人們，聽著關於天國歡樂的催眠曲，卻變成了擁抱憤怒和痛苦的鬼魅，其根本思想與本能之感情已經分道揚鑣了。

允許各省分離的憲法和屈辱的借款談判成為出現破裂的噴火口。地獄的王者是撒旦、支配革命者是丹東，是羅伯斯比爾。天使與華盛頓似乎成了敵國之人。已成為痛苦之鬼域、戰爭之地獄的中國本應由撒旦來支配，孫文卻以天使之心，欲向三井財團企求屈辱的借款。若是丹東或羅伯斯比爾，一定不惜用大屠殺也要達成中國的統一，但孫文卻照抄華盛頓分立十三州的做法，要強制實行各省分離的憲法。革命運動並沒有受到他的任何恩惠，相對於革命的理想，孫文的理想反而成了革命的絆腳石。出現在中國同盟會總理眼前的不再是他流浪期間所熟稔的美國星條旗，而是象徵五族統一理想的五色民國旗——這旗幟豈不是向四億國民證明了孫文理想的破滅？

事實上，從一開始孫文就不該站在這面五色旗下，當他的大總統。對於熱烈擁戴已被天下大勢所孤立的孫文，並期待孫與北方的袁世凱分庭抗爭的日本人，鄙人怎麼也不能相信他們是中國革命的理解者和支持者。當革命群眾看清他們擁戴的偶像之真相，就理所當然的憤怒起來。政治偶像被群眾捧起來又被群眾摔下去的事例史不絕書。宋君提出了給孫文一條活路的方案，那就是實施內閣制，讓內閣承擔一切責任，包括群眾對孫文的非難。遺憾的是孫氏對宋君的提議拖延不決，以至於他最後所能選擇的唯一一條路，就是儘速投袁。

當時電報談判似已進入佳境，孫袁授受正在密鑼緊鼓地進行，而這時中國援助團的代表頭山滿、犬養毅等人，都還完全被蒙在鼓裡；這並不是中國人的民族性不可信賴，而是找不到活路時生物本能罷了。假如孫文繼續堅持各省分割的憲法，那他就會和主張這種美式觀念的拉法葉一樣，不得不走上斷頭台。[2]假使他依然繼續推動那喪權辱國的借款，那他就只能追隨一個月前被資政院彈劾的盛宣懷的腳步，在參議院的問責下逃亡海外。

其實，此時支那浪人團對孫文的聲援大勢已去，猶如涸轍之鮒。他們開始懷疑孫氏的能力，認為他在幹連拿破崙也不敢想和不能做的事。議和達成後，作為當初聲援的反動，一變而掀起嘲笑謾罵孫文的風潮。但鄙人以為，這不過是對革命理想和革命運動不理解引致的過失而已，實不必予以深責。然而，以俠義自傲的日本人，既沒有對孫文的思想缺陷予以嚴正論述，反而以無謂的方式，誣妄他值得尊敬的人格，這難道不可恥嗎？以日本人的多愁善感，不對孫文無寸土之功，卻奪取九死一生的實動者地位感到嫌惡，反而在他發出王莽式的空言威嚇、身邊卻連一個友軍都沒有的悲慘沒落大加恥笑，這難道不會傷害日本人值得驕傲的道德嗎？鄙人感到不解的是，經常傲然以中國的指導者為己任的日本政府與國民，為什麼會選擇和支持一位與革命無甚關係的思想家？而且至今對自己的無知和不理解毫無反省之心？

說實在，沒有力量的孫文是毋須對此負責的。浪人團沒有把握中國革命的實體，對幻影給以後援，其結果自然如俗諺所說的「竹籃打水一場空」。既徒勞無功，但又不肯做反省，於是先罵自己捧出來的偶像薄弱、誣指他變節、最後又遷怒於中國，武斷地指稱中華民族沒有革命的資格。對此，鄙人不得不在憂心日本人的反省能力是否健在的同時，為無力且不幸的孫文寄予深刻的同情。

事實情況是，就在這位可笑的中國領袖聲嘶力竭呼喚外援之時，統一的要求已經像太平洋的黑潮，勢不可擋地流向北方。卑劣的晏子之車伕們抬著一位局外人還在喧囂不已之際，覺醒的愛國者們已準備把從碼頭拾到的偶像丟棄在路邊了。所謂南北議和，並非如浪人團向國家報告的那樣是袁孫角逐，其實質乃選袁逐孫，這就是中國的大勢；如果仔細考察，就可以掌握這股潮流的根本。

革命黨終於失去國家領導權，其責不在於中國民族性的局限，也不在於孫文個人在人格價值上的缺失。日本人把五族統一的理想與孫文的空想混為一談，所以始終不能理解中國的變化。鄙人不得不為日本政府及日本人雖然欣賞中國新領導人的理想，但卻對作為其前提的理念欠缺理解的智慧，以至於被至今尚存的輕視觀念與惰性所支配，感到深刻的遺憾。

也正因此，鄙人不得不敦促日本朝野作出深刻反省。從十月十三日在武昌以黎元洪的名義發表反滿宣言，至二月十三日孫文在南京參議院推選袁世凱為大總統，在這整整四個月間，日本人自始至終只知咒罵鄰國的英雄國士，侮蔑中國人為忘恩負義的民族，說他們如何對於日本援助的大恩不思圖報。當然，也有在南京於九死一生中拯救宋君等愛國者的日本人諸君，對他們來說，以能助興國英雄們一臂之力而感到榮幸。此外也有向黃興跪拜的日本人和向孫文膜拜的日本人，對他們來說，滿足了封建奴隸心，也是一種人生快事吧？然而，對於這些屬於個人之間感受程度的恩義，鄙人有一件重大的事實要講述，這就是：假使一個國家給予其他國家在建設上值得感謝的援助、並以此自居時，那麼他們確實有效擔負了建設者的命運這件事，只會遭到抹殺而已。

史家艾米爾・萊西[3]，毫無保留的指出了美國對法蘭西的忘恩負義。美國在密謀獨立的當初，是靠著法國人博馬舍[4]提供的兩百門大砲等兵器，才具備了適當的武力。（貪圖暴利的日本人不只販賣廢槍，還在戰爭結束後才把它們運到，這實在不能與之相提並論。）獨立軍每戰必敗，他們的怯懦、逃跑與背叛，讓那些仗義幫忙的法國人都感到心寒。（基於崇拜歐美奴隸心、熱烈讚賞美國獨立戰爭的日本人，他們所看輕的中國革命首義，可沒有這種讓人心寒的事情發生。）沒有格拉斯伯爵在亨利角打破英國的海上霸權[5]，法國士兵也不可能輸送到叛亂的北美殖民地。（這和德國公然扶植清朝，其軍官在漢口號令清國的砲列相比，袖手旁觀的日本在態度上完全不能與之相比。）美國的建國乃是得到法蘭西的多番援助，而美國人為之自豪的獨立，其實全是拜英法戰爭的結果所賜；這點只要觀察一下就可以作出結論。然而，美國人卻基於愛國的自尊心，恥於感謝給予最大恩惠的博馬舍，反而為徒務空言而取虛名的拉法葉樹立銅像；法國公使賽內不過是誇耀了一下對美援助，就被美國人要求召還本國。國際間的恩義比起國家的尊嚴，就是這麼微不足道啊！像美國人對於建國之戰中與其說是同盟國、不如說是保護國的法國忘恩負義到這種地步，那抱持一種輕侮觀、散布虛構誣妄的流言，說日本對於中國革命提供了何等重大的援助，中國又是何等忘恩負義的民族，這種態度恐怕只會為革命之後兩國的關係，埋下一顆不定時炸彈吧！

仗義之士急急奔赴各地，保護革命志士的生命，或者保護流亡者的安全，這是因日本民族的興國氣魄而產生的自然表露，並不是期望得到權利而為之付出代價。成天說著自己參與某項大事、自己企劃了某個祕密行動，這種虛榮浮誇的行為，實為大丈夫所不齒。假使身為東亞盟主的日本國民，都為這些支那浪人所誤，以身為革命中國的恩主而自傲的話，那麼最後恐怕也會落得只能謾罵對方是忘恩負義的民族的地步吧！

對於十幾年來哀求日本援助的孫文，這項過失應該由他自己背負；畢竟對於中國革命不曾一顧的日本政府，並不像是法國那樣，因為干預北美殖民地獨立，而讓英國留下恨意。北美殖民地的獨立軍脫離英國支配後，就和法國等同盟國之間保持了永久的中立關係。高喊排滿、痛斥滿人征服的興漢革命，並不是為了讓日本充當保護國，好讓漢族再次滅亡才起義的。是故，美國人怒而要求法國公使返國，並不是忘恩負義之舉；從獨立戰爭的目的看來，這才是正當的愛國行動。既然如此，對於頭山氏、犬養氏等人譏刺南北統一感到憤怒、並要求這些「日本密探」趕快滾回去的章太炎，也是堂堂正正的興國先行者啊！

事實上，只有微不足道的援助，卻不知自我反省，反而放言誣妄中國人是忘恩負義的民族，這根本不是身為東洋盟主的日本國民該有的精神。革命黨請

朱邇典。

求日本援助，乃是因為對日本民族俠義的國風感到信賴、並且認為日本乃是黃種人的先知先覺者，所以期待日本人能夠同情自身的覺醒，而不是要把國家置於日本的保護下，讓那些無知驕慢的流浪漢來指導啊！

鄙人在某種範圍內是目擊者，又或者說鄙人自己即是一個實例，足以論證日本政府與國民的援助，實在沒有多大的功績。實際上不用以美法為鑑，只要看到南北一統與中日兩國人士同時產生的齟齬，就可以知道若是那些不法的日本人不改自負的態度，將來反而會隨著革命的推行而造成日本與中國的關係嚴重阻隔，這點鄙人不能不深感憂懼。

更進一步說，現在日本人不只沒有提供任何值得中國感謝的援助，日本政府還被認為是中途阻止革命推行的妨礙者了！即便流言消除，長州元老等人原本打算擁護滿清的南北調停策，也已經變成從屬於英國本位外交下，以袁世凱為中心的講和斡旋了。作為日本國民聲援中國革命的代表而到中國的頭山氏、犬養氏等人，擁戴革命的局外人在南方喧囂不已，可是朱邇典和伊集院氏這兩個同盟國的代表卻擁護北方的袁世凱，雙方都不肯退讓一步。這種神經病一樣的外交策略乃是日本的特產。

對處於被動地位的中國人來說，他們會誤會同情者是密探，認為隔壁強鄰一定是企圖讓鷸蚌相爭，從而坐收漁利，也是可以理解的。強國出於保護貿易的理由前來調停，當然會給弱者一種出面干涉的恐懼，面對這種危機，不論袁世凱還是孫文，最後必然都只會產生主客顛倒的怨恨。結果，孫文不得不讓位，但因為他讓了，所以認為中國人是個該被嘲笑的民族，這種說法只是一轉援助之聲，成為迫害者的論調而已。

自己的公使在斡旋妥協、自己的領事在見證雙方蓋印簽署，卻說因為革命者跟袁世凱妥協，所以是沒有資格革命的國民，這就像是用腳踩趴伏在地的人頭一樣，是懦夫的暴行。維新革命時，勝海舟和西鄉隆盛在談笑之間握手的根本原因，其實是因為擔心英法干涉，而做出的顧全大局行為；然而日本人對於面臨英日干涉的孫文，卻唯獨以福澤諭吉的「瘦我慢說」[6]來強求之，這是何等道理！

鄙人和一般日本人一樣，對於東西兩雄在維新革命中顧全大局的行動深感贊許，因此對於抑制自己那種「瘦我慢」的念頭，將一切讓給袁世凱的革命黨諸君，對於他們統一的愛國覺醒，也同樣只能將其視為識大體的行動而加以敬重。在此，鄙人敢明確斷言：日本與日本人對革命中國進行妨害，還顛倒是非，夢想中國人會為之感激，但事實上，他們除了作為忠實的僕從，獲得英國人的嘉獎以外，其他什麼也得不到。他們為了英國買辦袁世凱，不惜鎮壓自己一手拉拔長大的革命黨；執行這種跟租界路旁印度警察沒有兩樣的恥辱任務，還怎能期待革命中國為之而拍手稱快呢！

以上的話也許說得太重了，但請諸位讀者看在鄙人一片愛國赤誠的份上，稍稍加以寬恕。鄙人遵奉天啟的信念，希望讓日本朝野能夠理解中國革命，並且因此而促進兩國的親善；是故，鄙人對於日本陷於無所理解、且對此重大國際罪惡不知反省，所可能招致的相反結果，不禁感到憂慮恐懼萬分；此絕非危言聳聽是也。

1 據《史記・管晏列傳》，晏子的車伕由於得其賢妻相助，因此受到晏子矚目並被舉薦為大夫。

2 一七九二年，雅各賓派下令逮捕拉法葉，他成功逃亡海外，惟於奧屬尼德蘭（今比利時）遭奧地利軍隊逮捕，被判五年徒刑。其後在拿破崙的要求下得以獲釋返國。

3 艾米爾・萊西（Emil Reich，一八五四年～一九一〇年），匈牙利歷史學家。

4 博馬舍（Pierre-Augustin Caron de Beaumarchais，一七三二年～一七九九年），法國劇作家、社會活動家及革命家。美國獨立戰爭時，他開設空頭公司，一七七七年初已向北美運送兩百門火砲及其他軍械。

5 亨利角（Cape Henry）是乞沙比克灣東北岸的海岬。一七八一年，法國海軍少將格拉斯伯爵（François Joseph Paul de Grasse）於乞沙比克灣擊敗英國艦隊，使法國得以向北美大陸派遣援兵，促成美國取得獨立戰爭的勝利。

6 「痩せ我慢」（Yasekaman）意為盡力忍耐苦痛。福澤諭吉於一九〇一年發表《瘠我慢の説》，批評勝海舟儘管對明治維新有促成之功，但作為幕府官僚的他早早投降而沒能盡全力抵抗官軍，實際上並未對其主君德川氏盡忠。

九

投降將軍
袁世凱

上天不降英雄予中國——沒有理論只用超人觀來看孫察袁，乃中國人崇拜情結的表現——袁世凱只是作為乞官者被偶然起用——袁氏不是篡位的奸雄而是平庸的忠臣——袁世凱被起用後立即向武昌派遣歸降密使——被全國起義浪潮席捲下的袁內閣之投降方針——作為事大主義者的袁氏戰戰兢兢地跟隨革命風潮——袁世凱不像端方那樣被殺只是因為靠近京漢鐵路——扮演中國勝海舟角色的莫理循——「革命」作為統治者迎來了議和使——事大主義者唐紹儀一變而成為革命軍的招降使——打壓革命的英國及其附庸國日本——令革命取得成功的北京最後一爆——良弼的被炸死與袁世凱險遭暗殺，突破了日、英的阻礙令清帝退位——何謂玩弄官革兩軍的奸雄——革命終結時才返國的孫文的唯一任務就是對袁世凱交涉但一敗塗地

當排滿興漢的革命旗幟在武昌城頭的硝煙中獵獵飄揚時，有誰能想到四個月後竟是如此景象呢？每當鄙人細細思量這段時期的前前後後，實在不得不把一切遺憾歸納為孫文不能成為體現新中國根本要求的英雄。世人一般誤以為他是大義的首倡者，但假如黎元洪成了英雄，孫文就不過是議院裡的一名空談家而已。與此同理，因為孫文被誤認為革命運動的統率者，肩負了全中國和全世界的眾望，且已被擁戴為大總統的今日，那麼袁世凱輩不過是一名降將，能夠被免罪並得到起用就算不錯了。然而，正如黎元洪是失魂落魄的俘虜才不得不讓孫文擔任大總統那樣，由於孫文根本是與革命理想、革命運動

沒有關係的扯線木偶，於是天下人就誤認袁世凱是最終統一南北的英雄了。這是多麼不可理解的邏輯錯亂之事啊！

像拿破崙那樣的曠世天才，他對自己個人的價值反省道：「吾不過是時勢的寵兒罷了。」可惜的是上天不讓大義首倡者當這個寵兒，也不允許中國同盟會總理當這個寵兒，四億中國人中，竟找不到一個足以享受天寵的人。或許，東亞大陸尚不到能夠振興的時刻，革命黨人只能拱手讓權於亡國階級的代表人物，自暴自棄並甘於暫時旁觀國運的角色。這是因為俘虜與木偶不可能得到興國之天寵，代替他們的則是賣國奴與其恣意而為的賣國行為。

或許，天意真的要考驗中國人是不是徹底覺醒了？多數日本官吏和中國通諸氏振振有詞地說應該支持袁世凱，因為他是奸雄，有能力維持中國的治安。但這種言論是完全沒有根據的，不過是街頭占卜師式的胡說八道罷了。原本飽受亡國之恨的外籍英雄，卻從自己本應終老的科西嘉島上崛起，從而使法國得以免於瓜分危機，這是法國人得到上天寵愛的緣故啊！視袁世凱為奸雄、或者說不擇手段的英雄，這樣的看法要成立，前提

袁世凱。

是上天眷顧中國，已經在中國降下了英雄，這點後面會再論證。總之，袁氏不過是瀕死的亡國階級的代表，他彷彿像打了強心針似的做出一系列蠢動，卻令凡夫俗子們誤以為他代表了新時代的中國國運。

凡夫俗子最樂意對任何事情用超人觀來做說明。喜歡聽說書人講的《岩見武勇傳》，相信身在西半球的孫文可以指揮東半球革命的支那浪人諸君，他們在試圖用超人觀解釋來滿足自己想像的凡俗情操上，其實是完全一致的。說袁世凱是奸雄的人，也不脫這凡俗的範疇。這可笑的超人觀解釋似乎俯拾皆是。於是，凡夫俗子們讚揚袁氏的足智多謀，認為他具有超越人類智慧的非凡能力，因此才能把南北統一起來；如此錯誤百出地看待中國並據此制訂對華政策，大大有損於日本的名譽，鄙人對此深以為憾。

由於這種凡夫俗子的情操作祟，正像不把身在美國的孫文與漢口的炸彈爆炸聯繫起來就不能滿足要求那樣，各位中國通也不得不考察袁世凱與革命黨的關係，於是傳出袁氏在慈禧太后死後雖然失勢，但他仍然從河南的草廬派出密使與孫文、黃興等人祕密往來的故事。如此這般，把袁世凱打扮成獨具慧眼，能夠洞察國運興亡的神仙一樣的人物。但實際上，當時僅僅由兩、三千名青年書生結社而成的革命黨，在袁氏的粗淺俗眼看來，是遠遠沒有康有為他們有價值、只是比土匪草賊集團還缺乏力量的存在而已。事實上，袁氏當時不過是遵循著亡國階級的典型心理，對復出官場一事念念不忘；他在那幾年間，所作所為幾乎全是為了這件事，局內局外的人都看得清清楚楚。

另外一種超人式的說明，認為袁世凱重掌兵權之後，一方面祕密與革命黨握手言和，另一方積極迫使清政府下台，可說胸有成竹，進退自如。這種看法其實是把「偶然的成功」推論成為「必然的計劃」了，但相較起來更加無謀的，是大隈伯爵為了要求袁氏延緩帝政，派遣有賀長雄博士前去，結果反而輕信了他，作出日本應該承認袁政府的判斷；之後更在謝絕周特使的前來後，為了陷袁氏於窘境，招來外務省官僚小田切萬壽之助、陸軍大佐坂西一良等人，發起解決滿蒙案與漢冶萍案的運動。唉！儘管和山縣公爵同樣是維新殘存的革命兒，但大隈伯爵真是廉頗老矣了啊！然而上天自有其行事之理，已經做好的計策未必能夠實現，但昨是今非的行動在天意的指導下，偶爾也會出現再適合不過的成果，不是嗎？

像袁世凱這種凡夫俗子，置身於翻江倒海的革命漩渦之中，他怎能步步都算得精確無比？這是稍有常識的人都能推想得到的。那些輕視中國論者其實又是崇拜中國論者，連使日本實現興國的山縣公爵、大隈伯爵都難以做到的深謀遠略，為什麼最腐敗的一名中國人反而可以做到？

事實勝於雄辯，慈禧太后死後袁世凱受貶幽居於故鄉，但他一心一意想復出，埋頭於東山再起的策劃之中。因為袁氏太熱衷做官，所以岑春煊說一句拒斥的話，他也只能磕頭接受。餓官已久的袁世凱，幾乎達到飢不擇食的地步；而凡眼俗腦的他，又怎能理解武漢烽火的意義呢？而且，袁氏雖為漢人，卻沒有智慧來考慮，自己與排滿興漢的大潮流背道而馳是否可行之策？為了實現乞官的願望，他只能沿襲傳統的舊道德形式，以忠臣義士的姿態讓清廷再度賞識，得以重溫往年的美夢擔任軍機大臣。

在亡國階級生活中打轉的袁世凱，所做的一切事也離不開亡國階級的範疇；但他恰恰欠缺維持舊道德的誠實良心，且對眼前已有明確提示的新興的氣運又缺乏理解。這就是說，袁氏既害怕作為朝廷重臣被人譏為不忠不義，但又缺乏作為忠臣義士應有的強固的道德理念；他既害怕革命的風潮，又沒有敢於立在革命的風頭浪尖之上的膽略。一言以蔽之，袁世凱不過是一名熱衷於復出的官迷而已。

為了顧及日本浪人的名譽，應停止散布袁世凱包藏了如同曹操、董卓般的大野心，因而在清廷與革命黨之間縱橫捭闔這類奇談怪論。事實上，當時袁氏奉行的金科玉律，不就是在清朝廷下實行憲政、也就是所謂公武合體論之類的愚策嗎？在日本的維新革命中，公武合體論成為亡國階級人士——即藩侯與上級武士——之間，唯一可以接受的妥協案。與此同理，對於新時勢尚未進入其視野的袁世凱來說，他在垂涎美食、不知如何下箸之際，只能提出令人捧腹大笑的四項方策：其一謂明年召開國會，其二謂組織責任內閣，其三謂廢除革命黨檢舉令，其四謂解除黨禁。這四條堪稱是中國式的公武合體論，也可以說是古今亡國階級對興國運動提出的歸降條件之集大成者。難道不是嗎？第一項與第二項乃法國革命時代，路易十六向國民議會歸降時的條件，第三項與第三項乃維新革命時，德川政府向薩長青年投降的條件。諸公啊，東洋之人如鄙人等眼中的奸雄，應該是置道義人情於不顧、雄才剛毅的人才對。為了腐敗旗本與愚癡大名，提出淺薄屈辱的妥協方案，只為了保護主君和自身的安全；這種軟骨頭的所謂忠臣義士，根本說不上「奸」，也說不上「雄」。

從袁世凱的行為來看，毋寧說他是不忠不義之人，完全配不上忠臣義士的美名。既然袁氏身為亡國階級，就應該死守舊道德，以老舊陳腐的原則來行事；但他既不能恪守舊道德、成為守護舊道德的勇者，又沒有萌生新道德的良心，於是遂成為無道無德的行屍走肉，隨大勢而轉向的牆頭草。那些持超人觀見解的人想當然地認為這是袁世凱為實現其遠大野心而採取的謀略，但這樣的想法實在是太抬舉袁氏了。他挖空心思炮製出來的這四大方略，不過是四條降伏條件罷了；簡單說，這只是一個熱衷做官的乞丐，企圖以一瓢水澆熄燎原之火而已。而且即使這種投降條件被清廷採納，要怎樣也讓革命黨人接受它們，他並沒有把握。

然而，皇天不負苦心人，袁世凱突然被朝廷起用，任命他為湖廣總督欽差征討大臣。但這職位原本是給岑春煊的，這令他頗感狼狽。其實，此刻袁氏還不明白往後處理武漢兵亂會遇到的更大的阻礙。依靠他自己的智識程度，是不可能理解已擴散至全國土的民族情操和國家覺醒，他誤以為資政院的聲音就是革命的要求，盲信只要朝廷同意他的四大策略，即可安國興邦。其實，袁世凱接受這個任命，猶如火中取栗，這正是岑氏所不屑為的。就這樣，袁氏被永久鎖在官場裡了，他被欽差大臣的名位所迷惑，失去了考慮進退的理智。

果然，袁世凱提出的愚策為朝廷接納，但與此同時，袁氏已開始見到排滿興漢的澎湃怒潮，會令他狼狽萬分。諸君不要忘記，正如獲知武漢起義的消息後，以駐華公使伊集院彥吉為首的所有日本官吏均盲信清朝仍然可以萬壽無疆那樣，袁世凱在河南草廬會見攜帶慶親王親筆信的蔭昌的日子是十月十七日——那是革命軍擁挾黎元洪之後的第五天。當時，火山的噴火口還僅僅是湖北省一地。相當於伊集院公使提議協助清朝鎮壓暴動那樣，袁氏也準備以彼之武功博得君寵，基於輕率及樂觀而臨危受命。但是，他的輕率的樂觀很快就被二十二日湖南長沙和宜昌爆發的起義，以及同一天在接近北京的山西省太原府發出的獨立聲音所打破。又過了兩天，二十四日江西九江也陷落了。緊接著翌日即二十五日，陝西省西安府燃起了革命的烽火，而在北京資政院，盛宣懷被彈劾，南下之鳳山將軍在廣州被革命黨暗殺……觸目驚心的凶報接踵而來。一介俗吏袁世凱，接受任命不過一週，局勢竟發生如此劇變，面對不可解不可測的大勢，他如喪家之犬，惶惶然不可終日。

馮國璋與黎元洪還在爭奪漢口時，袁世凱就顯露了亡國階級的本色，做出向敵方獻媚的妾婦行為。本來，馮軍已確實收復了漢口，若能乘勝追擊，一鼓作氣拿下武昌，袁氏仍不失為清朝的忠臣義士。但袁世凱臨危受命後，眼見全國各地燃起革命的烽煙，這讓他嚇怕了膽。他的軍隊在武昌飛來的砲彈前退縮，只能隔江與革命軍對峙。這種行為乃亡國階級之怯懦本性所決定的。其實，就在革命黨和日本留學生攻打上海大關的日子裡，袁氏派遣的密使已經從灄口來到武昌，向革命黨明白表示投降的意向。若有人認為首先一戰奪回漢口讓革命軍聞風喪膽，然後再擺出妥協的姿態向革命軍揮動橄欖枝，乃袁世凱的深謀遠慮，那麼此人一定是個讓人笑掉大牙的中國崇拜論者。處於進退兩難境地的袁氏，為了堅守效忠清室的舊道德，不得不與排滿興漢的大勢對著幹。他為此而感到恐懼，所以行事首鼠兩端是順理成章的。

滿漢之爭揭示了一條革命的真理：一切亡國官僚，不論是滿人還是漢人，其投降的口實是一樣的。袁世凱用加急電報辭退內閣總理的任命，連攝政王也嘆息道：「袁終於不肯輔助清室了。」這表明袁氏選擇了投降的道路，說到底，袁不過是一名亡國的官僚而已。在武昌都督府，在黎元洪、胡瑛、故人宋教仁君三人面前呈惶恐俯伏狀的兩名密使，訴說了袁世凱在堅守對清室臣節、與作為漢人應盡義務之間的兩難困境。

宋君答曰：「與其做漢奸而成為清廷的陪葬品，倒不如跟隨明末忠臣的腳步做興漢義士。」宋君這番鼓勵的話語為他們指出了活路。但派遣密使的消息似乎在北京洩露了，與此同時，十一月一日清廷決定了袁內閣，上諭促袁世凱即時赴京。袁氏已經看破了北京朝廷，知道不接受召還就只能像其他亡國官僚一樣，成為投降革命者當中的一員；但他如果不相信革命政府對有功漢人一律重用的保證，那他就得回應召還，進入北京才行。這樣還算是胸懷篡奪遠謀，玩弄官革兩君的奸雄嗎？根本就只是個懦弱狼狽之徒的盲動而已啊！而迎接這個懦弱狼狽者的北京朝廷，其實也跟懦弱狼狽至極的平家一族沒兩樣。

不過袁世凱已從革命軍政府那裡得到活路的指示和起用之承諾。從袁氏回到北京，直至十一月十四日謁見隆裕太后的這些日子裡，他密切地注視著形勢。十一月四日，作為長江流域咽喉的上海，已牢牢掌握在革命軍手中。又過了五天，附近的通州、杭州、楊州、蕪湖也告陷落，同日貴州也響應雲南獨立。八日革命軍開始進攻南京；在南京陷落這重大衝擊到來之前，各地已源源不絕傳來敗報。山東省民要求組織聯邦，安慶、鎮江、桂林也相繼呼應。翌日即九日，廣東獨立，海軍宣布起義投向革命。在翌日，福州、汕頭、廈門宣布獨立。再過一天即十一日，連拱衛北京城的奉天、山東和煙台也宣告獨立了。北京已成了被革命浪濤所包圍的孤島。日日夜夜接到的凶報，說明中國已出現古今興亡無法類比的劇變，作為狼狽不堪的亡國官僚，能夠做的只能是應和亡國親貴的悲泣，為滿清皇朝的衰亡同聲一哭。所以，當袁世凱十四日謁見太后，他能夠說的只是：「對革命軍進行討伐是完全不可能了，當務之急是如何與革命軍議和，以保證皇室在名義上的存續。」

十五日，身在南方深知革命黨要求的岑春煊勸告清朝權貴們必須接受共和政體，但袁世凱仍然把公武合體論抓在手上，企圖以自己為首的漢人內閣來代替皇族內閣，從而迎合排滿興漢的要求。淺薄短視的袁氏以為如此一來既能得到革命軍政府的讚賞，又能滿足舊道德的要求，獲得忠臣義士的美名——但實際上，袁世凱根本不具備足以被世上評論為奸雄的才具，他只是一名墮落軟弱的俗吏而已。所謂要求負責監國的攝政王退位，以一報當年後者讓他失勢的私仇，其實只是面對大勢，不得不行的枝微末葉罷了。看慣亡國階級內滿漢鬥爭、昧於外勢的他，不明白武漢首義發出的排滿興漢的聲音，乃全中國人民最根本和徹底的要求，淺薄地以為如今已廢棄親貴內閣，在滿人君主下面有了漢人的責任內閣和國會，就可以平定國亂了，但這完全是癡心妄想。

當袁世凱在攝政王宣布退位的同時發表君主立憲的愚策，頓時引來天下革命黨一片訕笑。革命依然如雷鳴電閃般在中國各地迅速展開。袁內閣成立的十六日及翌日，作為京畿地區後方的吉林、黑龍江兩省各自組織保安會，明顯表現出首鼠兩端的態度。然後到二十二日，四川重慶宣布獨立，二十六日北京眼皮子底下的奉天燃起革命烽火，藍天蔚宣布就任都督。翌日即二十七日，傳來黃興敗走漢陽的消息，令袁氏和一班亡

諷刺袁世凱稱帝計劃的美國漫畫。

國貴族略展愁眉，但馮軍無法打過江去收復武昌。尤其是同一天成都獨立，令全四川都成為革命軍的勢力範圍，傳來的消息讓他們膽震心驚。二十七日，是包含了袁世凱自認為最善之策的一切歸降條件在內的憲法信條在太廟宣誓的日子。就在這一天，他的同僚端方既不能前進到四川，又不能後退至湖南，竟在資州被手下譁變的兵士殺死了。當親兵的槍尖上懸掛著討伐將軍的人頭，彷彿向全天下昭示清室這座近三百年歷史的大廈已經崩塌在即了。怯懦者如袁世凱之輩，其內心之驚惶戰慄是可以想見的。再過五天，又傳來南京陷落的消息。全局之勝負、人心之所向已彰彰明顯，墮落而懦弱的忠臣義士們束手無策，徒呼奈何。

簡言之，袁世凱這個乞官好幾年的官迷，在發現湖北省的一角燃起看似小小暴動的革命烽火，於是在十月中旬輕率地接受了欽差征討大臣的任命。但湖南緊隨湖北起事，長江流域各省也紛起響應，北方的守備也岌岌可危，武昌與漢陽則隔江對峙，處於僵持狀態。到十月底，袁氏不得不把自己的角色從征討大臣改成議和大臣了。所以，袁世凱在十一月進京謁見隆裕太后時，彷彿已經變成由革命軍政府派遣而來的勸降使。這表示他並沒有什麼深謀大略，僅僅是隨大勢而動的事大主義者的本能反應罷了。

和那些輕視中國論者相反，鄙人認為極大多數中國人都是唾棄事大主義者的。事大主義者在大多數中國人看來，就像是維新前的日本或歐洲各國在衰亡期所顯示的那樣，乃是亡國階級的共通性。對於百世流芳的堅持、以及雖千萬人吾往矣的操守，只有在獨立的新興國民身上才能見到。如果內政外交都要阿諛依附強者的臉色，那麼這個國家就名存實亡了。處於衰亡期的清國只能仰仗強國的鼻息生存，作為亡國階級之一員的袁世凱，在外交上也總是採取事大主義，這是眾所皆知的事。但有論者認為唯有在革命的大漩渦中，袁氏在對付革命黨的策略中沒有採取事大主義，鄙人對此不敢苟同。所謂事大主義，不用說就意味著卑怯屈從，這與企圖篡奪天下奸雄的堂堂膽略，哪有什麼相似之處呢！既無操守也無見識，只是阿諛附勢，以求保全自己的性命；將這種軟骨頭的老頭子冠上奸雄之名，不過是對醜惡老翁的抬舉罷了。

袁世凱擁兵自重，但並非如超人見解論者所認為的包藏了篡權的野心。在中國內地，有錢人往往豢養家丁武裝力量，用來防禦盜賊、守衛家園。袁氏擁兵，不過比前者規模更大而已，其實也是一種自衛方法。袁世凱假如與端方一樣深入中國內地且被革命軍切斷進退之路，那麼他也可能被用來保護自己的親兵所殺死。

袁世凱的幸運之處在於他在官場失勢後直至重獲起用，在還來不及赴任的一週之內，天下大勢急轉直下，已全無抵抗之力。袁氏在北京發現了投降革命軍的唯一退路，這是他比無路可退的端方更長命的唯一理由。袁世凱的救主是京漢鐵路。敏捷逃命的總督端澂與來不及逃亡成了俘虜的黎元洪，兩人的命運猶如天壤之別，成為歷史的笑談。端方與袁世凱則因退路之有無，而致生死之不同。兩人同樣都被革命的猛火所包圍，袁氏僅僅由於占據地利之幸運，因為離出口近一些而不至於像端方那樣被活活燒死。占卜師嘗言：袁世凱沒有端方的火劫劍難式死相，這一點確實沒有說錯。

於是，袁世凱就像是被富士川的水鳥嚇跑的平家大將平維盛般，心驚膽戰地進了北京。那些滿清的皇親國戚拉著這位逃亡將軍的袖子悲泣哀號，懇求他保護他們的身家安全。已經準備向敵軍投降、心懷二心的事大主義者袁世凱，人雖腐朽，不過多少還有一點舊道德的良心。聽到武昌的密使回報之後，儘管他缺少興漢義士那種積極的道德理念，但在面對眼前的悲劇時，還是遵循舊道德的惰性，盡可能地保全主君家的命脈。在袁氏看來，只有保全主君家的命脈，他自己才能過得安穩，從這點來看，他毫無疑問是亡國階級的典型人物。

袁世凱和他的主子們除了怯懦無力的狼狽悲泣外毫無他法，因此不用說，當然沒有一戰卻敵的氣概。這就像是維新革命中，將軍德川慶喜設陣於大阪城，軍容赫赫、威逼皇居，卻在伏見一戰敗走後戰意頹然，只得委託勝海舟，向新政府表達祈求首級尚在、封地安泰的乞和之意。身為亡國階級的代表者，袁氏的一切企劃都是為了無條件投降與主家的存續。世間普遍的說法認為袁是為了篡奪主家才議和，但這種看法顯然是錯誤的。袁世凱完全是為了主君家的存續，才向革命軍降伏，他堪稱是汙穢的忠臣。

但是，袁世凱提出的君主立憲政體，是屈從於漢人的主權來存續滿清皇室，而非依照字面上的解釋，是皇帝擁有不可侵犯的主權。這樣的主張讓全國的革命黨人付之一笑，於是他便基於自己的事大主義，轉而尋求英國的保護。正像住在租界附近的富家翁把財產存入外國銀行一樣，這位汙穢的清末忠臣也哀求朱邇典公使，請後者用自己的口袋保管歷史將近三百年的清朝帝冠。一個新聞通訊員莫理循的活動，比十個犬養毅、八個頭山滿還要有用——簡單說，因為袁世凱缺乏這種資質，所以中國勝海舟的角色便由英國人來扮演了。諸公啊，英國難道不是從三十年前袁世凱任朝鮮公使、挑起日清戰爭之際，便一直擔任他的後盾嗎？英國認定為了遏止日本人與日本資本入侵屬於自己勢力範圍的長江流域各省，必須維持保守派的勢力，這難道不是英國人的智慧嗎？

長年在官場打滾的袁世凱儘管在面對突發的革命時無計可施，但他知道只要得到英國的認可，日本自會追隨英國的態度。說到底，伊集院公使不過是朱邇典忠實的僕人罷了。諸公啊，以英國為本位的對華外交，並非因為前外相加藤高明是位英國紳士之故，也並非從日華交涉才開始如此，實際上是對日英同盟欠缺自主性理解的日本外務省，難以治癒的結核痼疾啊！五年前鄙人身處動亂漩渦時，眼見那些浪人幾乎異口同聲，辱罵對中國與日本沒有任何敵意的德國，不由得深感遺憾；而今看來，這並非只是鄙人一介書生的狂言而已。

莫理循。

就這樣，作為英國附庸國的日本，很快也盲從了關於君主立憲政體的主張。令故人宋教仁君大感錯愕的內田良平發來電告，也正是那個時候。對於袁世凱提出的在君主立憲之名下維持滿清皇室這種妥協方案，若在共和主張上讓步，那豈不是放棄了排滿的根本目的？顯然，革命黨對此是絕無讓步餘地的。

正如維新革命時攘夷鎖港的口號成為倒幕的代名詞，共和政體的主張也成為非顛覆異族征服者主權不可的民族要求的符號，具有超越政體本身效用的意義。當袁世凱這名投降將軍於十一月十六日在北京組織歸降內閣後，經過整整兩個星期，在漢口英國領事的斡旋下，武漢兩岸的軍隊停戰並開始議和。十二月八日從北京出發的議和使唐紹儀一行，在十八日的上海會議中，面臨南方政府提出的四項要求，於是議和使徹頭徹尾變成了投降使。這四項要求是：一、必須廢除滿清朝廷。二、必須採用共和政體。三、對皇室及皇族支付的歲俸。四、對於貧窮的滿人，新政府成立後可考慮給予官職或歲俸等寬仁處置。

讀者諸公不妨比較一下之前袁世凱尚相信清朝萬壽無疆、接受欽差征討大臣任命時提出的四項方案。相對於明年召開國會和組織責任內閣這種對朝廷的屈從，現在的第一、第二項要求已清楚宣告主權的交替了。相對於廢除對革命黨的檢舉和解除黨禁的所謂讓步，第三與第四項要求已把君主視為降伏者，由作為戰勝者的革命黨予以寬大處理。這四項要求就是如此顛覆了之前的四項方案，「革命」已明白無誤地成了統治者，把握了生死予奪的大權。

諸公，但是雙方的四項要求其實都不符合袁世凱的真正需要。袁氏是主張君主立憲政體的（這跟他之前構陷的康有為如出一轍），只是因為眼見無法抗衡興漢之聲、害怕著是否要投降，同時又在舊道德的惰性下，不得不考慮滿清朝廷的存續，於是只好想盡辦法把兩邊的要求給捏合起來。漢人責任內閣也好，共和政體也罷，對降伏者而言其實是同一回事。主權的維持也好，附優待條件的退位也好，對於滿清皇室的存續也沒有什麼分別。當袁世凱在十一月十四日謁見清廷時，隆裕太后、攝政王和他本人，其實對於上諭中所表示的四項方案都並不那麼堅持，恐怕只是基於亡國階級共通的心理，認為革命軍政府也會甘於接受他們開出的這四項條件吧！

但是，袁世凱作為亡國階級的代表，是十足的事大主義者。他因京漢鐵路獲救又重新回到北京時，開始時刻如履薄冰，處事頗為謹慎。但袁氏

唐紹儀與孫文。

很快發現英國及其附庸國日本願意做他的後盾，於是政治態度一變而轉為強硬，而且似乎頗具理想。不知道是聽了誰的建議，袁世凱主張君主立憲或共和的國體問題，應該交由國民議會決定；但是革命軍政府方面基於戰勝者的正義，決定自行解決這個問題，於是在一月一日宣告成立共和政府，擁立孫文為臨時大總統，這是以強力而制服袁氏和滿清皇室。

事大主義是亡國階級的通則，正如進入北京的袁世凱成了革命軍的勸降使那樣，來到上海的唐紹儀也一變而成為共和政府的使節（結果因為這樣，有人就把唐紹儀看成是革命的一員——對於中國人和日本人的這種渾沌無知，鄙人不禁要捧腹大笑）；他勸袁世凱放棄自己的主張，但是袁氏因得到英國的支持，擺出了兩週前還看不到的強硬姿態，於是唐紹儀只能辭任議和使。莫理循則親自出馬，直奔上海的政治戰場；日本浪人團的幾百人，在他的馬蹄下簡直就像雜兵一樣，望風披靡。英國人的外交技巧是借日本政府之手，對於前來援助革命的日本國民，在列國環視之間任意輕蔑侮辱。作為獨立國政府，卻在他國頤氣指使下，做著違背國民意願的奴隸外交活動——這就是鄙人所說，當今日本外務省的醜陋嘴臉！

中國革命黨本來滿心期待日本浪人團的聲援會帶來日本政府的同情，但政府與國民互相扞格殘害、亂七八糟的日本外交，卻讓他們陷於孤立無援的叛徒境地。日本人的空虛同情沒有掀起任何足夠的波瀾，而日本政府仿佛變成英國的印度警察，成為令中國革命中途挫折的最後壓迫力量。如果要將所謂南北講和的真正原因歸於中國人在民族性上的缺陷，至少日本人是沒有這樣說的資格。

日本人對於自己的政府為了英國的利益甘受指使這點完全一無所知，而後又在英國的巧妙煽動下，把沒有任何利益衝突的德國，當成自己在中國利益問題上的勁敵，自始至終都執迷不悟。鄙人不禁想痛陳鄰邦國士當時的悲痛與遺憾，以得諸公的些許憐憫。英國不只藉日本之手鎮壓革命，還挑得日德相互仇視，對於無能察知英國詐謀的日本政府與國民，其愚鈍之至，令鄙人實想於諸公面前放聲痛哭矣！

但，中國畢竟是「中國人的中國」，故中國的革命仍由中國自己進行。正如漢口的炸彈宣告革命的開始，北京的炸彈則宣告其終結。在英國及其附庸國日本打著君主立憲的旗號積極進行斡旋力促南北方妥協期間，以及孫文和袁世凱借著討論政體的名義，在電報談判中進行清廷是否徹底投降的爭論期間，興國的青年們仍然一往無前的堅持反清鬥爭。北京的巷弄裡升騰起炸彈的血煙。鄙人作為革命漩渦的局中人，為不斷送別風蕭蕭兮易水寒的鄰邦壯士北上赴難而淚灑滿襟。

一月十六日，轟然的爆炸煙塵包圍了袁世凱的馬車，但是無火劫劍難之災的袁氏竟然毫髮無損。不過，即便袁世凱在肉體上沒有受到損傷，但在他內心僅存的那一點點微小的腐朽舊道德良心卻被徹底炸走了。作為傾頹的亡國階級代表者，袁氏不再拾起掉在路邊的良心，只是將肉體載在馬車上便逃之夭夭。即便有日英兩國作後盾使他在外交上取得成功，但仍不足以緩和一枚炸彈帶來的戰慄。袁世凱決定不再做忠臣義士了。

其實，在沒有得到兩國公使聲援之前，袁世凱已通過派往武昌的密使，透露了他不想再做忠臣義士的意圖，只是進京後發現了強大的後盾，使他又猶豫躊躇起來。但是十天後，在袁氏的眼皮子下，革命黨的炸彈又把他的同僚良弼活活炸死了。這下子嚇得袁世凱魂飛魄散。本來就考慮放棄君主立憲主張的他，最終劃清了與清廷的界限。

誠如蜀人驕傲地說：「良弼被炸身亡，砍倒了清朝的最後一根支柱，三百年的腐朽大廈從此轟然倒塌。」有論者說暗殺是決定革命成功與否的關鍵，鄙人至少在中國革命中親眼見證了暗殺的巨大威力。袁世凱在遺失了維護主君命脈的舊式道德良心的同時，還幸運地見到了他本應全力維持的朝廷自身的崩潰。袁氏以漢人的名義，讓得到投降口實的手下官軍諸將聯名上奏朝廷，要求實行共和政體，這麼一來，他自己彷彿也變成了共和政府的一名將軍。袁世凱完全拋棄了對清室的良心，在空虛的胸懷中，似乎多少塞入了明末義人的良心，於是一變而成為革命政府的北路軍先鋒。

袁世凱作為事大主義者，堪稱是上天創造的傑作。承認革命黨、施行憲政的所謂君主四條，與優待君主、實行共和政體的所謂革命黨四條相比較，兩者在根本精神上是截然不同的；但是對失去良知、宛如行屍走肉的袁氏來說，從一個極端轉到另一個極端，他並沒感覺到有什麼不合理。而且，無論是哪四條，都能保證朝廷和自家的安全，充分符合投降者的願望。

可笑的中國崇拜論者啊！（當然也包括那些因為奴隸心之故，從中國輕侮論者一變而為中國崇拜論者的傢伙。）在革命之初誤認袁世凱這個悲泣狼狽的俘虜為大義首倡者，如果是因為不明白事實，那還情有可原；但對其一舉一動明白無誤地表明是怯懦無能的投降者，竟認為他是玩弄官革兩軍於掌上的奸雄，這是什麼道理！其實，兩者都沒有被袁氏玩弄。滿清皇室還是達到了存續的願望，革命政府則毫無遺憾地貫徹了排滿革命的大目的。真正的玩弄者是英國人，而被玩弄的則是以伊集院公使為代表的日本外務省。

如前所述，當中國革命邁出第一步的時候，革命黨竟推舉一名俘虜為大義的主倡者，譚人鳳對此負有不可推卸的責任，理應予以道義上的譴責。而在中國革命終局的時候，讓一名投降者成為南北統一的功臣，這是孫文難以辯解的責任。

鄙人曾斷言，一切的遺憾皆因孫文並非體現革命的理想和統轄革命運動的英雄所致，南北議和之事再次證明了鄙人的看法。孫文到達上海的十二月二日，正好是南京光復的日子，天下的形勢幾乎已經底定，三天後武漢的兩軍又因議和而停戰。孫氏的任務僅僅是維持革命政府的優勢地位，對投降者予以或寬或嚴的處分即可。另一方面，敗者為了保持主動地位而緊緊抓住不放的君主立憲政體，也被烈士的炸彈擊得粉身碎骨了。在這樣的大好形勢下，孫文為什麼把投降者置於主位，而把革命黨置於客位？這豈不是主次顛倒了嗎？

革命之始他遠在美國，革命結束了他才姍姍回國，孫文要做的事其他革命領袖都已做過，唯一給他留下的任務卻被他弄砸了，確實大失眾望。支那浪人團及與其雷同的一眾愚民完全被孫文的虛名所眩惑而不以為恥。當鄰邦國士興義舉之際，孫文卻竊虛位而誤天下大事，對如此切齒痛憤之事，鄙人不得不用禿筆記下以告後世史家。這裡留下的疑問是：袁世凱怎麼成了大總統？孫文又是如何成了別人的扯線木偶？

十

英國公使買辦
袁世凱

日英同盟與中國保全主義無法兩全——日英同盟若不能造成俄國的恐懼，即未能達成盟約本應具有的意義——日本以正義為根據的中國保全主義，與英國的資本侵略——日本占領南滿是上天的安排——英國主張長江流域各省為其勢力範圍沒有任何根據——為了中國北方引發日俄戰爭，為了中國南方則會導致日英開戰——反映英國資本侵略的日本對華政策——比起迦太基日本更應學習羅馬——難以辨別日本的對華政策是意圖分割，抑或保全全國——打破英國的資本侵略後即可提倡中日合作——從保全主義的本來面目墮落下來的日本，自然招致中國的憤恨——南京政府即因國民對日本的反感而遭推翻——擁立自身買辦，對日本大肆構陷的英國——對於中日交涉在英國主導權下行之的中國，被保護國的同志們應聯合起來，要求同在英國支配下的日本發揮其主導權——英國人的活躍與醉眼迷濛的日本事後孔明——英國巧妙操作同族相食的下等人種統治政策——革命黨在日本墮落外交之下成為犧牲品的悲慘末路

有一件事，向來眾人皆如此認為，實則不然，所指為何？此即日本附隨於英國的奴隸式外交政策，以及缺乏信用且不徹底的中國保全主義。

諸公，依鄙人淺見，中國保全主義與日英同盟絕對無法兩全其美。而當中國在革命之後，能夠以自身力量來主張領土保全的一天，就是無法兩全的日英同盟在日本與中國

的雙重打擊下瓦解的日子。此一信念即鄙人不惜身命，欲向讀者諸公所力陳之處，本書論述之主軸亦在於此。

英國與日本之間因俄羅斯向南方、東方的侵略，而感受到利害與共之時所締結的攻守同盟，在日俄戰爭爆發同時即失去其存在意義。英國某位論者曾認為日英同盟不過是英國為了日俄戰爭而利用日本罷了，此屬真相之一。日本許多有識之士也一語道破，小村壽太郎大使在普茨茅斯的重大失敗[1]，可說是由於英國在對德政策上顧慮俄法同盟勢力的衰落而對日本構成掣肘，此亦真相之一。

日英同盟僅在俄國成為兩國共同威脅的期間方有其意義，故當並非日英共同威脅的美國損及日本尊嚴時，英國卻向美國要求締結英美仲裁條約，此為英國之自由。因此在中國，當對日本沒有任何威脅的德國成為英國敵對國的今日，日本曲解同盟條約而參戰，或是正確解釋同盟條約而隔岸觀火，都是日本的絕對自由，這就是「日英同盟邦誼」的真相。

鄙人絕不動搖的信念，與耿耿於懷的遺憾，在於日本始終未曾自覺自己在日俄戰爭後，經常被英國玩弄於股掌之間，而此次大戰時日本的錯誤選擇，將導致國運陷入萬丈深淵，此為

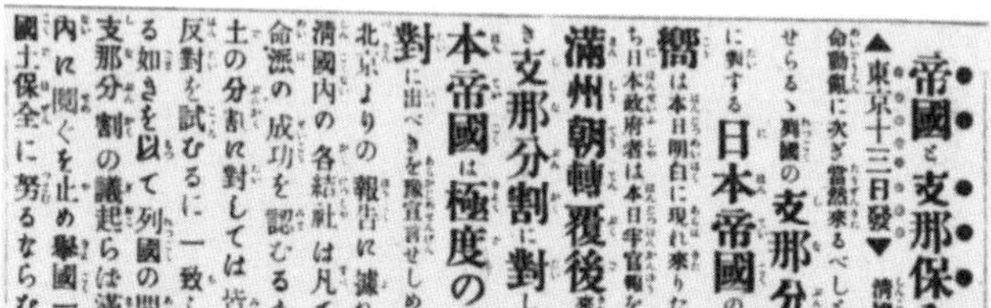
●帝國と支那保全●●●●●
▲東京十三日發▼ 清國の革命動亂に次ぎ當然來るべしと觀察せらるゝ列國の支那分割に對する日本帝國の意嚮は本日明白に現れ來りたり即ち日本政府者は本日半官報をして滿州朝轉覆後來るべき支那分割に對し日本帝國は極度の反對に出べきを豫宣言せしめたり 北京よりの報告に據れば清國内の各結社は凡て革命派の成功を認むるも國土の分割に對しては皆な反對を試むるに一致し居る如きを以て列國の間に支那分割の議起らば滿漢内に鬩ぐを止め擧國一致國土保全に努るならむと

日本報章關於「中國保全主義」的報導。

鄙人欲於往後詳述之部分。

日本被英國所玩弄的事實，絕非僅體現於為了爭奪赤道附近的南太平洋德國屬地上這類小事。鄙人曾親自觀察過五年前的中國，才感受到他們的看法——對中國而言，日英同盟絕非為了日本的正義，而在於維護英國的利益。

日本以正義為基礎的中國保全主義，與英國汲汲於利權保持的資本侵略政策，即便在對抗俄國瓜分勢力的期間看似相近，但根本的精神卻有天壤之別。日俄戰爭是為保全整個中國而戰，並非為了與俄國協商後，將中國北部劃給俄國，以及將長江流域的華南利權交給英國而締結同盟。以全世界的財富都換不回的十萬枯骨，必須因為亞洲盟主達成亞洲門羅主義的最高使命方能瞑目；絕非為助長因北方威脅導致的武力分割，南方蠶食鯨吞的資本侵略，此為鄙人欲對旅順白玉山巔的表忠塔宣誓的強烈主張。最後造成南北滿洲的分裂，而有損戰前保全主義的形式，是因當時清朝已決定割讓權利給俄國，放棄參加日俄戰爭的權利，而將土地交給俄國。

三國條約關係的問題並不在於外交的無能；日本占領南滿洲的用意，是在於保全中國，而非意圖從中國割取土地，這是顯而易見的事實。舉一個最明顯的例子，如黑龍江以東的濱海地區原為清廷所有，後來由俄國所占時，鄙人確信此時日本就應主張此無異於破壞中國保全主義。由於上天的安排使日本領有滿洲，使得全中國得以從俄國手中獲得消極的保全；若是日本勢力進入貝加爾湖以東到黑龍江沿海一帶時，更是從根本積極地確立中國保全主義。所謂奴隸性外交，是與日俄兩大國毫無關係的中國卻成為大戰的戰利品，被俄羅斯所占領，且將從戰爭意義上來說必須領有的南滿洲，僅以欺侮中國的方式，約定不割讓長江流域便足以相抵。

不割讓的誓言係起於義和團之亂的背景下，中國將被瓜分的預測。也就是說，那不過是日本尚未歃血宣示採取保全主義以前所盤算的。換言之，日本的中國保全主義是僅有在日本因列強經濟性的分割而敗退，進而亡國才能兌現的空頭支票。日本具有陸軍與海軍，雖作為誠實而勇敢的全亞洲保護者而屹立不搖，但無論有千百個不割讓條約都形同具文。

但尤其令鄙人百思不解之一事，就是建立在滅亡前提之上的不割讓誓言，以及得以獲得利權的勢力範圍，是否會為了英國的利益，使得日本所承認的範圍界定出現混淆？這是將兩個迥然不同的事件混為一談——也就是日本宣誓不取得長江流域，同時竟將其曲解為它已納入英國勢力範圍，而在英國如此主張之下，日本亦不得不予

一九〇七年，日本政府為紀念於日俄戰爭中陣亡的士兵，在大連白玉山南麓修建了這座「顯忠塔」。

以承認。

日本占領青島後，將袁政府所發表不割讓沿海省份的宣言，趁著袁世凱當前的困境而擴充到全中國，使其對日本發表十八省全部不割讓的誓約——這是容易且合理可行的。當日本藉此主張中國全國皆為其利益之範圍，英國即應承認，並放下其鐵道、礦山的經營權離開亞洲。對白人國家傾向功利主義與善於計謀的外交政策不曾東施效顰的日本，若不死守其國際正義——中國保全主義，不割讓長江流域的誓約將完全失去意義。況且當利益先占權與保全主義的本意發生衝突時，轉變為另一種侵略形式也是難以被接受的。

鄙人確信日本對外政策的核心，理應在於中國保全主義，因此無法理解與保全主義難以兩全的日英同盟是為了華南著想。中國保全主義是為了不使日俄戰爭在中國北方發生而利用英國，然而同樣的保全主義卻被視為日英雙方為了華南開戰的準備，或是否對其他國家有所盤算，這是什麼道理！鄙人早在五年前的一次革命時，就曾因為預見到日本對外方針將要迷失方向、萬劫不復而感到戰慄不已。

諸公請勿誤解。鄙人此言是為了日本的正義，而不是為了日本的利益。英國與德國協商各持中國南、北兩部之一，分別取得鐵道借款權，以經濟分割策略威脅日本的保全主義。然而，日本不能因此違背作為亞洲保護者的天職。假使日本亦學習歐洲各國的經濟分割，開始要求瓜分，背負起違背其主張的任務，形成一種自殺性的墮落，將來面對歷史批評時，必當面紅耳赤、啞口無言，這絕非泱泱大國之國民所應留下的足跡。

以狡詐的策略與投資作為外交手法，是官吏照抄列強的小聰明，日本民族對外的行動，一舉手一投足只應倚仗「正義」與「力量」。鄙人之所以有意否定英國在長江流域的所謂優先權利，是因為無法容忍英國及列強以保護主義之名，對中國日漸變本加厲的經濟侵略，而不在於日本應該「濫用」三井、大倉等資本組織，從而顛覆國家正義。保全主義曾於遭俄國武力威脅時，靠日本的正義與力量斷然將其擊破。日本的正義與力量在目睹英國資本對中國蠶食鯨吞之時，還能怯於貫徹保全主義嗎？日本在勇敢而睿智的道義信念下，若能要求有意採取資本侵略的英國履行保全主義，便能輕易挽救在經濟上瀕臨滅亡的中國，同時仍不失為滿足日本少數資本家之欲望的交換條件。

日俄戰爭中的保全主義，已經使政府將十萬國民以及二十億稅金供給這些企業家作為犧牲。但保全中國免受英國資本之併吞，在國家發展大方向之下，為求某程度上抑制資本家的獲利，又不能繼續如此行事。即使是以黃金供給各州，充實其財務，採所謂「黃金建國」的美國，從六國借款違反威爾遜政府的正義時，斷然脫離聯盟的例子來看，鄙人認為對抗「資本無國境」這個原則的我國資本，無論從何種角度來看，都絕非不應進入中國。然而，作為一個不論外債利息是高是低或者是否償還數千萬圓債務等問題，都將造成內閣撤換的債務國，鄙人眼見日本將債權的設定當成是國權的擴張，不得不對這種亦步亦趨歐美外交的現況感到痛心疾首。

日本陸海軍與其學習迦太基的亡國教訓，不如學習羅馬的興國之道，後者要容易得多。要攻下中國至少需要一個師的陸軍，加上三艘巡洋艦。日本是一個想學習西方白人國家的高利貸政策，又想博得中國的信賴，在矛盾中近乎發狂的亞洲盟主國。為了亞洲的安全，中國必須擁護日本，然而如果主要問題在於經濟利益，日本的確應該與中國開誠布公的商討。承認立基於資本侵略的英國利權，而有如盜賊般窺探其一角的附庸國日本，不適合作為亞洲門羅主義的代言人。俄羅斯的武力威脅中國時，引發了日俄戰爭；而當英國資本幾乎已導致中國半亡國的今日，日本是否仍無法脫離英國的陰影？鄙人深切祈禱在諸公的領導下，日本的中國保全主義能基於國家正義，徹底對抗英國的併吞。

對於朝著如此實際的理想邁進的中國革命黨、以及期待他們所進行的革命，能使得兩國邦誼出現革命性轉機的鄙人，在親眼目睹日本被英國的外交政策束縛與操縱、墮落屈辱的行動後，不由得感到失望不已。

如果評估漢冶萍公司被西方白人國家所分割、並置於其債權之下，將造成日本與中國的危機，則應該向中國要求訂定一份誠懇而明智的兩國協定。若承認英國意圖確立經濟分割的所謂利權，無異於日本表明並未貫徹應作為自身根本的保全主義。身為日本國民的吾輩，仍不理解對中外交的真意在於保全或是分割——事實上，似乎連政府主事者都不甚理解，卻唯獨指責中國不可信賴。保全主義奠基於俯仰不愧於天地的正義之上，因此不使漢冶萍落入賣國階級之手，而被賣給白人國家，這正是天理昭昭。正因如此，日本應該要舉行革命血祭，將盛宣懷與孫文同時共事的南京政府顛覆掉，如此才算是援助中國革命的大恩。

鄙人認為與賣國賊合作的日本，無異於意圖以金錢達成侵略目的之白人國家。日本無法成為東洋盟主的因素，難道在於中華民族太過狡猾？保全主義必須在徹底排除資本侵略，與拒絕英國利權的情況下方能完成。無論中日兩國將視需要而做出什麼樣的協定，都不難得到日本容易誤以為敵國的德國與美國的贊同。英國巧妙地以流言傷害其同盟國的策略固然天理不容，但無法立刻承認自身罪行，反倒承認英國利權的日本，其外交實在是無謀而卑劣。

當中國眼見促成四國分割借款的盛宣懷擁護日本時，認為日本的保全主義完全有如黃鼠狼給雞拜年，豈不是一個明智的判斷嗎？當英國勢力日薄西山，汗青之筆開始彈劾英國在外交上不符道義之處時，以保全之名而行瓜分之實，這種走狗的出現是日本民族所無法忍受的國恥。保全或分割策略的適當與否，原本就值得討論。而鄙人對諸公的殷切盼望，是即使處於陰險狡詐的外交圈內，日本的行動仍要光明磊落。當日本民族以缺乏外交原則之下所做出的小動作為傲時，鄙人卻因此覺得愧對中國。

這種日本的英國本位外交與中國保全主義矛盾衝突所造成的不信任感，是投降將軍袁世凱得以絕地反攻成為大總統的有力因素。強大國家若需維繫弱國對他們的信賴，避免任何不安定因素，其外交政策需遵循正義之大道，並充實道義上得以超越眼前小利害關係的彈性。不管怎麼從善意的角度來解釋英國的保全政策，他們的盤算單純就是為了守住長江流域的利益，與日本的保全主義是為了保護四億人民的獨立，讓充滿白人的地球儀一角仍能保有一塊黃種人之地的人道主義發揚難以比擬。

只為了保住己國利益而意圖延續清朝帝制、擁立袁世凱，事成之後將可大幅擴張自身的利益圈，因而有意於瓜分，這本就將傷害所謂的中國保全主義。發自於人道要求的保全主義，是希望能真正實現中國的獨立，而不在於滿足那些意圖將國家稱斤論兩賣給白人的亡國階級。換言之，日本若誠心希望中國的保全與復興，就應訴諸國家的正道，排除盲從於英國、擁護亡國階級的奴隸外交，以及參與債權設定競爭的資本侵略。

日本應放眼大局，做出明智判斷。只要日本國運不致傾頹，中國的危機就不在於俄羅斯的武力。但今日眼見中國將因財政亡國，那麼意圖在財政上徹底掌握中國主權的英國作為中國的併吞者，豈非日本保全主義的唯一敵人？至於孫文是英雄抑或凡人無須贅言，因為他也其情可憫；畢竟，當日英同盟支持內亂的另一方，並毫不掩飾地加以干涉時，這種愛國的憂慮心態將使孫氏變得愚鈍。受日本思想影響的革命青年在對日本保全主義的薄弱與動搖有所不滿之前，還得先解決遭到輿論亂箭齊射的自家防禦問題。日本在華北擁護亡國階級，恐怕終將兵戎相見；在華南則以現有資本聲援革命政府，意圖使中國成為第二個朝鮮。這樣的猜疑恐懼並非這些憂國青年的過度神經質，而是由於日本道義淪喪的外交背叛了中國的信賴。

鄙人深切期待諸公的信念能明確貫徹。新興革命階級的親日主義是當日本瞻前顧後的保全主義，化為亞洲門羅主義的正義天命之後，才會以至純至誠的信賴形式表現出來。受到日本啟發思想、背負著日本國民的熱烈聲援，當中國即將覺醒而懂得自我保全時，日本政府卻在華南學習與保全主義的本意無法相容的資本侵略，同時在華北致力於維護將造成財政衰亡的亡國階級生存。對於日本這個令人不安且未能貫徹執行，滿口空話的亞洲盟主，若各位不幸具有中國國籍，能對其有一絲一毫的信賴嗎？

所謂日華親善只是掛在嘴邊的口號，並非是因為革命的新興階級在道義觀念上未曾覺醒之故。日本的中國保全主義只能徒然成為英國財政併吞政策的走狗，變為不具道義空間的空虛之聲。可憐的是中國對日本的不信任感直接轉化為國民對革命黨的不信任。國民認為與其寄望不知要瓜分或是保全、卑劣如豺狼般的盟主，不如依賴英國不甚可靠的對華援助，由它來制衡日本逐漸變本加厲的壓迫要安全得多。

由於南京政府對日本誠心信賴，使輿論的猛烈反彈得以將其一次擊破。作為英國附庸的日本政府與其國民，將批判的目標集中在孫文這個好好先生身上，且對於譚人鳳、黃興等多所批判，就他們是否應負起革命之責爭論不休。然而，就鄙人看來，日本沒能依據天啟的使命，就保全中國堅守道義，也沒能樹立起聰明的決策，這樣的日本必須嚴厲自我反省才對。

就這樣，愛國的覺醒與統一的要求，已經失去了南京這個傀儡中心，也不能交還給武昌那個俘虜，只能滔滔向北；畢竟許多國民並不知袁世凱實為一投降將軍，就像不知黎元洪實為一俘虜爾。當革命的巨浪潮來潮往之際，已經將孫文打上沙灘而拋棄，並將朽木般的袁世凱送上風頭浪尖。

為博諸君一笑，恕鄙人直言：大義的提倡者或統一南北的奸雄，兩者的差別僅在於自己被擁立時有否哭泣。然而英國及其附庸國日本以清朝皇帝為中心的妥協斡旋，當然應轉化成以清朝皇帝直接任命的投降大臣袁世凱為本位，而袁氏亦期待孫政府的崩潰，使其成為統一政府的大總統。在中國的英國人對日本的毀謗中傷，實為鄙人所難忍。對頭山滿、犬養毅等「日本密探」的怨怒，不在於章太炎的瘋狂，而源於中國難以壓抑的恨意。對日本有所期待的革命青年在國民面前顏面盡失；對於鄙人等參與革命的日本人所受的恥辱，也盼諸公能夠憫察。本國政府毫無自己的意志，只是聽命於區區一個朱邇典公使，這實在是愧對皇祖皇宗的名譽啊！

由於日本被英國當作印度警察任意使喚，導致無論革命黨或亡國階級皆失去對日本的信任。英國使喚日本並加以詆毀，以獲取全中國的景仰。他們指使袁世凱之輩的俗吏，將日本玩弄在手中，其外交手段之詭譎多變，令人嘆為觀止。自己硬要成為盟主，但卻不知道在自己頭上還有一個更高的盟主，而且還把它當成最高權威加以依託，日本政府這種外交手段，就連非洲土人也不如。袁世凱並非有意玩弄日本，其實中日兩國都只是被同一位英國公使操縱與蹂躪的奴僕罷了。可嘆的是，與其說人們在擁立一個只是英國買辦的賣國賊，不如說暴露了日本並非東亞盟主，只是一個連中國都保全不了的弱小國家。

啊，諸公！日本政府與國民為中國的輕蔑恥笑而憤怒，不就是因為他們太容易被英國佬玩弄於股掌之間嗎？中國革命及其伴隨所生的中日兩國自覺性結合，若是不被英國的財政併吞所顛覆，便將成為大勢所趨，以英國人的智慧，不可能不看穿這點。而中國的青年領導階層，於此點尚未產生自覺是事實，日本朝野尚未覺醒亦然。去年春天中日雙方充滿愚蠢與罪惡的交涉，就是兩個尚未覺醒的國家間的衝突。為了抵禦在英國主導下的日本所提出的要求，中國亦將主導權交給英國，這簡直就是請鬼拿藥單。我們不應表達對中國的不信任；再這樣下去，中國將不再是中國人的中國，而會變成英國人的中國，英國對中國將擁有指導權——不對，應該是日本強取中國的指導權，而在日本頭上又有英國頤氣指使。

就這樣，投降將軍袁世凱因為日本外交上的墮落與擁護，得以徹底反客為主。如此一來，意圖為國家注入新血，重建國家基礎的革命黨一切外交關係皆遭切斷，遭到他們最信賴的鄰邦領導者背叛，挑動他們在革命期間的敏感神經。正如當年將宋教仁視為漢奸加以排除的參議院一般，中國國民受到國內以英國人為中心的白種人中傷之影響，誤解日本為中國的侵略者，忘了關於四國與盛宣懷的記憶，對財閥三井與孫文感到激怒，而無法察覺日本作為英國奴僕的可憐妄動，便將日本視為阻止排滿革命的元兇而加以警戒。

歇斯底里式的亢奮使人們難辨合理與否，他們誤認袁世凱是促使清帝退位者，且很容易使人產生唯有英國，才能壓抑日本企圖維持清朝君憲的錯覺，甚至毫無必要地認為袁世凱花了三十萬元運動費請來的莫理循很偉大。這歇斯底里式的錯覺讓人們以為武昌的俘虜是起義的領頭羊，而北京的投降者是結束革命的人，這究竟有什麼意義呢？

當同樣的歇斯底里發作時，人們便怨恨擁立孫文、並且企圖瓜分中國的日本，而對英國公使和袁世凱站在一起捍衛權益的慰藉話語，感到萬分肯定且狂喜不已——我們日本國民這幾年往肚裡吞的憤恨，終有向喬治國王旗「報答」的一日。比起像小偷的三井，英國才是真正盤踞長江流域的山賊啊！與一面看著日本的臉色蠶食蒙古一角的俄羅斯相比，造成全中國破產、並如監督埃及[2]一般開始監督它的，不就是英國嗎？比起伊集院公使的言聽計從，不斷努力維護清朝存在的，不就是朱邇典大人嗎？當醉眼朦朧的各位當代孔明談論著三國演義中的鼎立之策時，當熟習於島國之內小政策小謀略的犬養毅等人仍以為這是日本人之間的紛爭所致時，當照抄國外經驗的外交官把與己國一點恩怨都沒有的德國，當成是日本在華利益的競爭者而為之行事混亂不堪時，英國人便達成了離間中日兩國之計。

造成同室操戈，再巧妙加以控制，這種針對「下等人種」的統治策略就是英國殖民史上的一貫作法。英國對印度與埃及都曾如此，因此對中日兩國所施予深切的關懷，使得往後中日之間兵戎相見時，還不得不感謝這種「日英同盟邦誼」。我們事實上不需要讓國民詳細得知自己納稅能夠償還多少外債，只要知道外交可能使國家存亡命懸一線。若使承擔為國捐軀義務者得知箇中始末，恐將悔不當初吧！一次革命的挫折，怎能全然怪罪革命黨與支那浪人呢！鄙人只能在此就帝國外交根本精神的無所適從，向諸公訴說愁腸罷了。

啊，諸公，當革命中國的情勢急轉直下，再次落入英國的支配，且以英國買辦為統一政府的中心時，便不難想像革命黨的慘狀。鄙人眼見作為法制院總裁的宋君，努力削除孫文照抄美國大總統制與各省聯邦制的不良影響，並於臨時約法中，規定那些曾經置他於痛苦境地的總長、公使等，都必須經過參議院的任命，不禁大感驚訝。對此，宋君則回答道：「以今日統一後之大勢所趨，袁世凱或許將成為大總統，故此只能透過吾黨之議會約束彼輩。」鄙人認為，革命之所以日薄西山，正是因為無法接受逆耳忠言之故啊！

責怪人的話暫且在此打住。與法國革命中修改了十六次憲法相較，標榜只是暫行法例的「臨時約法」尚可諒解。由於革命議會的議員經常朝秦暮楚，想當王朝治下的臣民，所以法國人要規定議員不得兼任內閣大臣，這與法國憲政的本義並無矛盾。既然如此，在不得不迎接敵將為元首的中國，希望以憲法的堡壘來捍衛局勢，此亦非可笑之事。未能理解他們的革命精神而輕蔑之徒，以及醞釀以袁世凱為中心追求君主統一之輩，都可說是要蒙蔽諸公的智慧。中國只需要一個皇帝，從此事便可發現革命黨之輩對共和立憲知識的欠缺。鄙人一想到日本作為東洋的盟主、中國的領導者，並未能掌握外交上的轉機，而在鄰邦復興運動之際只能退守參議院這個堡壘，便不禁扼腕萬分！

孫文未能成為英雄，固然是袁世凱成為大總統的原因之一，而身為投降將軍卻能變為南北統一的元勳，可斷言有如英國走狗般的日本外交是最為有力的因素。在此便不再毀謗袁氏——畢竟，只要日本服從英國的領導權就會如此。

1 日俄戰爭結束時，部分日本民眾提出俄羅斯應賠款三十億日圓、割讓沿海州、庫頁島及堪察加半島。而小村壽太郎在最初談判時，亦提出包括「賠償日方軍費開支」、「俄羅斯不得在太平洋擴編艦隊」、「向日本開放日本海、鄂霍茲克海、白令海峽及沿岸河流的捕魚權」、「割讓整個庫頁島及其附屬島嶼」等條款在內的十二項要求，惟俄國最終僅接受其中的六條（且有部分保留），因此引致日本國內輿論的強烈不滿。

2 一八七六年，埃及君主伊斯麥爾帕夏由於對外戰爭以及修建蘇伊士運河而欠下巨額外債，而解決債務問題的需要，促成「公共債務委員會」（Caisse de la Dette Publique）的成立。

十一

為警戒日本
而奉北京為中心

對黎元洪、袁世凱本身的批判，其無用有如朽木與糞土之比較——浮沈於追求統一浪濤中的孫袁兩人——正如孫文不是革命發起者，袁世凱也不是統一南北者——中日同盟的必要條件，即是必須以北京為首都——北京兵變並非袁世凱之謀略——儘管有如東方的德奧兩國，卻無法聯合的中日兩國——南滿洲為日本領土，中國沒有主張主權的理由——支那浪人、學者等對國權的缺乏自覺——南滿是保全中國的萬里長城——忘卻占領南滿意義的日本陷入外交墮落——因應各省獨立，俄羅斯隱藏在蒙古獨立名義背後的對蒙侵略——為了日俄的野心而以北京為中心，只能使先入關中的袁世凱稱王——忿忿不平返國的愚人島康樂團——見不到一位警告故國錯誤政策的仗義之士——有意親日的宋君等人遭到的重大打擊——回想與故友的激辯流下斷腸之淚——日本在北京兵變時出兵的嚴重愚行——在中國革命的同時，日本外交政策應做根本的變革

讀者諸公，鄙人不願班門弄斧，在明智的各位面前批判黎元洪、袁世凱等人物。站在歷史的河岸回顧潮來之處者，焉會愚蠢到去考據一塊朽木與糞土之牆的差異？畢竟，如果以兩人都是亡國階級的中國人這點來解釋，只因為擁立的時候哭與不哭，就判斷誰是好人、誰是奸雄，這實在稱不上是什麼理論。黎元洪如果像袁世凱一樣，變成最後一個投降將軍，那他鐵定不會涕泗橫流；但也不能說袁氏如果像黎氏一般在兵變時被已故

的張振武等人俘虜，便會放聲大哭。

鄙人認為許多輕視中國論者一想到袁世凱，立刻轉為中國崇拜論，實在是欺善怕惡的封建奴隸思想，令人感到羞恥。問題不在於這兩個人本身，而在於俘虜與投降者偶然所在的地緣關係。也就是說關鍵不是袁世凱與黎元洪，而在於武昌和北京這兩個地方。昔時先入關中者為王，排滿革命之中的中國，若身在北京，即使身為投降將軍，也必定會為喪失統一中心的危機所震懾。鄙人之前說，「孫政府崩壞的同時，才是袁政府的設立」，就是這個意思。

雖然只是一瞬間，不過中國的危機在提出愛國要求的反抗者攻陷南京時，便陷入了非找出統一中心，否則無法安定的困境。愛國的覺醒者曾經要求以武昌為中心，在黎俘虜的底下集結力量進行統一；接著他們以南京為中心，擁立了孫傀儡；最後更以投降將軍袁世凱為中心，往北京遷移。統一的要求是隨著中國存亡危機，受日本思想啟發而覺醒，從而變得更加廣泛深遠，但在要求對象的掌握上，卻陷入了真偽難辨的境地。

所謂飢不擇食，在迫切且熾烈的要求之下，已經無暇批判核心人物的價值。黎元洪、袁世凱或孫文，若從個人評價來看的話，他們在各個層面上都有所不同，而人格特質亦各自相異。然而，當思考統一中國的要求本身時，即可發現個人的起伏不過是暫時現象罷了。就如統一巨浪的第一波抬起俘虜，第二波又將傀儡推上浪頭般，如今投降者在浪頭載浮載沉，而它卻混淆了全世界的視聽。既然全中國的知識階級對革命都不甚理解，那麼諸公何以唯獨能容忍孫文悠遊於美國，卻能打倒清朝這種庸俗的見解？又為何能認同袁世凱的力量足以統一全國南北這種超人論的說法？由於革命已經興起，所以孫文儘管是個傀儡，但仍要拔擢其為首長；由於有統一之必要，所以袁世凱即使只是一個投降派的俗吏，仍然要以他為中心。這也就是說，如同孫文不是革命的發起者般，袁世凱也不是統一南北的功臣。

換言之，一次革命最後的統一者不是任何人，而是「北京」這個地方。關於革命後的首都應設於北京、南京或武漢，鄙人在後面會再詳述；但鄙人於講和聲中聽聞中國對首都所在地的討論中，仍決定設於北京，不得不為鄰邦的處置得宜，感到可喜可賀——鄙人確信為了中日兩國，將來首都設於北京乃是中日同盟的必要條件。而革命青年拋棄他們所盤踞的南京，為顧全大局而選擇敵軍占領的北京，這種以國家為重的舉動，必將獲得後世史家的讚賞。

超人論者認為袁世凱不願實踐南下接受南京參議院推舉的約定，而在北京祕密醞釀兵變，藉以向唐紹儀、蔡元培、宋教仁等歡迎使節的下榻處示以威嚇，同時造就自己無法離開北京的理由。那些作這樣想的袁世凱崇拜者，根本就是把「因禍得福」四個字加以曲解，好像袁氏是個為求商店繁榮，自己先把店面給燒掉的傻子一樣。如果說黎元洪為了成為副總統，先在漢口祕密策劃了炸彈引爆事件，然後再在張振武等人強迫他的時候，裝模作樣放聲哭泣，這種解釋必定會讓人狂笑不已。若得知黎元洪與袁世凱的差別僅在於是否哭泣這等朽木糞土之別，就可以理解到認為有關黎氏的這種解釋可笑，卻唯獨相信袁氏確是如此作為，乃是多麼愚妄之事了。

北京兵變時，適逢武漢發生兵變——更正確地說，就如維新革命後到西鄉隆盛的第二革命為止，日本也是兵變頻仍一樣，這是革命後的普遍現象。袁世凱被推舉為統合南北之大總統是在兵變之前，而以北京為首都，更是在袁世凱被推舉為總統之前便有的輿論。啊，北京，他們必須忍氣吞聲，遠走至被敵軍占領的北京是誰的責任？

答案正是日本。日本忘了應使亞洲自覺史得以旭日東升的天命，不但成為英國的走狗，更成為俄國的打手。啊，當國勢趨於衰頹時，舉國上下只有逞其權威，盡失其外交之正義，古今皆然。日俄戰爭的意義不同於日清戰爭；日清戰爭是日本由於上天保佑，得以免於遭列強瓜分，且成為黃種人各國盟主的爭霸戰，有如歐洲的奧普戰爭，而日俄戰爭則是東方的普魯士為了保護亞洲的奧地利而對抗俄羅斯的侵略。在奧普戰爭中短視近利者沉醉於勝利，眾口囂囂主張割讓土地，唯獨俾斯麥一人不為所誤，主張以此建立起兩國的同盟

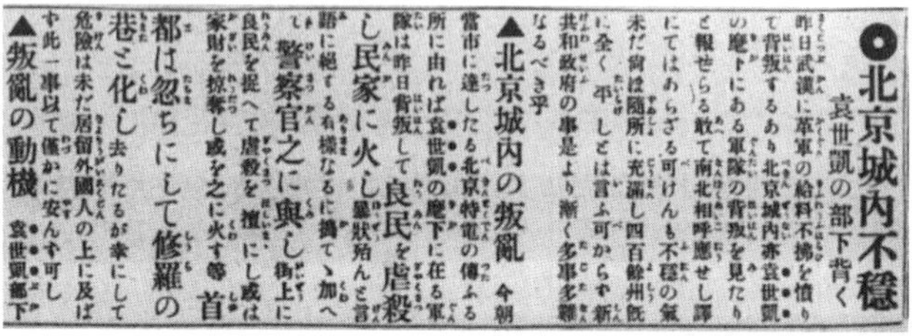

●北京城内不穩
袁世凱の部下背く

昨日武漢に革軍の給料不拂を憤りて背叛するあり北京城内亦袁世凱の麾下にある軍隊の背叛を見たりと報せらる敢て南北相呼應せし譯にてはあらざる可けんも不穩の氣未だ背は隨所に充滿し四百餘州既に全く平しとは言ふ可からず新共和政府の事是より漸く多事多難なるべき乎

▲北京城内の叛亂 今朝當市に達したる北京特電の傳ふる所に由れば袁世凱の麾下に在る軍隊は昨日背叛して良民を虐殺し民家に火し暴狀殆んど言語に絶する有樣なるに掛て丶加へて警察官之に與し街上に良民を捉へて虐殺を擅にし或は家財を掠奪し或は之に火す等首都は忽ちにして修羅の巷と化し去りたるが幸にして危險は未だ居留外國人の上に及ばず此一事以て僅かに安んず可し

▲叛亂の動機 袁世凱部下

在武漢爆發兵變後不久，北京也發生同類事件，袁世凱因此獲得理由拒絕南下就職。

基礎。如果當時日本的伊藤博文、陸奧宗光等人有像俾斯麥的豐富知識與過人膽識足以壓制輿論，便不會導致遼東半島出現三國干涉的大失態。

往者不可諫，日俄戰爭時中國原本有意助戰，但被日本所拒絕，只能茫然地作壁上觀。是時，兩國原本處於為了將來的前途，必須結為同盟以對抗俄國東進的命運，正如奧地利面臨俄國西進時，必須與德國休戚與共一般，但日本卻未曾醒悟到這點，實在是令人遺憾之事。仍是那句話，往者不可諫矣。總之，日清戰爭結束時中日同盟的基礎並未建構起來，而這個錯誤在日俄戰爭中得以挽救。日俄戰爭在中國深切的感謝與暗中協助之下，雖然日本看似孤軍奮戰，但在沒有條約約束的狀況下，東洋的德國與奧地利仍締結了攻守同盟。在一次革命中瀕臨滅亡的清朝，批評其缺乏政策與主張，就像繼續數著死去孩子的歲數一樣沒有意義。大戰的意義，除了賭上國運希望成為亞洲盟主，這還有什麼難以理解的呢？

諸公不要誤解，鄙人認為本國獲得南滿洲實屬應當。鄙人親眼目睹在孫文黃興周遭集結的某些學者和日本浪人，為了迎合前者的國家自尊心，不惜說出「中日親善的前提在於日本撤出滿洲」這種言論。這種對國家利益缺乏理解，有如妾婦般的行為，實在值得唾棄。以張繼為首的鄰邦友人，深信鄙人乃是為侵略主義者所驅使的流言，因而與鄙人疏遠；但鄙人仍舊確信，自己同時主張日本權利與保全中國的舉止，沒有絲毫不義。

南滿洲為俄羅斯所占領，早已非清國所有。說來可笑，如果歸還南滿洲，如商場買賣一般換得親善是討中國歡心的條件，那麼若不將台灣獻給孫文陛下，也會觸及他的逆鱗吧！中華民國的主權是由清朝皇帝讓渡而來，是故袁世凱得以身為主權所有者；但與此同時，中華民國的領域也應當等於清朝原有的版圖，這種解釋就是由有賀長雄博士腦細胞的下等物質所組織出來的產物了。而寺尾亨、副島義一兩位博士在南滿洲問題上附議，否認前述的主權繼承說，認同後者的領土繼承論，這並不是值得讚賞的見解。中國革命黨的愛國覺醒尚未達到理性程度，因此雖不主張主權原本的意義就在於「力量」的說法，卻將輕舉妄動的矛頭指向日本，同時也指向鄙人

日俄戰爭後，日本於遼東半島南端設置「關東州」，其辦公大樓也成為日本在東亞大陸的勢力象徵。

之類訴諸日本的國家正義，認為本國領有南滿洲的法理依據，是與從俄羅斯接收南樺太[1]一事同樣充分的論者。

基於明確的法理依據而瞭解南滿洲的主權，對今後的中日兩國而言都至關重要。新興的漢族政權如果想要奪回亡清所失去的領土，恐難免干戈相見。因此鄙人認為，日本因戰爭而從俄國手上奪取南滿洲，毫無疑問乃是日本之正義。然而，正義的發動力量乃是張弛互見。日本從俄羅斯手上奪取南滿洲時，曾擔憂的國家正義問題，在占領南滿洲後便消失無蹤。若非為了防範俄羅斯而占領南滿洲，反而與占據北滿洲的俄國聯手，那麼南滿洲就會變為中國的威脅。基於日俄戰爭的結果而占有南滿洲，是為了將其作為中國保全主義的防線。然而締結日俄協約，結果卻將南滿洲變成了協助俄羅斯瓜分政策的前鋒陣地。這是多麼懦弱卑屈的東亞盟主啊！從旅順山巒到遼陽荒野的十萬生靈，是日本為了徹底執行保全主義，同時更進一步奪取北滿，在中國北境建立起真正的萬里長城，並趁機據有黑龍江下游的沿海地帶，以求終結俄羅斯的東進運動，從而祈求朝鮮與日本海不再出現本國的敵人而犧牲的。然而，日俄再戰論聲勢轉弱，勝者卻成為走狗，是違背向全世界聲明的大戰本意，也是保全主義的破壞者。是故問題不在中國的反日或親日，鄙人所憂心的，乃是青史對日本民族名譽的批評啊！

明智的諸君，中國的革命青年與愛國之心覺醒的中國國民，對日本如斯墮落的政策自然不感親善，相反更是抱持警戒之心！他們並沒有不自量力地期待日本歸還南滿洲，只是期待保全主義者盤踞於城牆邊，其砲口自然會指向北方侵略者；但這些砲火卻反而指向他們，於是他們不得不怒斥日本的背信忘義。

日俄再戰論的聲浪都來自俄羅斯，日本只像是對方的回音，回答「若貴國要再打一場或者兩場戰爭，我們都不會推辭」。日本由於諾斯不合常理的提議[2]而狼狽不堪，缺乏披肝瀝膽的勇氣，一味力陳自己占領滿洲是為了避免日俄再起戰事，為了從侵略者手中保全中國，因此乃是必要的正義云云，真是何等的懦弱！

國交節義，乃是那些只知以死讀國際法條文與外交史為能事的俗吏所無法理解的。至於是不是要與俄國聯手來拒絕，這些其實都是枝微末節。然而最後日本卻選擇了與美國為敵，還招致應當致上謝意的中國四億人民的憤恨，使大日本帝國立國之本意「信」遭到世界質疑；之所以招致這種大禍，其理由正在於遺忘了日俄戰爭的道德意義啊！

國無信不立，身為亞洲各國的盟主，日本的腳步必須遵循天地之正

日俄關係諷刺畫：「請讓這個結綁得再緊一點吧！」

道。不顧自身已走入邪門歪道，卻唾罵中國的不信任是忘恩負義，忘了海參崴的教訓，只知威嚇北京。日本從對抗俄國到協調俄國，在中國看來只像是天使變為惡魔。

諸公啊，當各省響應排滿革命之聲宣布獨立之際，蒙古也悄悄打著各省獨立的名號宣布獨立。然而，蒙古獨立的背後是俄國勢力，以及日俄協約[3]。因此英人認為機不可失，大舉煽動日俄相結合意欲瓜分中國的傳言，使得恐慌的中國人必須舉國一致守護北京，不管這個「守護者」是亡國階級代表，還是投降將軍都可以。袁世凱在北京擁有重兵，再加上朱邇典公使的掩護，以及莫理循之流使上海輿論為之一變，變成需要靠攏英國，以遏止日俄野心，這實在是日本在外交上的墮落，被「約翰牛」玩弄於股掌間的明證啊！以驕傲輕蔑的眼光看事件，而無法看透講和政局真相的政府與浪人輩，不住嘲笑革命黨因北京兵變，而將中央政府從南京移到袁世凱麾下的愚蠢；他們哪知道更加聰明的英國人，正在嘲笑日本因為北京兵變，慌慌張張調度周遭軍隊進京的應對無方呢！

日俄協調導致北京烽火連天，傀儡孫文、糞土黎元洪與朽木袁世凱，在悲痛的愛國叫聲中究竟要選擇何者呢？北京，北京！總統不應該離開首都，政府應該北遷，參議院也應該集中到北方，這就是由袁世凱擔任大總統的所有原因。這並非如反省能力麻痺的日本舉國上下所妄論般，是被收買、或是玩弄謀略、更不是因為中國人的國民性熱愛攀附權勢、侍奉強者所致。這種嘲笑可以停止了；認為革命黨倒像袁世凱，根本就是盲人摸象的評論。將日俄戰爭中唯一的友邦美國驅向敵國，勝者反而為敗者馬前卒，蹂躪原應飄揚的保全主義戰旗卻不以為恥；這就是日本因外交道義上的墮落，陷入原先信賴的主事同盟國所設的圈套，最終成立以袁世凱為中心的南北議和的真相啊！嘲笑別人的同時，殊不知背後更有人在恥笑自己；唉，地球上有座愚人島，它的名字就叫日本。

諸公，當時身處革命漩渦中的鄙人，深切了解革命黨領袖的真義，又親眼見聞了透過對這座愚人島中傷讒誣，藉以恢復其地位的英國人與其他歐洲人的一言一行。愚蠢至極者往往不知其愚。以頭山滿、犬養毅等為代表的數百日本浪人，無一人敢如大丈夫般行事，就我國墮落且不義的對中外交政策進行抗爭，只是一味唾罵袁世凱，認為應將總統之位讓與孫文或黃興；其行為僅限於嘲笑謾罵，使革命黨愈加激憤，然後浪人就此歸國，使中國眉頭深鎖，歐美捧腹大笑。這支在列強環視之下顯得丟人現眼的愚人島康樂團，他們的怨言憤語只是讓愚人島朝野聽了以後，對於長久以來根深蒂固的輕侮中國觀更深一層。走火入魔導致國家走上邪路，使得友邦悉數反目。三國干涉以來國家蒙受許多恥辱，卻無仗義之士擔心祖國前途，憂心鄰邦將來而仗義執言，只是坐視廟堂與國論互相傷害，這是何等遺憾之事！

諸公，當時鄙人為舉國上下可恥的嘲諷聲而嘆息，又眼見革命黨的怨恨都集中於日本，無法以理服之，那種情緒的激動實難抑制。然而，鄙人的理性在日本的保全主義因英國人的計謀而動搖的今日，也只能承認南北講和是難以抵擋的大勢所趨。鄙人的理性在日本浪人團輕舉妄動、擁立孫文這個傀儡而導致南京政府崩壞，再也無法返回武昌的今日，也只能承認以袁世凱為暫時的中心，乃是無可抗拒的大勢所趨。然而，鄙人身為革命日本人的熱血依舊沸騰，因此不得不在故人宋教仁君北上時，向他傾訴滿腔不快。

在孫文等親美主義者隨著對日反感高漲、頗為得意之際，宋君一向被認為是與之對立的親日黨代表者，因此日本外交的衰敗對宋的政治聲望是一大打擊，而他對此的痛恨也難以形容。然而，宋君在一次革命前後是革命運動的實際總理，即使他已經不是內閣會議的一員，無法參與國政決策之列，他仍然不能安然自處、卸下對國家的責任。宋君憂國憂民，在國運危急之際，他無法退而旁觀那個把自己排斥在外的聯合內閣，讓他們如同盲人般盲目闖蕩。

宋君對於百般諫阻其北上的鄙人，不斷勸慰說「救國者捨我其誰」。他始終不失分寸地批判作為譚人鳳軍師的鄙人參與破壞講和運動，反而造成國家的重大損失，但他的每一句話都如刺骨寒風般，彷彿在痛斥日本對華外交政策的根本錯誤。雖然身為日本人的鄙人比宋君更了解日本外交的墮落，但他的指責卻也使身為日本人的鄙人難以忍受，於是鄙人在與這位好友對飲之時，雙方不斷說出激烈的言語。當鄙人責罵他「你尚未脫離間島問題當時的小格局」時，諸公知道宋君是怎麼回答的嗎？

宋君說：「日本傲慢而倒行逆施的對華外交一無是處。日本錯誤的國策將首先為自身帶來災禍，不能只想到一己之利。為了卻日本的錯誤，我只能一死以身殉我所愛的祖國。我輩革命百般辛酸十餘年，令人悲傷的是許多同志犧牲了生命，享受不到今日光復國家的喜悅。而建國自強的責任，就落在吾輩這些倖存者的雙肩上。無論詞藻如何華麗而欺世盜名，在當下日俄兩國相勾結，且蠶食蒙古獨立的陰謀在日本的默認下逐漸成真之際，面臨這眼前的危機，我無法相信日本有任何一點誠意。國難當前，已不是為黨見不同而爭執不下的時候；您的所言，怎麼很像那些眾口囂囂的浪人們呢？」

啊，這是最大膽而誠實的中日同盟論者悲憤之聲啊！而這痛切的彈劾，豈不是對於身處廟堂，掌控輿論的諸公最嚴重的警告嗎？

隔天晚上告別宋君時，不知是羞恥還是憤怒的複雜情緒攫住了鄙人，令鄙人甚至失禮地沒有送他去碼頭。啊，宋君在天之靈啊！您唯一七年來榮辱與共，生死相伴的好友仍庸庸碌碌地待在世上，已經無法再仰賴您了！日本朝野仍醉生夢死，仍不懂得討伐英俄是保全貴國山河之良策。天賜歐洲戰亂之良機，卻反而使日本成為其走狗；兩國鬩牆的中日談判，有如蝸牛角上之爭。您生前之悲傷與鄙人的羞恥，至今都成為殘酷至極的現實。今日，鄙人只能揮著一支禿筆，在偏僻巷中呼喊著正義。儘管鄙人並不打算論敘講和政局，但一想到宋君您無盡的悔恨，便不禁泫然欲泣，眼淚不停落在紙上。

啊，諸君，以華南的香港為根據地，為了英國最終在財政上併吞中國而成立的日英同盟，以及為了為俄國開啟大門以便其蠶食滿蒙與華北而成立的日俄協約——日本標榜保全主義，卻成為四億國民所面臨、勢不兩立的兩大瓜分勢力走狗先鋒，這是何等的矛盾！臣服於英國擁立袁世凱，又自殺式的致力於斡旋南北，還默認俄羅斯扶植蒙古獨立，還不知進退地在北京兵變之機出兵，這種露出腐臭心肝的無謀無恥行為，有如塗在日出君子國面皮上的汙泥。諸公，鄙人雖為中國革命的傳述者，但對於能夠舉一反三的諸公而言，與中國革命同時進行的日本對外政策若不徹底改革，則兩國的親善繁榮將斷然無望。反袁挺袁則悉聽尊便，只是若國策根幹如此飄搖不定，在當下鄰邦的亂局之中，極易重演五年前的失態，尤盼當局深切反省。

1 日本對庫頁島的稱呼。日俄戰爭後，庫頁島南部由日本管轄，至二戰後被蘇聯控制。
2 一九〇九年，時任美國國務卿費蘭特・諾斯（Philander Chase Knox）向日俄提議，將滿鐵的經營對外開放，各國根據投資額而享有相應的管理權，以實現滿鐵的中立化。
3 日俄戰爭後，雙方為劃定在遠東的利權範圍，於一九〇七年、一九一〇年、一九一二年、一九一六年分別簽署四項祕密協定。十月革命後，蘇俄單方面宣布協定失效。

十二

亡國借款的執達員

統一南北者為「北京」——因反對四國借款而起的革命，若加上日俄變為六國借款，是否就不會被反對？——財政監督——作為英國投資的執達員，六國借款並非日本對抗美國的勝利——清朝滅亡後更有六強準備割據？——譚人鳳的第一聲獅吼——宋教仁、黃興反對，各省呼應——亡國官僚唐紹儀逃亡至天津——面對盛宣懷般命運的降臨，束手無策的袁世凱——一年半的抗爭終於演變成二次革命——日本為何不效法美國退出？——支配日本歷代內閣的「愚蠢」與「驕傲」——今後勿再以借款扼殺革命精神——外國對中國的財政監督，令人不禁想起維新後日本自身與英國在財政監督上的借款交涉——回顧維新前盛行賄賂，以及歐洲列國會議的公然納賄送賄——從侮辱革命黨的反對借款論，看現代日本的墮落——比較法國革命期間與清朝滅亡前的財務狀況——從三級會議到巴士底監獄，從資政院到武漢——同一國家內亡國階級與興國階級天壤之別的思想行為——中國革命黨與法國革命黨同樣都有意重整瀕臨破產的財務狀況——幕府並非因將軍被打倒，而是因財政破產導致自取滅亡——因革命之亂導致財政破產的說法是倒果為因——中日兩國並非如昔日英法般的世仇宿怨關係——以東西方文明翻轉的歷史意義看，日本正是東洋的希臘

就這樣，「北京」使革命統一。蒙古獨立將帶動西藏獨立，而日俄協約、日英同盟當中，英俄都躲在背後，於是前面的日本就被認為是中國最應警戒的豺狼，而首當其衝

的「北京」，也已經成為所有人舉國一致團結的目標。各擁重兵而獨立的各省，對於中國通們認為各地兵變的自相殘殺將導致分崩離析的預言冷笑以對，在「國家」之名下拋下恩怨。革命青年目睹日本爪牙要將中國化為第二個朝鮮時，高呼「雖是袁賊，此刻仍應擁戴之」。統一南北者乃是「北京」——事實並不是那些目光短淺，只知討論袁世凱本人的「中國通」能夠想像的；意圖對二十二省勵精圖治、趁著這場騷亂一統中國的，乃是直面日本野心的「北京」。近代中國的愛國覺醒，以及對統一的理解，並非如日本人所察知那般，正在逐漸走下坡。袁氏何嘗不願革命統一？排日又焉是始自袁氏之陰謀？

但，諸公，列強對中國的壓迫以其他形式表現了出來，而無謀無恥的日本得意洋洋地充當其走狗。啊，日本，你這無可救藥的亞洲盟主！在革命正盛時，你被覬覦蒙古的俄羅斯、意圖併吞西藏的英國所放出割讓南滿洲的誘餌所誘惑，因此就連表示「毋須各國公認，我國之權利在日俄戰爭結束時便已確立」的堂堂拒絕勇氣都沒有，實在是可憐之至！不僅如此，你對多年反覆聲明的保全主義，也該感到羞愧萬分。且加入六國借款團顯然是落入財務亡國的陷阱，卻堅信自身忠於保全主義，這又是何等的不智！難道我國的陸海兩軍，竟甘於做一個保護白人在中投資的執達員嗎？

當明目張膽的四國借款在滿洲威脅我國權利時，在我國面臨狼狽處境前，怒吼著「中國乃中國人之中國」的，不就是中國的革命先覺嗎？四國借款伸出了併吞的魔爪，從粵漢鐵道覬覦中國本土，終於引發了革命。我國當時只是袖手旁觀，為中國或許有望自立自強而表達慶賀。但之後日俄兩國卻攜手加入四國集團，形成所謂六國借款團。啊，如果革命後的中國為了收拾動亂而歡迎六國借款團，那麼四國借款時執干戈而起的理由究竟何在？

四國借款使粵漢各省落入白人控制之下，從而使得革命新興階級抗拒的原因，當然是在於全中國的經濟獨立將受六國借款團所蹂躪，只能俯首聽命。諸公，中國醞釀革命是因為日本的興隆與日本思想的啟發，而四國借款是革命爆發的直接原因，這點也是眾所理解。但無論袁世凱如何謀畫此一賣國借款計畫，我們日本所應該選擇的，就是援助愛國先覺者的反借款運動。當年四國的鐵道投資不過是為了壟斷利權，至少僅僅是瓜分中國的沙盤推演。但登高一呼能動員百萬軍力的日本所參加的六國借款，明顯具有能瓜分中國、使其四分五裂的實力。特別是要求監督中國財政這點，更是明顯的強烈逼迫。啊，財政監督！傲慢而愚蠢的日本朝野只是不斷高喊「讓中國財政由六國財團監督是中國人的幸福」，自己卻擔任白人國家投資的卑微執達員，而不知反省其恥辱與道德喪失。

財政監督需以武力為後盾。傲慢的執達員聳著肩洋洋得意地表示：「我們終究是東亞強國，列強無法拒絕我們參加，只能歡迎。」不只如此，他們還像個蠢漢般毫不矯飾的表白道：「腐敗的中國沒有能力整頓自身財政，如果日本能與列強一起監督，將能帶給中國國民幸福，又能保全國家。」認為財政被監督能帶給該國國民幸福，這種財政學一定是惡魔編纂出來的。英國在埃及與印度強行推動的財政監督，正證明了此乃顛撲不破的真理。啊，諸公，因無法忍受四國借款而爆發的革命，不就是中國無法認同白人的道理，而導致正義感覺醒的黃種人怒吼嗎？

英國目前並沒有在東洋強行實施其金融政策的武力，於是便透過「日英同盟邦誼」，由日本代為向同種族的鄰邦推行這個惡魔的道理。將執行的光榮歸於日本，而自己在背後捻鬚微笑，這就是加入六國借款的真相。

格雷[1]真是有三寸不爛之舌啊！鄙人在此雖然以讚賞的語氣寫下這句話，但在收到這個消息時，其實因靈魂深處無以名狀的震怒，不由得憤然而起。

宋君擔任農林總長北上後，鄙人在受熊希齡財政總長邀請、離開北面招討使譚人鳳麾下前，曾被一雙看不見的手引導去探望他。老譚的確如他名字所意味的「人中龍鳳」，他是長江一帶的盟主，號召青年愛國黨挺身參加倒滿革命的真正發號施

一九一三年，袁世凱向五國銀行團借款二千五百萬英鎊，約定於四十七年內還清，惟其後蔣介石於一九三九年時即中止償付。

令者。但老譚不向日本浪人求名，亦不向南京政府爭權，以風霜二十餘年的老邁之軀，親自帶領兵分三路的北伐軍，用鮮血洗去在神州大地的汙名，自任「北面招討使」。他認為治國平天下的大義豈是鼠輩所能理解，對於英國人策動的孫袁握手堅決不同意。浮木與浮萍隨波逐流，只有巨石在波濤中屹立不搖。南北講和的浪潮淹沒了老譚，使國內外忘卻「中部同盟會聯絡部長」的存在與否，但他愈發堅守不退，是故更為知者所器重。

鄙人怒氣衝天地對老譚說：「難道中華民國讓清朝滅亡後，又要引進六個大清嗎？」老譚一向能舉一反三，經常聽了兩三句話就能夠做出判斷，於是立刻答道：「就用在下的聲音去擊破它吧！」然後立刻發出一封長電報，讓他的獅子吼傳到北京。鄙人不知道袁世凱最後怎麼回應，不過宋君也開始在內閣會議上強烈主張大借款無用，使得上海報界輿論譁然。各省都督諸將紛紛通電，呼喊著國家面臨危機。黃興當時尚位於「南京留守府」，以切切哀哀之情向全國訴求在抗爭結束後，應繳納所謂「國民捐」。當鄙人在此看著猛虎一聲響徹四方的壯觀景象，不禁會心一笑的同時，也確信當中國的愛國心徹底覺醒之際，亞洲門羅主義的實現之日就絕對不遠了。

全中國悲憤之聲高漲，滿洲四國借款的始作俑者美國發表退出聲明，六國協調幾近破局。從清廷改投革命黨的總理唐紹儀露出亡國官僚的真面目，既無法抗拒列強，又無法抵抗國家輿論，於是逃往天津。總理辭職後的聯合內閣表示：「非我閣員，則何以國家為」被宋君拒絕大借款的理論所支配，而袁世凱則如孫文一般傀儡化。啊，日本，日本若未在此時成為白人投資侵略的馬前卒，可斷言不待今日之帝政延期勸告，當時就可以讓袁世凱步唐紹儀的後塵，成為第二個盛宣懷了啊！

擁立袁世凱並斡旋一場具干涉性的講和，這種作為英國走狗的行為，這點毋須反覆譴責。然而，與歐美攜手進行資本併吞，成為白人國家的傭兵；在講和成立到革命黨失勢的所謂二次革命這一年半間，不住強求財政監督的日本，其罪大惡極之至，仍讓鄙人不得不言。這一年半來，日本以猙獰面目恐嚇中國，無視於革命黨的悲憤疾呼，終於造成五國借款，而這筆借款最終成了鎮壓二次革命的軍費。目睹日本思想系勢力在中國被橫掃一空這個令人不忍卒睹的情勢，以及袁世凱對此事的樂見其成，所謂排日兩字，除了說是愚人島自己造成的，還能有什麼解釋呢？

諸公，請諒解鄙人身為日本國民，卻不

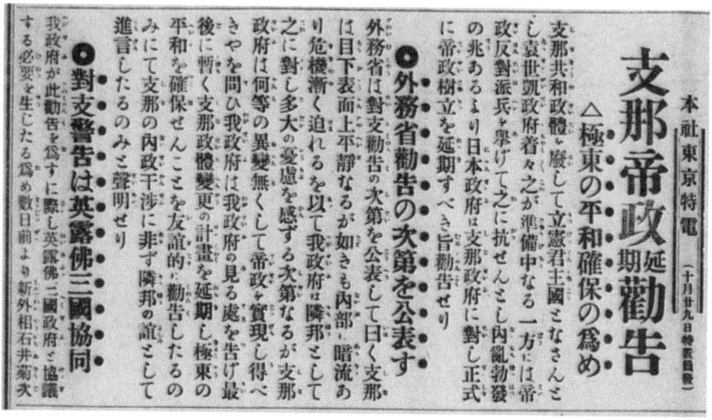

本社東京特電（十月廿九日特派員發）

支那帝政延期勸告

△極東の平和確保の爲め

支那共和政體を廢して立憲君主國となさんとし袁世凱政府着々之が準備中なる一方には帝政反對派兵を擧げて之に抗せんとし內亂勃發の兆あるより日本政府は支那政府に對し正式に帝政樹立を延期すべき旨勸告せり

◎外務省勸告の次第を公表す

外務省は對支勸告の次第を公表して曰く支那は目下表面上平靜なるが如きも內部に暗流あり危機漸く迫れるを以て我政府は隣邦として之に對し多大の憂慮を感ずる次第なるが支那政府は何等の異變無くして帝政を實現し得べきやを問ひ我政府は我政府の見る處を告げ最後に暫く支那政體變更の計畫を延期し極東の平和を確保せんことを友誼的に勸告したるのみにて支那の內政干涉に非ず隣邦の誼として進言したるのみと聲明せり

◎對支警告は英露佛三國協同

我政府が此勸告を爲すに際し英露佛三國政府と協議する必要を生じたる爲め數日前より新外相石井菊次

一九一五年，袁世凱準備稱帝，其時反袁勢力在日本政府內部逐漸占據優勢，遂於十月二十八日向袁氏提出「帝政延期勸告」，對其行動不予支持。

得不指出祖國之愚劣與罪惡的痛心疾首。鄙人實在不願將祖國日本比喻為一位宛如不知自身愚蠢，而逐漸成為傲慢愚者那樣的國家。但由美國主謀的四國借款因日、俄的加入而成為六國借款，又因為威爾遜政府令人激賞的退出而交涉成為英國主導的五國借款；結果這個愚劣的執達員居然搖搖傲慢的鼻子說：「看吧，美國終究不是我們日本的敵手！」這樣的日本，簡直就是與英俄聯手自毀長城啊！

諸公，以綜觀全局者而言，美國本位的投資，與英國本位又有何不同？日本即便在政策上多少有愚劣之處，但若不失卻中國保全主義的原則，便應得知在革命動亂中引進俄國勢力以逼退美國，這樣的本末倒置絕對是不義的。又即便日本尚未覺醒，不明白中國之危機即日本之危機，而被輕視中國的觀點所蒙蔽，那麼在聽聞美國政府退出借款宣言時所提到「財政監督將傷及中華民國主權」的道理時，也應該感謝他們提出反省的警告。

英美雙方誰能忠實保全中國，至今已一目了然。唉！鄙人仍堅信日本抱持誠實的保全主義，因此相信日本朝野基於盼望中國真正復興，而在革命運動時傾注許多精神援助時的動機乃出於至誠。但當革命領導者高呼停止大借款時，是否應該謙卑且同情地傾聽他們想表達的主張為何？

鄙人並無意責怪目前的大隈內閣，亦無意批評前任山本內閣，或當時的西園寺內閣。數年來日本政府無視正確的見解，表現出一派「愚蠢」與「傲慢」。未經考察、討論與評估，只在鄰邦面臨國難時加以侮弄、受白人的煽動而意氣揚揚、驕縱自持，簡直就像是無賴漢一樣。

「愚蠢」這點，要回顧到中國在義和團之亂時，由列強共同統治的都統衙門。當時日本相信列強共同監督財政，最終讓中國全部落入都統衙門的掌管下，乃是使中國邁向和平幸福的第一步。然而，諸公並沒有期望日本成為白人瓜分同盟的先驅，而是認為保護指導中國及其他黃色人種獨立自強，乃是日本身為亞洲盟主的天命，鄙人對此仍然深信不疑。

「傲慢」是指認為支配中國人的利器是「劍與黃金」，而革命黨的反借款運動只是紙上談兵。以利益誘之、再以強力鎮壓，並恩威並施，對中政策的妙處即在於此。然而，諸公不被英國提供的利益所惑，並屈服於俄國國威，相信為了保全中國，必須留住清朝，同時又以興國學與興國精神，喚醒數十萬革命青年，在無意識間達成了培養革命的使命；鄙人深信，這樣的作為必然會蒙受上天嘉許。

日本政府勸告袁世凱終止稱帝計劃是一個轉機，代表蒙蔽諸公智慧的「愚蠢」與動搖誠實的「傲慢」將遠離而去。但鄙人認為諸公還不太理解打倒袁世凱後所需革命性的財政重整，只是以眼前遇到的借款問題為重，從而再次傷害革命的精神，因此深恐諸公再次陷入這樣的錯誤。

借款本身並不為過——事實上，隨著中國的發達，需要大量外匯的引進。然而四國或六國借款就意義上來說，前提必須是對腐敗不堪的財政組織，給予革命性的變化才行。為什麼需要這種前提呢？那是因為古今東西革命的直接原因，多在於財政組織本身的腐敗崩潰。也就是相對於前面所提到「革命在思想上的遠因」，這是「革命在物質上的直接因素」。思想墮落至極時，將造成政治、社會組織的腐敗，同時互為因果地造成一切財政經濟組織瓦解，這就是所謂的亡國。革命就是在亡國的腐敗之中振興新精神，並構成新的組織，將興國的元氣注入亡國後所殘存的架構與內容當中。

英國只見到表象就認為是亡國，難道日本無法洞察其內涵嗎？埃及與印度都曾在思想上與物質上瀕臨毀滅，當時卻沒有用新精神發起革命者，只能任其滅亡，最後被英國振振有詞地以財政監督為名加以併吞。然而，英國公使白加士（Harry Smith Parkes）在面對振興新精神、構成新組織的維新革命日本，卻陷入如同洛克斐勒（John D. Rockefeller）在提供鐵路建設貸款時，將日本視為亡國狀態而要求財政監督權之錯誤。

諸公啊！若說封建的日本已亡國，那麼清朝也應視為亡國。滅亡的清朝官吏那種賄賂公行的程度，就像德川時代到將軍府登城的藩侯，就連問茅廁在何處都要給一些白銀才能問到，否則就得整天憋尿，腐敗至此可見一斑。今日市井之間所傳唱的所謂御家騷動[2]，即可顯示全國的三百位藩侯如何受到賄賂的影響。正因為將賄賂視為正規收入，無視於官員個人道德與職業操守的低落，才會出現我們所見到的忠臣藏復仇劇。

清朝的皇親國戚、總督巡撫等人從政的動機在於財寶及美女，這並非中國人的民族性使然。慶親王收取數百萬兩的賄賂，引導俄羅斯入侵滿洲，這和幕府外國奉行[3]竹本淡路守接受四國聯軍贈與三百萬金幣，而讓外國艦隊砲擊馬關，兩者的行為在賣國性質上是相同的。至於西發里亞會議，以及維也納會議上列國使節公然互相送賄、共同對敵國分贓的驚人墮落時代，更是可知這完全不是人種差異的問題。

民族或人種等生理限制支配著一切道義與國家的興亡，這種妄斷只是對白人偏狹低級見解的迷信罷了。他們誤解在埃及或印度所出現的時代現象是異人種永久的樣貌。他們挾帶這層誤解，對於腐敗的封建國家滅亡、並將開始建立新興財政組織的維新日本強行進行財政監督。看到當時與今日的日本，白加士的企圖有如可笑又可憎的一場幻夢。

腐敗的清國正如德川一般，是被新精神的振興所推翻，而維新後的日本帝國與革命後的中華民國，都是因統一的愛國精神而興起。然而，今日朱邇典公使又要把當年巴克斯企圖加諸日本帝國的夢想，再次運用到中華民國身上。日本為什麼不好好回顧一下自己從亡國的德川，轉變為維新興國的體驗呢？——正是這種珍貴的體驗，才使日本被上天選為亞洲的救世主。既然如此，那日本為何不能對照自己的體驗，了解亡清與民國立國精神之差異所在，從而拿出道德勇氣，庇護中國復活免受白人侵略呢？

如果造成德川滅亡的財政組織改由英國人擔任顧問監督國庫，維新革命黨亦無坐視不管之理。但當清朝時代那些墨守成規、缺乏破壞與重建膽識的反動官僚私下交涉賣國借款時，挺身抵抗的中國革命黨，在日本人眼中卻是書生般可笑的輕舉妄動。諸公啊，鄙人欲將興國之正氣傳遞到鄰邦，但卻不見日本舉國上下傳承一縷維新的氣概。值此興亡關鍵時刻卻如此遲鈍無感，即便不是侮辱中國，也無異於蔑視我們維新建國的元勳們。

各位，請回想革命時期的法國。或許是基於輕視中國的觀點，以及與崇拜歐美同源的奴隸心態之故，這樣對於啟發愚蠢而驕傲的日本人而言是一種比較好的說明方式。其實當時法國在精神上的腐敗有如魔界，是清末所難以比擬的。財政組織的破壞殆盡而病入膏肓，也更甚於革命前的清朝。當時，就連能夠提供國民基本物質生活的組織都悉數解體，終於到了不得不壓抑國內經濟交易，與四鄰的國際貿易也全面停擺的無政府狀態。而在革命方酣的一七九三年，革命政府以徵收軍需品之名，將所有經濟所需物品，如米、麥、蔬果、牛羊、馬匹等，以及食品、布料、衣物等，到柴薪、車輛與船隻等，都以準備兌付額不及紙幣總面額百分之一的儲備白銀，濫發紙幣加以掠奪，並將作為經濟中樞的銀行、貿易業與股票交易所都視同國賊。也就是說，在拿破崙封鎖歐洲大陸之前，法國已經是一個不得不鎖國的解體社會。

在這一般稱為恐怖時代的兩年期間，是一個中世紀的舊組織已消滅，新組織尚未成立的無秩序時期。相較於後世的中國通們面對神州大地的紊亂頹敗卻束手無策，法國的處境乃是他們絕難想像的。即使是恐怖時代之前，也就是革命爆發的翌年，也就是國王路易十六與國民議會之間，如中國的南北議和一般達成協議，因此暫時相安無事的一七九〇年，一億一千萬法郎的公債以百分之三十的高利率募集認購者卻無人問津，這乃是事實。而革命亂局中的南京政府發行八厘軍需公債[4]，銷售額卻能達到數百萬元，袁世凱打著促成統一的旗號，竟能欺騙到數千萬元的愛國捐款；這和法國相比，情況真是天壤之別。

革命近因同樣是財務破產的中國革命，在日清戰爭當時墨守歲入八千九百萬兩的舊財政組織，自然無法支應歲出達到三億數千萬兩的近代政治。當時有些先知先覺者已經察覺每年的財務黑洞必須仰賴對外借款填補，這必將造成國家陷入危機甚至走向滅亡。

說回法國，當時全國三分之二的土地為貴族與修道士所占，在另外三分之一國土上耕作的國民，自然無法支應國王每年的兩億元開支，以及占國庫歲入四分之一的皇室津貼兩千七百萬元，一般國民有如活在人間煉獄，這是大革命事後的無謀所無法企及的。在一切計算皆已無濟於事的今日中國，每年地租的逃漏稅額多達數千萬元。與法國革命五年後滯納金達六億

法國大革命時期的紙幣。

元相較，並不令人特別驚訝。清朝皇帝退位時，內帑尚有一千數百萬兩，與法國王室每年支付佞幸一千三百萬元相對照，亦並不特別。中國的買官與法國公開販賣貴族身分相同。中國的總督、巡撫等按照自己的盤算而徵稅，與法國的包稅人（Farmer-general）毋須按照法律，便可進行租稅掠奪，是一樣的道理。在中國內地徵收的釐金稅，也與法國貴族在其領地上所收取的過路費相似。在「十分之一稅」[5]的名義下，每個人的收入都遭到追查，凡有資產者，則常遭政府奪取；因此法國國民即使富裕，亦須裝作赤貧，方能免於強制徵收。同理，中國人經常衣衫襤褸，並居住於破舊茅屋，這是出於他們的自衛本能，不應對其隨意輕侮之。

財政組織一旦毀滅，自然會湧出無數乞丐遊民；正如這些遊民集結於巴黎歌劇院前大呼飢餓一般，中國長江沿岸的各碼頭亦聚集了一整群的乞丐，這是天津橋上錦衣玉食之子所看不到的，因此不須獨獨為了中國的景象而大皺眉頭。革命前到法國旅行的英國人亞瑟·楊格[6]見到的是滿目荒涼之景象，不聞雞犬之聲，民眾面有菜色，年輕少婦乍看之下像是五十歲的老嫗，因此斷言若不進行改革，則法國將會瀕臨亡國。諸公，革命就是架在亡國與興國之間那座冒險的獨木橋。今日海峽對岸的日本人都自認為是中國通，但其實只是像楊格的遊記般，透過皮相的觀察去看事情，以至於不斷耽誤日本對華政策的大局。鄙人對照了財政崩潰程度比中國嚴重數倍的法國，他們在渡過革命之橋抵達興國這一岸的歷史，認為對於過渡時期尚未達到一半路程的鄰邦，並不能妄斷其國運，強行將其視為亡國階段，而逼其進行六國借款的交涉。

就如法國的王公貴族與修道士所召開、無法彌補財政破產的「三級會議」一般，清朝的的皇親國戚與買官而來的官僚，也在「資政院」裡哀求公開歲出歲入表。而後，財政組織出現了革命性轉變的氣運；就如三級會議以攻擊巴士底監獄作結一般，資政院的議題也因為武漢革命的爆發而遭到一概否決。鄙人認為，就興亡的轉機來說，三級會議演變為攻擊巴士底監獄，以及中國資政院轉變為武昌起義這點，兩國可說是異曲同工。從他們最終歸結到財政組織的近代建設來看，我們實在不該用違背常理的斷見，來斷定他們所做的事情一定辦不到。

在革命過渡期之間，亡國

一九一〇年代長江沿岸碼頭之景象。

階級或興國階級，必然會同時存在著乍看如天壤之別的思想行為。如法國的王公貴族等亡國階級成為列強侵入軍有意分裂祖國的內應者，甚至有一隊逃亡者自行擔任先鋒，作為侵入軍的嚮導。而處於興國階級的革命黨，以及所謂暴民則是將內應者的首領路易十六斬首，自累卵之危中解救社稷。同一國民同一民族，在興亡兩途上走的道路卻是如此極端，這也只有在革命期間才能見到。而在南北統一後的中國，相對於在完全無法支應如袁世凱等亡國階級殘餘勢力的舊經濟組織下，開始交涉造成國家分裂的借款行動，另一方如譚人鳳及所有革命青年，則是發出憂國之聲奮起抵抗，這正是處於興亡過渡期間，古今一律昭昭可證的例子啊！

法國革命的價值不在王公貴族造成亡國的行動，而在於革命黨興國的精神；理解清朝因破產而放棄的財政體系如何重建的關鍵，不在於交涉六國借款的賣國賊，而是想打破這個構造的愛國冒險家。歷史的演進過程不因白種人或黃種人而有所不同。

勝海舟自己分析德川幕府滅亡的原因，認為幕府並非被薩摩、長州所打倒，而是因財政破產而自取滅亡。這種情況與清末及法國波旁王朝何其相似！清朝因財政破產，最終引發國民革命，而非如中國通等所主張，是因革命之亂造成財政破產。他們的邏輯都是倒果為因，就像是把大雨造成洪水，說成先有洪水再有大雨一般，不值一顧。

破產並非將來的問題，而是現在既定的事實。亦非引進外國資金來彌補，需要外國人的監督才能釐清的紊亂。由於枝幹都將腐朽，希望建立能培養革命性新精神的組織者，只有對財政組織本身進行革命。諸公，這場邁向破壞與建設的東洋法國大革命今後將如何展開，而東洋的英國又將如何自處，這些都決定著中日兩國的興隆還是滅亡。若踏錯一步，不肖一輝也只能隨著諸公的腳步，一起站在歷史的法庭上接受審判了。

日本對於因革命造成混亂的中國，並不如當年英法一般積怨難解，亦非如英國占領北美、妨礙法國取得埃及這種爭奪殖民地的競爭關係。然而，對於會造成中國瓜分結果的列強借款同盟，日本不僅不願退出，反而志願擔任先驅，這是何道理！有人說，保全歷經革命紊亂的中國，乃是日本終將負荷不起的重擔。然而，日本作為亞洲的救世主，已經歷過如此多的磨難，為何這時候卻如此畏縮而甘心於成為白人的走狗？

日本在地理位置上有如東洋的英國，而從東西方文明翻轉的歷史意義來看，則有如亞洲的希臘。日本在日本海擊敗俄國，有如希臘在薩拉米斯海戰中擊敗了入侵的波斯。啊，旭日東升，天命安排歷歷在目。鄙人認為，值此之中國革命覺醒正徹底展開之際，日本也應衡量自身正站在外交革命的分水嶺一事。對此有史以來的一大使命若不有所覺悟，便不足以討論東亞之大局。是要成為東亞之盟主？抑或是白人投資的執達員？天意正交由諸公作出選擇。

1 愛德華・格雷（Edward Grey，一八六二年～一九三三年），英國自由黨政治家，一九〇五年至一九一六年任英國外相。

2 日本江戶時代，各藩由於繼承人之爭或藩主與家臣的爭鬥而導致的混亂。

3 德川幕府於一八五八年與美國簽訂《日美通商條約》後，設置外國奉行一職負責對外交涉，至一八六八年該職務被廢除。

4 孫文為籌措經費，遂發行定額為一億元的軍需公債，年利率百分之八，惟實際認購額僅五百萬元左右，且認購者多為南洋華僑；而其後也未能按期還本付息。

5 一七一〇年，法國政府因參與西班牙王位繼承戰爭而陷入財政困難，路易十四下令向全體國民徵收其個人收入的十分之一以充軍費之用，是為「十分之一稅」（Impôt du dixième）。此後，該稅項仍斷斷續續地加以開徵。

6 亞瑟・楊格（Arthur Young，一七四一年～一八二〇年），英國經濟學者、社會學者、農業學者，本人亦一度親自從事農業。

十三

財政革命與
中世紀代官政治

革命領導者對財政革命主張之概略——借款不能算是財政政策——黃興的國民捐與內克爾的獻金法案——掠奪是不以組織型態徵收的稅賦；稅賦是將掠奪合法化——從路易十六到拿破崙，十年來作為掠奪政府的事實——內克爾與黃興的差異，在於對財政革命根本精神的不同——須使今後中國認同法國政府合理化的掠奪——維新革命否認財產權的原因——譚人鳳的官僚財產沒收論與塔列朗的教會領地沒收論——中國的官僚階級是一切政治罪惡、財政破產的根源——中國不見如日本、法國般的封建制度，是由於不容許割據的地理特徵——中國以中世紀代官制取代封建藩侯的政治管理，從中世紀一貫延續至今——改朝換代是將反抗代官政治的國民運動英雄化——沒收土地成為小地主國，奠定富強根基的日本與法國——官僚若遭掠奪，中國便獲得財政整理之基礎——中國的官職只是純粹的營業權——革命應有的要求是打破中世紀的代官政治——中國革命至今只是揭開序幕——掠奪與沒收是財產整理前的基礎工程——借款對財政整理無異於飲鴆止渴——並非僅是稅法整理，而是對徵稅者本身的徹底顛覆——法國徵稅者本身造成財政紊亂的案例——日本加入五國財團，無論從正義或從國家利益的角度都沒有意義——無法期待黃興、譚人鳳達成改革，就像無法要求西鄉隆盛、盧梭一般——以盜賊的計算表來計算收支是官僚與學者的愚蠢表現希望諸公能夠摒除對中國一切的輕視。這種對中國的輕視有如「愚蠢」與「傲慢」結合而誕生的產物。數年來負責日本對華外交的諸公缺乏勇敢與正義，因此容許中國輕視論者恣意妄為，結果使得日本最終墮落為在輕侮自己的白人手下做事的執達員。鄙人相信諸公的本性都是聰明而誠實的人，故此希望藉著交涉六國借款這個機會，來考察革命領導者對財政革命主張的概略；同時根據同一原因產生同一結果的邏輯原理，發現中國革命與法國革命在許多環節都驚人地異曲同工。

諸公，南京留守府的黃興在反對六國借款時，向全國提倡所謂的國民捐。部分愚蠢的日本人因此嘲笑中國革命黨毫無政策；但他們卻將僅為了二億五千萬元，而要賠上國家財政獨立的袁世凱視為中國最具能力的政治家，只因他是白人投資利益的代言人。

現今的中國若將借款視為一項政策，那就有如將祖產敗光的浪蕩子稱為財政專家，或是對高利貸大加讚美一樣。黃興所主張的對四億人民每人各課徵一元，實際上是一種在處理統一後亂局上極具見識的看法。當時他尚未擔任主事者，因此只能訴諸國民的愛國心。但若讓國民捐具備法律效力，則它將會成為人頭稅，而且不像鹽稅那樣，只能成為引來外人侵略的工具。在此姑且不論人頭稅可行與否，黃興的愛國呼籲，遠遠要比浪蕩子典當祖產的政策更要來得實在。

攻陷巴士底獄的一年後，使國王路易十六與法國國民達成妥協的內克爾在議會提議讓人民義捐每人收入之四分之一[1]，遭到議會悍然拒絕，理由是不知撙節開支的王室缺乏愛國的誠意。這與黃興由於在野的身份，造成主張窒礙難行不可混為一談。鄙人深信黃興若身處袁世凱的地位，必定不待六國借款，便會直接徵集四億元的人頭稅。然而訴諸道德來左右國民的自由意志這個方法，又會產生出強迫掠奪的傾向，最後可能將使他放棄呼籲捐款的主張，或是讓屬於傲慢類型的日本人取笑黃興的意志不堅，甚至批評中國是缺乏自我統治能力、政治無能的民族。

在此毋須再討論黃興作為革命家，是否缺少了「果斷」兩字的問題。反倒是當徵收國民捐的執行者違反其意志，作出掠奪行為時，鄙人認為那才是中華民族展現統治能力的證明。租稅就是將掠奪以法律的華服加以修飾。為了強行籌措國家存續所需的物資，掠奪力最為強大且具組織性的就是法律。國家和平時徵收租稅，有軍事行動時則需徵收物資。當徵收物資的組織徹底改變的革命時期，就變成了掠奪——掠奪就是不以組織性徵收的租稅，租稅就是將掠奪合法化。

從波旁王朝倒台到拿破崙重建政府組織的整整十年間，法國無法具備充分的徵稅能力，成為一個只能以掠奪來維持開支的革命政府。他們以有如紙片般的廉價鈔票強徵地方農民的米糧，在全國四萬八千個市鎮設置「革命委員會」與「革命軍隊」，派遣七千名有如流氓般的士兵，對於不願上繳物資者加以處刑，成為大規模的掠奪。巴黎、里昂、馬賽等地的市民住宅隨時可能遭到搜索，只因將基本生活所需的物資藏匿起來，就可能入獄甚至被處死，貴族的宅邸成為兵工廠，教堂的鐘被熔化並改鑄成小貨幣，個人財產全部無償徵收，銀行家或富商等絡繹不絕地被送上斷頭台，甚至有因為不願捐出八百萬元的所有財產而入獄的八十四歲長者。如此掠奪法國全境，還能算是共和國嗎？

革命時，財產權的不可侵犯也只能是形同具文而已。當皇帝的神聖不可侵犯權被否定、國家組織也被否定，當這種新精神與強力存在的時候，底下認知的財產權也已經不屬於法律上的權利了。舊法律無法保護，新組織所不認可的財產，只是一種任人取求的物資罷了。當具有強大力量時，流氓般的新統治勢力便將取得舊權力之下的掠奪者地位。革命即全盤否認舊法律，否則何以能夠不經法律規範，便侵犯僅是權利之一的財產權？新法律如何認定民眾顯露出來的經濟物資，是新強權絕對至上的權力，舊法律所允許的財產權，是絕對無法與之對抗的。以具備法律形式進行的掠奪，和赤裸裸地展露脅力來徵稅，是新掌權者的自由。若欲主張舊財產權，就不能在認同該筆財產的舊權力被新權力驅逐之後，也就是必須在反動擊敗革命的時候才可以。

諸君，問題的主軸同樣在於國民捐，而內克爾的提議與黃興的呼籲在根本精神上是不同的；一個是已經失去強制力的亡國階級苦苦哀求時的精神，另一個則是獲得新權力者有意勵精圖治時，所湧出的新精神。黃興拋棄他的主張，恐怕是因為打算進行組織性的徵稅，也就是在黨具有實權後，再進行合法的掠奪，而非如傲慢者所取笑的志向薄弱。而國民捐的徵收者多由革命黨與革命階級者擔任，對不願配合者只能加以威脅、強迫，這並非因為他們是缺乏政治能力的民族之故，而是他們既不如內克爾，也不如丹東、羅伯斯比爾般對財政革命抱有未曾自覺的信念。

黃興所提倡的國民捐，以及徵集者的掠奪，和「愚蠢」和「傲慢」的惡評都無關，因為財產權的法理在法國大革命的例子中，已經得到了充分的論證，不是嗎？法國的愛國人士當時亦遭四鄰的亡國階級所嘲笑謾罵。日本能夠同情中國革命的原因，在於日本人心底所保留興國的氣魄，使他們能對中國有所共鳴，而關心國家的前途。然而，鄙人卻見到許多日本人以一種輕視的態度面對中國革命，思及這是否反證了日本墮落的傾向，便不禁感到憂心忡忡。故此，鄙人希望當法國的合理掠奪今後在中國革命過程中執行時，諸公切勿蒙蔽了眼睛；畢竟，因為他們是東洋民族，所以就把這種行為視為野蠻，這樣的做法不僅卑劣，而且無謀。

其實，中國並非任何事都需要革命。所謂改良是承認現有組織的健全，僅需遵照其法律上的習慣修正枝葉部份，革命則是完全否定舊國家、舊社會的組織本身，對一切舊秩序已無法容忍。清朝已經被整個國家組織的根源，也就是主權所在的民眾所全盤否認，因此民眾所設定的權利組織也同樣被否定。

諸君，維新革命否定三百藩侯的統治權時，作為其財政基礎的土地領有權亦不被承認，並在「版籍奉還」的名義下，完全無視於其數百年來的財產權；當時作為亡國階級的武士賴以維生的帶刀營業權遭到剝奪，子子孫孫世襲的俸祿等財產權都遭到侵害，難道不是這樣子的嗎？維新革命所帶來的蹂躪財產權，是日本容許革命者按照權利原本的原理處置下的產物，然而當下中國革命展開時，必然伴隨而來對亡國階級的財產處置，便不可以一知半解的權利論處理之。

日本人由於認為維新革命後不需要德川幕府，因此不是僅僅改良就足夠。而在否定藩侯與武士的政治權力時，亦不可能認為其封地及俸祿是不可侵犯的財產權。然而，日本及各國既然已否定滿清皇帝的主權、承認中華民國，卻又妨礙革命者剷除其所否定之舊時代所留下的財政組織，主張引進外國借款與外籍顧問來徹底破壞，這不啻於自我矛盾。

諸公，亦有人認為維新革命中，當亡國階級的封地和俸祿被剝奪時，同時給予國債補償，便不算是侵犯財產權；但法國貴族與修士所占有全國三分之二的土地被沒收，卻未得到任何補償。被奪去統治權的路易十六上了斷頭台，日本卻給予德川慶喜貴族院議長的地位，這些都是出於新權力者的自由意志，而非補償其權利。同樣的，如法國貴族、修士階級單純被沒收財產，或是日本藩侯與武士因公債得利，都出自新統治者的自由，而非念及其既得利益。養成並維持舊政治權力的舊經濟權利，隨著政權顛覆而衰亡，對新統治者的意志並無任何力量可抵抗。

純以理論而言，當革命將舊掌權者的權力給剝奪時，持有舊財產者便失去持有的正當性。中國革命終將走向法國或日本走過的路，反對六國借款的代表人物譚人鳳便如此表示其理念：「應該沒收對禍國殃民的官僚們不當持有的財產，難道還要以數億元來救他們的燃眉之急？」

諸公，為避免受到歐美崇拜者那套輕侮中國論所惑，在此謹引述一位法國政治家之言。塔列朗表示，首先需沒收占全國三分之一土地的教會領地，國庫便可獲得二十億法郎，每年稅收七千萬法郎的進帳。這還是波旁王朝保持主權的時代，因此亡國階級頑固主張數百年來的既得權利，不斷抗爭。然而，法國強大的革命力量透過議會決議，最後還是將其沒收了。真理對塔列朗與譚人鳳而言必定是公平的。如果能奪去數百年來壓榨民脂民膏而得的教會領地既得利益，也就能將數百年間私吞國家公款、把人民稅金占為己有的官僚階級所累積的財產無償沒收。修道院的土地既是從國民手中奪取，那自然應該歸還國民；同理，官僚的財富既是從國家盜取，那也應該還給國家。

諸公，中國的隱憂在於官僚，一切政治腐敗、財政敗壞病根都在於官僚。中國沒有法國的貴族修士，日本的藩侯武士，但國家組織徹底腐敗到必須動革命大手術的主因，就在於官僚階級與王侯將相等，同樣是中世紀罪惡的根源，也就是所謂的「官無封建而吏有封建」。由於在中世紀，法國和日本都無法施行全國劃一的統治，因此是一個必須分成數百個小區域，由爵爺與藩侯分別割據統治的年代。而廣達四百餘州的東亞大陸，若不如法日兩國一般採用封建制度，中國皇帝就必須分派具有等同封建權力的無數統治者到全國各地才行。在同樣的時代要求下，會產生同類型的制度。若將法國貴族、日本藩侯與中國官僚相對照，雖然乍看之下相當不同，但對於所統治領地上的人民具有絕對自由的生殺大權，可行使軍事、財政、司法等一切專有權力，完全是中世紀的統治型態。

不過，他們和頭上的最高統治者，也就是與主權擁有者之間的關係則有點不同。如日本藩侯與德川將軍，法國貴族與路易十六等，雖然或許多少受其管束，但還是某種程度的權力主體。但在中國，由於最高權力者的主權強大，官僚對人民而言雖像是中世紀的地方統治者，但對皇帝而言只是個單純的代官罷了。也就是說，由於中國各地作為獨立地理單元而自成一體的程度並不高，故於需要封建統治的中世紀便已樹立了強大的君權；而為了因應統治需求，就必須分遣君權的代官，來取代封建的統治者。

然而從各國的事例來看，在封建時代，相較於人民直屬的領主，由遙遠的統治者派遣的代官，往往更加苛求暴虐、使人民苦不堪言。因此，中國的官僚可以想見，必定也比日本的藩侯侵吞更多民脂民膏來中飽私囊。對藩侯而言，領土的富庶和領民休戚與共；由於他們是土地與人民的所有者，長期的利害關係和自身利益息息相關，故明白施行暴政反而對自己不利。善良而聰明的領主在擁有權利時也伴隨著充分的義務，即使說穿了就像是為了自己的利益而飼養家畜，但對被統治者的態度仍有如父母之愛。代官就不是這樣子了；他們有權利卻沒有義務，就如借用者不似擁有者愛惜器物一般。他們借用最高統治者生殺予奪的大權，如果殺害或奪取人民不致損害自身利益，就跟沒有承擔任何義務的桀紂一般。因此中國如代官般的官僚才會如此暴虐苛求。

法國貴族在祖傳的城堡中履行義務時不致引發革命，但後來眾人集中到巴黎的宮殿，具有中世紀統治權卻不具義務的可怕代官倒行逆施，結果都市、田園紛紛響應，爆發了震撼天地的革命。清朝引發革命的背景，與此也極為相似。——揆諸中國歷史，儘管形式上在古代就放棄了封建政治，但出於封建統治的必要，卻變形為中世紀制度中最為惡劣的「代官政治」，一直延續到清末。

領主若聰明且具有權威，那麼代官會因震懾於對君侯的義務而不致濫用其統治權。但東亞大陸的地理形勢並不適合封建割據，因此總是交由一個強大的主權者一統天下；這樣的歷史，自然不會形成如日本、法國一般的貴族國家。這就是說，經由改朝換代產生新統治者統一全中國之初，分派各地統治的代官因畏懼君主的明智與權威，便不會對其統治領地內的人民暴虐苛求；換言之，經由革命改朝換代之初，中國就成為由一個皇帝一統天下的國家。而後皇帝的權威逐漸減弱，又可能遇到昏庸的繼位者，於是就形成無須負擔義務的代官可恣意行使生殺大權的「僅保留缺點之」，並一脈相承。

革命就是當君主政治墮落為代官政治時，重建君主政治的一種國民運動。僅看字面意義之輩，恐怕會誤認二十二史只是反覆爭奪君位之戰，然而此不過是妄論罷了。在代官政治下，日本的佐倉總五郎[2]就是一位悲劇性的人物。二十二史中的改朝換代，都是屠殺地方官、領主等，形成匹夫爭天下之態勢，同時也是英雄劇的舞台。諸公，不要僅因為「官僚」這個詞彙，便把日本現時的官僚形象套用在中國的這些官員之上。這是日本思想普及後，同一用語不同意義混用的顯著案例之一，因此鄙人寧願以正確的用語，將這種中世紀的罪惡根源以其原有意義稱為「代官」。就如清朝的總督和民國都督在語意上雖然相似，但一個是中世紀的代官，一個是省民所推舉的公僕，是理想的近代官僚。真理就如譚人鳳所主張，必須以國民革命顛覆代官政治，讓代官階級數百年間所累積的民脂民膏回歸國庫。

將此真理與革命妥協者是日本的維新。日本將中世紀統治階級的財產，也就是藩侯、武士的領地與俸祿加以徵收，然後給予公債。最大膽而忠實履行此一真理的則是法國。革命政府沒收當時資產階級，即貴族與僧侶土地時，給他們的補償卻是上斷頭台。這些貴族階級占有全國三分之二的土地，各位聽了不要驚訝，他們的財富竟多達七十億圓。受惠的他們最後只能上斷頭台，將屬於神的魂魄歸還給神，將世世代代從國民所掠奪的還給國民。此後儘管動亂不斷，但此時歸還法國國民的土地，培養了無數小地主，最終成為日後富強的基礎。

日本亦成為一個自耕小地主國，國民在其獲得之土地上達成經濟獨立，而政治自由與道德覺醒建立在經濟獨立之上，造就了今日如旭日東升的國運。諸君，如果僅奪去藩侯與武士的政治權力，但仍將全國的土地封給他們，那麼要推行明治時代財政革命，豈不是癡人說夢嗎！如果在不侵犯占有國土三分之二的貴族、修士等人的財產權下，將波旁王朝破產後殘餘的財產分給平民，即使是法國人也認為不可行。

經濟實力與政治權力還是密不可分的。當我們要摧毀一個不可分的「舊勢力」時，那就是革命。滿人皇帝的退位只是即將揭開的革命序幕，斧鉞尚未揮向代表政治、經濟舊勢力的代官階級。代官政治是中國數百年來政治與經濟勢力中最大的毒瘤組織。四百餘州中的富家豪族，不是目前擔任代官者、曾經擔任代官者、繼承曾為代官的先祖餘蔭者，就是與代官勾結牟利者，其他都是貧民。貧民在雨澇時做乞丐，乾旱時就成為盜賊，成群結隊打劫官吏，勢如破竹，使權貴人家不得不擁兵自衛。這種代官政治與流賊橫行，與各國中世紀的貴族政治何其相似！而將土地、人民視為王公貴族的私有財產，深信統治權乃是對其經濟產物的所有權，這種中世紀政治思想，終於使得法國國王將貴族身分公開販售。清末公然「賣官」，讓王公貴族從中牟利亦然。

中世紀思想就是對私有財產行使所有權，在某個範圍或期間，將其當作一筆生意借貸出去以牟利，亦非不可思議之事；因此在目前的中國，官職並非為侍奉皇帝而存在，亦非為民服務，而是最為有利的一樁買賣。目前中國的收支表上，仍可見到每年數百萬元的賣官收入，還有表上看不到，金額多達數十倍，也就是數千萬元的贈賄收賄等大筆交易，自然可想見這社會的濁浪滔天。如此的天價交易，自然是由比帳面上多了數十倍的中飽私囊、賄賂請託，加上誅求苛斂來滿足他們的商業盤算。因此俗話說，當官三年可以坐吃三代。

諸公，排滿革命的爆發宣言只是為了排除異族支配，但革命原本的要求是要打破中世紀的代官政治。正因為這樣，所以法國大革命最初起於君主立憲，但最後卻徹底變成民主革命。之所以如此，正是由於中世紀的貴族制政治經濟組織已無以為繼。康有為等人企圖以變法自強達成君主立憲制，但最後中國革命終究邁向「十月十日」的民主革命；之所以如此，這也是因為國家和國民都被視為經濟上的交易物品，因此需要徹底剷除這種中世紀的代官政治。這種天下大勢，豈是區區孫文之輩對美國的模仿所能動搖的呢！

所有關鍵都在中國的中世紀組織，而袁世凱其實是代官階級的代表人物，不只是他，包括岑春煊、段祺瑞、馮國璋、黎元洪、唐紹儀等，擔任各省都督各州士紳者都是。可見這個國家組織已經腐敗殆盡，若非革命，雖鬼神也難以回天。

巴士底監獄事件不過是覺醒的警鐘，武漢並非革命的結束——若要論及中國革命，那可絕對沒有等待緩慢而平庸的序幕開場，然後慢慢讓舞台旋轉、使隱身在幕後的演員登場的雅量。毫不矯飾的掠奪、大膽的徵收、毫無偽裝的沒收，使得一切政治腐敗、財政紊亂發酵的罪惡巢穴被顛覆，才能奠定建立新政治組織與新財政制度的基礎。

無論是君主立憲或共和政體，近代政治組織都不應期待這種代官階級維持其財富與權力。建立堅固的大建築，應以堅實的混凝土作為基礎。前朝傾倒的斷垣殘壁雖可提供一時遮風避雨，但若過於依賴，將妨礙古今之革命。革命爆發時，廢屋已經倒塌殆盡；六國借款抹上一層土，領年俸辦公的外籍顧問則為這腐朽的斷垣殘壁施以可笑的精雕細琢，換言之根本毫無意義。

問題在於新建築。當前最大的問題，是將作為前提的地基打穩。前提的基礎為何？

在於掠奪、沒收、徵收。除去所有斷垣殘壁，掃除一切代官階級，為四百餘州建立平坦的地基，然後才能等待新建築落成。也就是諸公所期待的，中國透過財政改革，讓納稅制度不再利基於上下關係，而必須以納稅者為主體。並非修正稅法，而是由納稅人顛覆整個制度。身為代官而致富的階級都是逃稅者，而應納稅者都是該落入免稅標準的貧民。代官不是國家的徵稅者，只是回收他們所購買的營業權帶來的利潤，對於契約所規定的年俸恪守商業道德的傢伙罷了。諸公，如果革命法國不對貴族和僧侶進行掠奪，那麼他們還會有什麼財政資源呢？如果維新日本不徵收藩侯與武士的土地金錢，那也只會難以為繼罷了。今天的中國若不沒收全國朝野代官階級的財產，將沒有任何可維持國家運作的土地與金錢。

而掠奪應先於財政整理之前。上天為中國準備好了斷頭台。諸君，當路易十六將高達四十億法郎的國債缺口公諸於國民之後，內克爾在五年內徵得五億三千萬，卡洛訥[3]也在三年內徵收八億法郎，故不能說是沒有財務整理。但若認為五國財團所投入的兩億五千萬圓再增加十倍，就能填補中國財政，則無異於將大筆資金投入無底洞中，可謂愚不可及也！

可笑啊，白人投資者的執達員！路易十六年收入多達二億幾千萬日圓，多少公帑被其浪費！光是他每年養馬的費用，就相當於明治天皇時期整個日本皇室的用度——三百萬日圓。當時皇后的娘家奧地利雖然有意出兵將路易十六搶救出來，但也曾經勸他提供鉅款給顧問，進行財政整理。黃河氾濫一次所需的堤防修理費一千萬兩，全都成了代官業者的利潤；如古羅馬人品嚐孔雀之舌般，河南料理的浪費也是舉目所見。在這樣的今天，具有保全中國責任的日本，難道就僅僅以兩億五千萬圓的執達員為榮，甘為財政監督而已嗎？將高等法院法官職位當作可買賣的商品私相授受，無故濫用逮捕權，監禁有金錢或穀糧者，因原告、被告兩造互相行賄贈送米糧而延緩判決……這些在法國造成連年大飢荒的人禍，都不是因為洪水所導致的啊！然而，我們卻唯獨相信「為防止淮河氾濫、餓殍遍野」這種口號式人道而募集的紅十字捐款，能夠在長江流域的中原留下些許經濟痕跡，這

大革命爆發後，法國革命黨人與梵蒂岡斷絕關係、沒收教會財產，試圖建立新法國的財政基礎。

也未免太荒謬了！

日本身為東洋盟主，卻只會在美國退出後，為勢力益發堅固的白人投資團忠實效命，深怕自己做不好執達員的角色。財政整理與國民經濟發展，都是在掃蕩代官政治這個前提解決後所需要的。但在那些對於中國完全沒有任何道義憂心，只想投資東亞大陸的白人看來，既然袁世凱這個代表性的代官將徵收鹽稅的營業權放在海外市場販賣，那麼我們買下它也沒什麼不合理之處。日本若真要誠心擔任執達員角色、對中國財政進行管理監督，則實在愚蠢至極；即使包藏野心，也不過小如豆子一般。在六國借款或五國借款只成立一次就陷入困局的今日，稱鄙人為先覺者實不敢當，不如說是拜神明加護及諸公誠心所致，而鄙人只能深深祈禱，盼不要再橫生任何禍患了。

黃興提倡這種有如將掠奪合理化的國民捐，以及譚人鳳認為要顛覆代官政治，並提出貪官汙吏資產沒收論，只不過是整體狀況的冰山一角。然而，中國革命究竟要如何充實建設近代政治組織與財政組織的基礎，這就必須仰賴真正的革命領導者驅策其氣運，展現其意氣信念了。由於「革命」在日英干涉講和的情況下，暫時退隱於草叢之中，因此我們僅能見到黃興、譚人鳳所提出的部分觀點，卻仍沒有機會窺見財政革命的全貌。但，如果日本依然抱持著愚昧與驕慢的世俗偏見，認為此輩僅有破壞能力，而毫無建設之力的話，那鄙人建議革命黨選擇盧梭與西鄉隆盛擔任他們的辯護律師。盧梭對於稅制的具體提案只有奢侈稅與累進稅，令人啞然失笑。西鄉隆盛率領討幕軍進入江戶時，不只是沒收幕府領地，就連之後針對藩侯的大規模財政掠奪也沒有透露半點風聲。然而法國與日本卻在革命後數年，自然成就了革命本來的目的；至於中國的狀況，只能留待今後才知曉了。如果用通俗的斷見評論老譚與黃興的話，那無異於認定中華民族乃是比盧梭的國民、西鄉的國民更優秀的人種，這種假設實在可笑。而如學者官僚僅以統計數字來觀察中國財政，實際上卻是根據盜賊的明細表來考量收支，實在愚不可及。中國財政精神的革命毋須在意數字，畢竟古今東西沒有人抱著統計表參與革命的。

如革命在政治上的意義一般，財政、經濟等所有社會組織都將在黑暗中達致飛躍式成長。看著中世紀的黑暗中射進來一道微弱的近代曙光而飛躍吧！這就是法國大革命、日本維新革命，以及現在的中國革命。

湖南都督譚延闓積極響應黃興的國民捐倡議，惟所得款項有限，於是他又發行籌餉公債。翌年，袁世凱頒布《嚴禁強迫勒捐文》：「……流弊頗滋，間有好事之流，動託美名，陰行逼勒，實為倡議諸人所不及料」。

1 一七九〇年，時任法國財政總監的內克爾向國民會議提出動議，要求開徵一項臨時人頭稅（愛國募捐），為期兩年，稅額為個人收入的百分之二十五，惟遭否決。

2 一六五〇年代，日本佐倉藩（現千葉縣佐倉市）領主堀田氏向藩內徵收高昂稅額，民眾不堪忍受，負責徵稅的村吏佐倉總五郎為此直接向幕府將軍德川家綱申訴。最終其要求獲得接納，但亦因此事而遭處斬。

3 查爾斯・亞歷山大・德・卡洛訥（Charles Alexandre de Calonne，一七三四年～一八〇二年），於內克爾辭職後擔任法國財政總監。他曾提出削減政府支出、建立平等徵稅原則的財政改革案，但被否決。

十四

中國危機與
天人不容的二次革命

投資國和貿易市場是否應該旁觀革命亂象——干涉的權利和革命應該得到援助的權利——為了長遠的利益和日本自身的存亡，可以犧牲幾十個月的貿易額——英國的財政優越權乃是中國所不容——以法國革命帶給歐洲的恐懼來看，日本根本沒有理由鎮壓完全不恐怖的中國革命——恐怖時代國家的發狂不是革命的常態——單純為了財政革命而沒收修道院財產，成為對四鄰政教一致國家的挑戰，乃是法國革命的不幸——維新革命不成為恐怖時代，而法國革命卻成為歐洲的恐怖史，原因乃外國干涉之有無——中國革命發展成為維新革命或法國恐怖革命，端視日本的態度——即使從貿易的考量和整理幣政這一類低級外交政策來看，干涉也是不利的——為何一次革命的四國借款不恐怖，但二次革命的五國借款卻如此令人害怕——若中國再次出現「團匪」之亂，就難免產生對內對外的「九三年狂亂」——亡國階級領導的法國以及興國階級領導的革命法國，它們分別相對於瓜分同盟軍的攻守地位正好倒置——愛國革命黨決意對日抗爭——討伐中國之時就是日本亡國之際——加在二次革命上的軍資借貸干涉行動——對中外交的無知墮落終將引來神靈的懲罰——以討幕為名顛覆三百貴族及武士階級乃上天的戰略——今時今日選擇段、馮、岑、唐、黎等亡國階級，猶如維新後在水戶、仙台兩藩尋找將軍的繼承者——革命的實質是「興漢」兩字——所謂「尊王」是掃除中世階級，讓皇帝成為國民的大首領，實現大統一的正義——「排滿」中包括排斥侍奉滿人的漢族官僚，猶如「倒幕」時排斥以幕府為盟主的一切藩侯武士——對於明治天皇之如拿破崙，帶動民主統一革命的不理解——南朝悲劇之於維新革命，正如明末義士給予排滿革命感情動力一般——致力倒幕的藩侯武士最後都免不了兔死狗烹的命運；同理，在排滿革命中攜手合作的漢人官僚，功成之後也免不了被殺——革命分兩個階段，數年後還能保留與漢的本義是天意——破壞二次革命的孫文與阿部局長——暗殺宋教仁的主犯是陳其美，袁世凱與藏鏡人是從犯——排斥袁、孫，推黎為正式總統是宋的祕策——宋君給于右任的遺言——陳其美在獄中毒殺兇手又使之逃亡——所謂二次革命乃殺宋兩犯藉弔宋之死為名起兵——宋君之亡靈與鄙人之三年離境命令

走筆至此，鄙人忽然遇到了一個困難的問題，那就是有人說：中國對日本及列強投資國來說，也是一個貿易市場。故此，日本及列強固然希望中國能夠推廣近代化建設，但對他們來說，更加廹在眉睫的問題，則是考慮投資的利權安全和貿易市場的穩定。

所以，面對重大的利害關係，列強無法旁觀中國自己在黑暗中摸索。特別是動亂擴大或持續的場合，日本與其他國家就有權力出手干涉，這就是一次革命時，日英兩國以袁世凱為核心進行講和斡旋的理由。而在講和之後，袁政府對從六國借款變成的五國借款進行了違憲簽署，於是又有鎮壓二次革命之事。

對於這種主張，鄙人完全可以認同。所謂權利，就是力量；日本對中國而言確實具

有力量。干涉需要實力，而除了日本之外，沒有任何一個國家對中國更為有力了。但是諸公不可不知，日本的力量只能為了日本的利益和捍衛正義而行使，它不是為了保護列強的投資與貿易才擁有的。對待動亂，不但有干涉的權利，同時也應有旁觀——更露骨地來說，在某些時候給予動亂以援助——的權利。所以，即便對那些只在紙上相當有力的白人列強投資和貿易帶來某程度的損害，換言之，亦即對現時的盟主英國帶來損害的時候，考慮到日本的長遠利益和立國之正義，還是應該歡迎能讓中國實現徹底自立的革命動亂。

也就是說，日本作為能夠行使實力的東洋唯一強者，其旁觀甚至支持中國革命的權利不容他人侵犯。關於二次革命，鄙人以為時機未到，是故當時便對鄰邦諸友發出嚴重警告；如今看到他們的失敗，鄙人也只能深感憐憫而已。看到那些僅僅因排滿的平凡序幕取得成功便意滿氣驕的革命元勳們的醜態，鄙人除了深感豎子不足與謀以外，比起要求孫文黃興等人切腹的枝微末節，鄙人更因為天意之深遠——不殺此輩而是向其揮下致其反省的鐵鎚，感到敬佩不已。

中國的問題當然要由中國自己負責。鄙人感到遺憾不是因為他們，而在於我國在處理二次革命時所犯的錯誤。孫文衣錦歸鄉時，日本人像迎接天使降臨般地為他舉行盛大的慶典，然而他最終竟變成忝不知恥的嬌寵兒，成為令同志們苦惱的「精神病患者」，其行事完全淪為一場市井之徒的惡作劇。日本作為一個堂堂帝國，不但不為自己受朱邇典及其買辦的驅使，從事議和斡旋這種蠢事感到悔悟，甚至還如同用自己的刀來割自己的肉似地締結五國借款協議，從而對泛亞主義的鄰邦後進帶來嚴重傷害，這是何等遺憾之事呀！

革命延續下去的話，最終將會顛覆中世紀的代官階級，而英國的投資和貿易也會受到傷害；但沒有自我保護能力的他們，本來就不是理所當然的東洋權利者。日本固然具有干涉動亂的強者權利，但為何不持旁觀二次革命的立場呢？日本或許想學英國人在貿易上得利，但是立國的正義和長遠的利益，難道比不上一、兩年的商業交易額嗎？讓歷史戰慄的法蘭西的恐怖時代，從耗費的時日計算，那血腥的日子從一七九二年到一七九四年，也不過短短兩年時間而已。東亞大陸的情勢急轉直下、從而影響到日本也有亡國之虞的危機，這跟幾十個月的貿易額損失相比，難道不是制定國策時更應該考慮到的大事嗎？

唉，革命成功之後，中國的經濟必將取得飛躍式的發展，日本的對華貿易和所得利潤也將倍增。認為中國的財政獨立，必將造成英國在利權恢復上的全軍覆沒，從而認定日本也是一樣，這完全只是外務省變成了格雷喉舌的緣故啊！事實上，英國之所以與日本組成同盟，是為了促成日俄戰爭，這本來是東洋人自鳴得意的所謂以夷制夷的策略。但，戰時的傭兵到了戰後也得解雇，而若要貫徹保全主義，那就不能容許英國把過去面對埃及時擁有優越地位那套做法拿來，凌駕於中國之上，更何況是什麼五國借款呢！

總之，日本參加五國借款，是日本自毀長城，擊破本來可以和日本攜手合作的勢力。說得更清楚一點，假如日本不用自己的力量來保護白人的亡國借款，中國的全體愛國青年就不會接受袁世凱而旁觀革命黨的失敗了。畢竟，比起其他四國加起來的金錢力量，日本的旁觀更是中國安全的唯一保障，而中國青年的愛國憂慮心，也就不可能被有心人散布的日本野心說所利用了。

唉，假使同盟國給予無視憲法的梅特涅兩億五千萬圓的援助，這不擺明了支持鎮壓革命、議會與國民的意志，是赤裸裸的干涉嗎？諸公啊，法國革命最終發展到與同盟四鄰開戰，其原因雖然不無革命政府有向鄰國挑戰的跡象，但也與諸列強的統治階級感到自己頭上已是烏雲滿布有關。德、奧、俄的貴族和僧侶在生活形態、統治體制與腐敗程度也像法國的貴族和僧侶那樣，所以他們擔心在歐洲的中心地帶，貴族權勢階級將被掠奪和刑戳，也就是說他們將被各自統治的人民所打倒。歐洲從政治聯繫上來說，自古就如同一國，而法國則可視為歐洲之一省。它作為先知先覺者，率先發生了革命，猶如武漢首義一般。所以，德、奧、俄等中世階級各省的軍隊就不能不出動鎮壓了。

然而，中國並非如法國那樣，是革命的先覺者。不管中國的代官政治是在怎樣苛酷殘虐的狀況下覆沒，能與其產生階級苦痛共感的封建貴族，於日本都已不存在。歐洲就不同，法國向四鄰發起挑戰，一方面是它沉醉於階級戰爭的勝利，另方面也是出於對鄰國同一階級悲慘境況的同情。比歐洲同道遲了一百年、比日本同道遲了五十年的中國革命黨人，自然不可能自討苦吃地向列強發起挑戰。他們無時無刻感受著自身的悲慘處境，對於先進國家的同情深表感謝，所以不僅沒有挑釁性的言論動作，而且戰戰兢兢行事，唯恐觸犯列強的底線，其戒慎恐懼實在令人憐憫。當他們起義的時候，每每都會下令「侵犯外國人者斬」；鄙人等日本人看到他們祭旗的時候，舉起來的都不是這類侵略者的頭，那種出於憂國戒心，如履薄冰的態度，實在可憐。然而，對待如此戒慎恐懼的愛國者，日本竟借出巨額軍費予以彈壓，這恐怕將對日本造成極度不良的影響啊！

鄙人以為，即便就法國革命而言，若沒有列強的共同干涉和組成瓜分同盟，就絕對不會出現令人驚惶的恐怖時代。所謂恐怖時代，也就是國家發狂了，這不是革命的常態。正如個人之所以發狂一樣，國家也只有處於絕望境地時才會發狂。國家陷入愚癡、呆滯、狂亂的境地，就代表這個國家已經快亡了。法國通過自身進行革命且精力充沛，其革命本來並不構成對內對外的狂亂威脅。他們不失對王室的忠順，沒收價值二十億日圓的修道院土地，以其作擔保物而發行四億公債，猶如黃興欲向四億中國民眾徵收國民捐，兩者的動機是一樣的。如此的財政革命並不期待流血。但正如政治聯繫那樣，歐洲就宗教聯繫而言也呈現如同一國的狀態。當修道院的土地被沒收，僧侶紛紛逃亡國外，未待這些僧侶發起控訴運動，四鄰政教合一的國家就視之為墮入魔道的反叛而齊聲共討之了。不知本國的財政革命竟成為對鄰國挑戰宣言的法國革命黨人，十分驚訝於列強的侵略。接著，他們又看見亡命貴族站在瓜分同盟軍的第一線。最後，當革命黨人發現國王本人就是內應者的首領時，法國終於不得不對內對外同時狂亂了。

諸公，在日本，打破貴族制的革命並未導致恐怖時代的產生。然而，若是幕府的小栗忠順一派致力邀請法國干涉的策略奏效，而德川氏又甘作侵略軍內應的話，那日本毫無疑問，也會發狂地把將軍送上斷頭台的啊！鑑於法日兩國的經驗，中國打破代官政治——即進行政治與財政的革命——應該也不必然會導致恐怖時代才對。正如法國從貴族、教士兩階級手上取得價值七十億日圓的土地、日本從藩侯武士手上取得全國的土地那樣，中國沒收代官階級的土地和財富後，約可得到數十億元的資金，靠這筆資金足以追趕日本的腳步——這就是說，中國的財政整頓，毋需通過借外債，也毋需請外國人做顧問，只要憑藉革命的精神就可以自行解決。問題在於，今後的中國能否像日本那樣在革命後走一條健康的建設之路？或者像法國那樣讓國家發狂？

但是，請諸公務必明白，應該回答這問題的不是中國，而是日本。中國不過是問題的提出者罷了。如果列強不對中國干涉和侵略，那麼中國就會像日本；否則，就可能像法國那樣不得不繼續進行革命了。日本與法國都繼承了前朝的債務，不過日本的處理方法與法國不同，乃是通過讓中世階級承購數額龐大的金祿公債[1]，從而開始整頓經濟。由於在明治十年的戰爭[2]中濫發不兌換紙幣[3]，讓紙幣兌白銀的比價降低了一半。反觀法國，為了進行一場應付干涉的戰爭，不得已出現了「九三年」恐怖時代，舉國成為外戰內亂的一個大軍營。為此，除了取得前述的七十億日圓土地資產，他們還發行了三十五億法郎的不兌換紙幣，對貨幣投機者罰以六年監禁。儘管如此，紙幣市值還是大幅貶至面額的百分之一。九五年恐怖過去後，一萬法郎紙幣的市價只值現在的五日圓，換言之六個人的聚餐費就需要六萬法郎。第二年亦即一七九六年（法國革命爆發後的第八年），不兌換紙幣的發行總額增至一百六十億法郎，實際幣值貶至紙面價值的五百分之一，這情景簡直是天方夜譚了。所以，不同國家在發生革命之後所選擇的建國方向，可以有很大的差異。這並非日本民族睿智、法蘭西民族瘋狂，而是取決於外國干涉之有無。諸公，即便從以貿易考量為第一要義的這種低級對華外交政策出發，我們也該希望中國革命像日本維新那樣一帆風順，不要像法國那樣被列強驅入瘋狂境地才對啊！

那些鼠目寸光的顧問們，認為中國的當務之急是整理幣制，所以在借款交涉中屢屢把它當成主題；然而，一旦中國像法國那樣採用革命紙幣，難道不會發生像法

明治初年，日本政府發行的紙幣防偽性不強，因此偽鈔氾濫、影響幣值穩定。大隈重信從整理幣政入手，發行第一批以歐洲印鈔技術印刷的「明治通寶」，結果成功整頓財政。

國那樣的恐怖時代悲劇嗎？鄙人敢斷言，中國究竟是走法國的道路還是走日本的道路，其去向端看具有干涉能力的日本的態度。清朝的「路易十六」作為鐵道賣國的內應者，引來四國的財政侵略軍，由此而點燃了中國的一次革命。中國向法國學習，在抵禦外國侵略者的同時，也如同法國革命者砍下路易十六的頭顱那樣把大清皇帝趕下台了。中國的這種興國氣魄，根本不把在東洋無能使用武力的四國聯合看在眼裡。然而有日、俄參加的五國借款，是以作為鹽稅賣國之內應者的中世代官巨頭擔任先鋒；此時雖已到達二次革命的臨界點，但中國並不像法國那樣發狂，而是忍辱負重，等待再次革命的時機。這就是中國人的興國之智慧，他們知道對抗日本的武力是不可能的，而且也是不利的。

或許日本的愚人與傲慢傢伙們會一起拍手嘲笑道：中國人是沒有氣節的民族，昨天呼喚革命，今朝卻俯伏在袁世凱的腳下，只顧眼前的名利，不考慮國家百年的長久之計。但是，俯瞰人世的皇祖皇宗的眼中卻燃起了怒火，他們怒斥日本國的外交一點義氣也沒有。昨天不是高舉中國保全主義的大旗把強俄打敗了嗎？但今天怎麼又跟在敗俄的後面，變成瓜分中國的鷹犬？被歐洲人煽動一下，就為了借款利息的小利爭得你死我活，卻對迫在眉睫的問題毫無對策？啊，諸公大概不會忘記發生在十幾年前、誓把所有外國人一掃而光的「團匪之亂」吧！在四億中國民眾已接受了深刻的國家覺醒洗禮的今天，我們又怎能斷定他們不會產生那種氣概，像法國人一樣抓狂攻擊日本及其他四國？

若說中國何時將亡國的愚癡狂暴露無遺，那必定是始於團匪之亂；然而，就像法國

明治政府為整理財政，於一八七三年推行自願認購的「秩祿公債」，惟效果不彰，三年後改為強制換算的金祿公債，停止向武士階級支付俸祿。

日本在江戶時代長期實行金幣、銀錠與銅錢並用的幣制，缺乏在全國範圍內使用紙幣的傳統，因此明治政府仍需要發行可兌換金銀的紙幣，以減輕財政改革的阻力。

人隨著襲擊巴士底監獄而產生出興國的氣慨般，中國的興國之氣一旦遇上了列強干涉，就不能不考慮是否會產生出「九三年」那樣的內外狂亂了。自利主義的對華外交，碰到抵制的聲音就應該退讓，因為中國不可能長期忍受賣國代官與借款侵略者的頻頻簽約；最終，當抵制轉化成「恐怖時代」，列強的經濟勢力圈乃至對華貿易都將付之一炬。說到這裡，兩億五千萬圓的執達員，還要誇耀自己那種可恥的執行力嗎？

自利外交很容易轉變成侵略主義。所謂四國債權者會把全部本利兩億圓作為執行費用贈呈日本的說法，不過是一個夢想而已。當愛國心隱埋在神州大地的絕望之谷，「國家危急」的警鐘對天長鳴之時，以為僅僅依靠兩億五千萬的借款就能壓住國民的大恐慌，那純屬空想。無論是借款外交，還是侵略政策，到時都將變得毫無價值。我們通過路易十六和奧爾良公爵的例子看法國，並與丹東和羅伯斯比爾時代的法國作比較，他們在面對瓜分同盟軍時，攻守形勢卻是完全逆轉，這是應該引以為鑑的。一個願意接受清帝與袁世凱施加在他們身上的暴政，以及譚人鳳和愛國會黨號令的中國，看起來似乎岌岌可危，也不敢違抗執達員才對。但是，如果有人看了鄙人前面的文字，真的大言不慚說侵略中國只需要一個師團和三艘巡洋艦，那這個人一定是天下第一大愚人。

最近譚人鳳為了中國革命來到東京，他對鄙人非常憤怒地說：「閣下最好盡快把鄙人以下的話傳達給大隈總理：我國國民因為恐懼於日本的野心，所以救亡大業往往半途而廢，今日亦然。鄙人將回國告訴本國國民，日本雖有強兵，但也頂多就是封鎖中國的海岸線罷了。只要鄙人一息尚存，中國就不會滅亡。只要鄙人引兵退守內地數年，日本必定會先亡於財政破產。日本有何可懼哉！日中兩國一同滅亡的話，黃種人在這世界就再沒有立錐之地，這難道是日本所期望的嗎？惟以此言踐別，鄙人去矣！」

啊，諸公，幸虧上天尚未捨棄日中兩國，這由二次革命在中國的失敗可以得證。其實，如果孫文不是那麼膽怯，黃興能夠再勇敢一點，革命政府完全可以拒絕向敵國支付違法的負債。到了這種地步，日本和列強或許會一起進行干涉，那在東洋史上，恐怕就會寫下恐怖時代的一頁了。四億人民一旦發狂，日本即便動用全部二十個師團和五十萬噸位的船艦，恐怕也難以鎮壓下去。不言而喻，恐怖的大黑暗時代來臨後，將得到與作為借款目的之財政整頓完全背道而馳的結果。貿易關係也將被徹底破壞。外債的擔保在日俄戰爭中已變成一場空了。老譚說這就是財政破產，不過鄙人可以斷言，當彼時也，將是海參崴的哥薩克人在津輕海峽暢飲、香港的英國水兵在東京灣頭的砲台上唱歌之日矣。無論再怎樣防備，都防止不了心懷不軌之徒揮軍指向本能寺。比較日本與中國的軍力差距是毫無意義的，日本的恐懼在於「海參崴」和「香港」，需要擔心的是英俄對日本的瓜分。日本距離亡國危機並不遠，維新迄今只過去五十年而已。

事實上，無論從任何方面來考察，中國都沒有走法國那種逆流的本錢，只能順著日本的道路在後追趕。日本與法國的正逆之分，就在於外國干涉之有無。所以日本可以保護和指導中國，但絕不可讓中國感到革命被干涉的恐怖。鄙人現在回顧二次革命，仍然對依賴軍費貸款的那種干涉表示深惡痛絕。

在一次革命的議和斡旋中，日本不得不服從力圖維持保守勢力的英國的指導權，而成為國策墮落的開始，實在是無可奈何之事；結果神武天皇的神靈派遣岡田滿為劊子手，對政務局長阿部某處以死刑[4]，此乃天理昭昭是也。蓋那些凡夫俗子占據高位、自居賢達，卻不知神靈正在發聲反對他們這種論調。

諸公，作為一次革命的結果，袁世凱被擁戴為大總統，這就好比維新革命依然維持封建制度，只不過用薩長兩侯取代德川將軍而已。從議和成功到發生二次革命的這兩年間，日本朝野一致把中國的治安託付給袁世凱一個人的力量上面，全然不顧大勢的變化。尤其是去年的日中交涉後，那些所謂學者、論客和官吏，更加沉溺於「帝政乎？共和乎？」的空論之中。就算以薩摩長州代替了德川氏，假使那些愚癡藩侯和腐敗武士仍然是國家組織的中堅力量，哪怕發布了憲法，也不過是沙土上的樓閣而已。在本身已經崩潰之中的中世代官政治之上建造近代政體，不論它是君主政體還是共和政體，也都是一座地基不穩的建築。阿部某逆天意而行，膽敢破壞東亞復興計劃，終於被上天處以極刑；國民因此而聽到了神的聲音，那就是進行「討袁革命」。一旦國民喊出了神的呼聲，官吏學者們也隨之而改變腔調，不得不跳脫自己的邏輯，宣稱中國必須實行共和政體。中國沒有君主專制，就不能駕馭國家；這種邏輯看似冠冕堂皇，其實不過是沙上的樓閣罷了！

其實，上天已經把結論傳達給國民，它只是沒有做出說明而已。「討袁」二字相當於維新時的「倒幕」，指出了中世階級代表者的名字，可謂一針見血。列舉幕府亂臣賊子的萬般罪惡，將攻擊之亂箭集中於一點而射擊，此乃上天之策略。而後一舉顛覆三百藩侯和武士階級，此亦乃上天之深意也。既然如此，那今日的討袁軍不到誅戮中世代官階級不罷休，這也是天意，毋須鄙人多加說明耳。今時今日選擇段祺瑞、馮國璋、岑春煊、唐紹儀、黎元洪等亡國階級，就像在水戶和仙台尋求將軍的繼承人一樣，簡直是大愚至極；更有甚者，還有人主張大位已被袁占據太久，有鑑於此，現在的當務之急只有讓袁世凱退位，至於由何人接班，這根本不須多問，只要對日本誠心信賴就已足夠。鄙人相信，這絕非諸公會施行的短視近利政策；故此，請勿讓「愚呆」左右內閣，更不要讓「驕慢」引領國論。為了讓中國崛起和興隆，日中合作至為重要，但這是革命的愛國者真正掌握權力以後的事。如果想要找尋一個為了保障自己地位和安全而臣事日本的所謂「親日主義者」的話，那何不乾脆擁立主張把中國置於日本統治下的肅親王，這樣最能底定東亞大局了！與過去的權力者握手以制訂將來的國策，這是日本政府現時最大的矛盾，猶如不知昨晚與今晨明暗之盲人的所為。

諸公，鄙人在前面已經講述了一次革命排滿興漢的原因。然而，若要與日本的維新革命做對照，由於日本未被異族征服過，所以要了解革命的實質，只需要考察「興漢」兩字就足夠了。本來嘛，排滿的本義是趕走滿人君主和為滿人服務的漢人官僚，因此「排滿興漢」也可理解成討袁興漢了。在日本，人們把這叫做「尊王倒幕」。諸公，如果只是讓薩摩長州的大名代替德川氏、仍然維持封建制的話，那不過是單純的倒幕而已。尊王的本義就是一掃中世階級，奉天子為國民的大首領，實現民主的大統一。「興漢」即「尊王」矣。長州侯若僅僅致力於倒幕，那他也不過就是個與尊王本義不相契合的中世貴族罷了。袁世凱等漢人雖然對於排滿運動有臨陣起義之功，但他們仍然是為滿人服務，與滿人一起成為中世代官階級，所以與「興漢」的根本目的是對立的。只要排除了基於人種而有的情意結，不難明白「排滿」不但要趕走滿人統治者，也要排除作為滿人中世統治權底下代官的一切漢人官僚，就好像「倒幕」同時需要推翻幕府以及以幕府為盟主的一切藩侯武士一樣。

諸公，然而古今東西的所有革命，若扣除說明、只談結論的話，那就是「天所賜予的國民運動」。故此，革命並不是借用眾多生僻的理論而成就，而是由熱情的浪潮所席捲。

鄙人在序言中曾經言明，這是法國革命百年後，今日對其最接近正確的解釋，同時也是維新革命五十年後，現今最好的相關理解。事實上，維新革命乃是在人類的熱情和高深難測的天意配合而成的結果。萬世一系的皇室自源賴朝實施中世貴族政治以來，七百年間始終被驅逐於政治核心以外，只是以信仰中心的形式存在於國民當中；然而也正因此，感謝老天保佑，讓維新民主革命不用從「科西嘉島」找來一個輸入民主主義的大首領，也讓真義不致被埋沒。

明治天皇並非國民性命財產的擁有者，在打破貴族政治的國民運動中，他在號召、鼓舞、計劃方面成為民眾追隨的中心，具有重大的價值，這點也不曾被埋沒。當下定決心訴諸力量，準備將中世階級的經濟基礎一掃而空時，他的果斷有如丹東、羅伯斯比爾；當帶刀的失業者發起反動的言論與行動、頻頻掀起政變，最後終於擁立西鄉隆盛，形成武士階級的暴動，且聯絡土佐奧州各藩，高舉第二革命的旗幟時，他以市民、農民編成的民主軍隊，一擊鎮壓了這起暴動；這種有如拿破崙一般的光輝，也是絕不會被掩沒的。

明治天皇雖然發表了「萬機決於公論」的自由主義，卻以二十三年的專政完成統一；和聖茹斯特[5]說的「不設憲法，則無以對妨礙自由者進行刑戮」之類，把非得透過專制達成的統一要求與自由混同的法式盲動比較起來，這就遠遠高明許多了。將兩千五百年間縷縷不絕的神道法燈與民眾興國的信仰統一起來，這更是法國毀壞修道院後，讓女演員上台扮演「女神」、由羅伯斯比爾自己擔任祭司，祭拜「理性之神」這種令人噴飯的狂態所遠遠不及的了。既是民主的革命家、也是專制統一的皇帝，同時更是復興信仰的羅馬教皇，這種在三位一體的中心下，井然有序地推行的破壞建設運動，和國王是賣國奴、修道院是地獄、自由是斷頭台，在反動與革命之間反覆拉鋸的法國，更是遠遠無法相比——是故，維新革命的意義及其代表者明治天皇的英雄形象，直至五十年後的今天仍不曾磨滅。

然而，諸公啊，這種理論也只是馬後砲罷了。當上天在五十年前將「尊王攘夷」這個唯一結論賜與日本時，推倒幕府代表的貴族政治、迎接由皇帝代表的國民自由統一，這樣的理論尚未成熟；國民的革命熱情，還停留在為北條氏、足利氏等亂賊與楠木正成、正則父子的忠烈激動不已的程度。這種賺盡歷史熱淚、闡述極惡強梁與至善悲劇對立的故事，居然在七百年前就已經播下了維新革命的種子，這難道不是天意遼遠而使然嗎？

同樣地，二百數十年前明末義士的血淚史，也能類推到今日的中國。雖然以鄙人一介外人之身份，說明排滿興漢的理論未免不自量力；但明朝滅亡所留下的無數湊川四條啜式大悲劇，據鄙人所見章太炎等人的議論、以及維新革命的借鑑，毫無疑問確是掀起一九一一年革命的唯一感情動力。憐憫那些義士的人們不知上天如何謀劃，只知為了要滿洲皇帝退位而不斷奮勇向前。這就像是高杉晉作、西鄉隆盛等人以為打倒德川氏，維新的目的就已告終一樣。然而，上天是不會主動說明它的戰略的。為了倒幕破壞運動而起兵的藩侯武士，雖然達到了尊王的建設目的，以及四民平等的終極理想，但終究還是落得個兔死狗烹的下場。原本應該和滿人一起被掃進垃圾堆的漢人官吏，紛紛倒戈投降參加排滿運動，但在進入興漢運動的時代，他們仍然逃不過被送上斷頭台的命運。

代官階級之間因為所謂「滿漢之爭」而困惑不已，此乃上天的計策，就如同維新利用關原之戰以來的新仇舊恨[6]，一舉蕩平雙方那樣。占「亡國階級」一半人數的「滿人權貴」從政權中退出，剩下的「漢人代官」則同興漢黨人聯手，此實為一次革命的天意。

然而，因為尊王黨並沒有如日本的同道般掌握權力，再加上前述的諸多因素，使得日本加入了英國保全代官階級的策略，對中國的南北講和進行干涉。對此，鄙人只能四顧茫茫，仰天無語！

倘若不是孫文這個愚呆驕縱之人竊據大總統的榮位，而是以煽起革命的盟主之尊擁立譚人鳳的話，那以老譚的團匪梟雄本色，鐵定早就與干涉兩國為敵，而中國也早就已經邁入集體發狂的恐怖時代了吧！上天啊，中國革命的全貌，該怎麼向日本這愚人島講述清楚；總之，中國的革命分為兩個階段，先是「排滿」運動，至於「興漢」的本義，則要保留到數年之後才顯現。然而，孫文這位驕兒卻被第一階段由可恥的愚人島康樂團所帶來的些許名利蒙蔽了雙眼，竟想嘗試所謂的二次革命。豎子，何不夾著尾巴滾蛋呢！

前面說到中國要走向法國革命還是維新革命，決定權在日本，然而當時日本還是日英同盟與日俄協約的走狗。而在整整三年後，日本眼見英國透過買辦袁世凱推行反日政策，終於開始醒悟。另一方面，俄羅斯也已經無法夢想與日本再戰，在受到大戰嚴重打擊的當下，它就只是一隻身形龐大而全無爪牙的熊罷了。而在此期間，中國依然在觀察亡國借款的賣國階段，準備透過徹底顛覆袁世凱所代表的中世代官階級，來樹立「興漢」的根本意義，並弘揚「尊王」的真正精神。那些革命元勳毫無犧牲奉獻之心的醜行，讓全中國愛國的青年都有所自覺，知道解決國家危機的責任正扛在自己的肩上；大家都抱持著若此等鼠輩再僭位人人必當斬之的憤慨，以及拋頭顱灑熱血以赴國難的赤誠狂熱——啊，這實在應當萬人伏地，以謝神明啊！

感謝上天憐憫黃種人的不幸處境，亟欲促成中日合作，於是先讓俗吏遭到天誅，再讓大誤日本對華外交的豎子發動的「二次革命」宣告失敗，從而有了兩國今日的覺醒。如今鄙人才恍然大悟，原來阿部某和孫文，也都是上天的使者啊！鄙人當追隨諸公，夙夜匪懈，以期不違此深奧至極的天意才對啊！

最後不能不談的是二次革命的誘因，也就是故人宋教仁君的橫死事件。刺殺宋君一事，屬於神人共憤之惡業。亡靈的不白之寃，是三年來隱藏在鄙人心中的最大塊壘。鄙人可以負責任地說：袁世凱不是暗殺宋君的主犯，他僅僅是個從犯而已。暗殺計劃的主謀者是宋君的革命「戰友」陳其美，還有一名驚天從犯，即為世人所尊敬的某位藏鏡人[7]——此人權勢最盛之際，正是作惡最烈之時。

當時，不知深遠天意將在三年後顯現的故人宋君，再次呼應老譚、黃興的號召，在積極拒斥五國借款的同時，也明白到日本錯誤的對華政策必將引致反覆動亂而使故國滅亡。於是他專心於組織國民黨，希望自己能夠當上擁有實權的總理。最後宋君終於掌握了上下兩院三分之二的絕對多數席位，正式大總統的人選完全在他的掌握之中。他見到孫文在南京政府裡根本是無所作為的傀儡，而在質詢張振武事件時，發現袁世凱實際上也是一個容易對付的卑怯愚人。所以他不推薦「南孫」，也不屬意「北袁」，而是想讓第三者——也就是被認為最愚笨懦弱的黎元洪——擔任總統。

孫文與袁世凱當大總統期間，黎元洪都是副總統，那麼當孫、袁退下來後由黎元洪頂上，也算是符合憲法的順理成章之事。宋君的意圖是：實權由革命黨掌握，讓黎擔任虛位，來度過這個危險的過渡期。北袁南孫當然不會不知道宋的心思，因此他們做了許多反對宋君的動作，鄙人以後可以逐一舉證。諸公，譚人鳳孤注一擲的抗戰到底策略，與故人宋君睿智的過渡策略相比，孰優孰劣呢？直到三年後的今天，鄙人仍未敢輕易作出判斷。

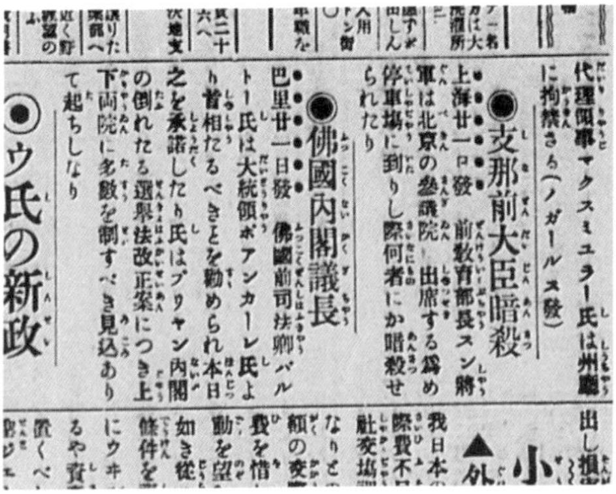
代理領事マクスミユラー氏は州廳に拘禁さる(ノガール又發)

◉支那前大臣暗殺

●●●●上海廿一日發 前教育部長スン將軍は北京の參議院に出席する爲め停車場に到りし際何者にか暗殺せられたり

◉佛國內閣議長

●●●●巴里廿一日發 佛國前司法卿バルトー氏は大統領ポアンカーレ氏より首相たるべきことを勸められ本日之を承諾したり氏はブリヤン內閣の倒れたる選擧法改正案につき上下兩院に多數を制すべき見込ありて起ちしなり

◉ウ氏の新政

宋教仁遇刺後，日本方面的相關報導。其時宋氏不甚受日本朝野重視，因此這篇報導相當簡略。

北一輝（前排左一）、宋教仁（前排中間）與陳其美（前排右一）的合照。（攝影日期不詳）

且說故人宋君倒在上海火車站的遇刺現場，他一手捂住像瀑布般噴出的血流，一手抱著于右任的頭，說出遺言：「南北統一乃余之素志，諸友若因小故而相爭，必將誤國也。」宋君一死，革命黨的腦袋就被敲碎了。黃興扶著棺木嚎啕大哭。老譚隨後趕到，大發雷霆。聞得宋君被殺，天下輿論騷然——惡逆至此，夫復何言！主謀者忙於治喪，作為從犯之一的袁世凱從北京發來唁電，另一重要從犯則讓人送來最大的花圈。悲傷欲絕的黃興失去了進退分寸，怒髮衝冠的老譚認為只能武力解決。主謀者眼觀八方，則覺得與其他從犯一起舉兵，既能瞞天下之耳目，又可以扳倒北方的從犯，豈不一舉兩得？而北方的從犯對主謀者與另一名從犯的倒戈相向大感憤怒，為了表示自己的清白，也表現出格外強硬的態度。

革命黨的輿論對袁世凱的強硬態度甚感憤怒，且誤認袁氏就是主謀，於是和真正的主犯組成不義之軍。舉兵謀略由上海都督府像無底之瓶般洩露出來。具體的殺人兇手從租界警察局引渡到主謀者的權力範圍後，要不是立即被毒死，就是馬上逃走了。對於是否舉兵躊躇不定的黃興，遭到主謀者和從犯詬罵，說他與袁世凱勾結；而真正和這兩人勾結的袁氏，又指稱悲傷欲絕的黃興才是暗殺宋君的嫌犯，要求法庭審理。全中國的激進愛國黨人都為宋君之橫死激動萬分，有如沸騰的滾水，他們不顧宋君的遺言，為北伐討袁做準備。謀害宋君的元兇兩犯則以替宋君報仇為名，站在二次革命的前線。此刻感受不到正義的鼓動，只有日本浪人的阿附追隨還是一如往昔。真是好一個光天化日之下的畜生道眾生相啊！

在牛鬼蛇神跳梁小丑橫行，讓人的理智消失殆盡之際，為了讓黃興清醒過來，鄙人曾去黃府登門拜訪，但吃了閉門羹。亡靈整晚在鄙人的枕邊徘徊。翌日，鄙人就發現了祕密之所在。見義而不為者非勇也，人生五十年不過如朝露浮萍，還有什麼可以懼怕的？鄙人把手放在祕密之盒上。但當鄙人即將打開蓋子之際，不知道是神靈還是魔鬼，卻把鄙人的手緊緊抓住——三年離境令下達了。

命令下達的那一天正好是佛誕（農曆四月初八）日。當時鄙人認定這是俗吏的無聊把戲，因此對領事有吉明君非常不滿，但三年後的今天再回顧此事，原來是有吉君獲悉了兇徒們的謀殺計劃而把鄙人救出險境，真是神佑我也。記得當時老譚曾造訪有吉君懇請其取消命令，並威脅說若不接納請求，就會帶鄙人去他舉兵的湖南。他對鄙人說道：「我的兵力足以保護閣下，但總不能為了區區一個平民北一輝而與日本宣戰。」鄙人衷心感謝老譚的深情厚意——然後獨自悄然前往碼頭，留下傷心的背影。

長江的濁浪流入無邊的大海，海鷗的叫聲過後，四周又陷入一片死寂。斷腸人倚欄，懷抱千古之憂愁；眼望浮雲，深感天地之同悲。無限的追憶像走馬燈般在眼前浮現又消失——策動馬賊的故人宋教仁君從滿洲歸來後，不久他看望鄙人，這是七年前的事了。宋君經常被警察跟蹤，有時跟鄙人分享同一碗飯，總之生活是清貧的。他曾被癡女的深情所困惑，非常滑稽。下榻武昌都督府，一邊聽著震動玻璃窗的砲聲，一邊愉快地聽他講述個人的理想和作為。砲彈落在船邊，互相望著蒼白的臉，迅即又為沒有中彈而豪氣干雲。在南京城外重逢，同時說出「你還活著嗎？」緊緊擁抱、喜極而泣。宋君橫死的前一天，鄙人與他還大發議論，且發生爭執——現在想來，後悔不已。

宋教仁遇刺後，時人為之惋惜不已。他的好友范鴻仙拍下這張引人遐想的遺照——也許宋氏還可以醒過來，到北京就任國會議員？

宋君躺在白色床單上的橫死臉容，又在鄙人的眼前浮現。主犯者噙著虛假的眼淚，向未知的弔唁者裝模作樣地介紹作為宋先生摯友的鄙人，其舉動實在可疑之至。黃興、于右任等人痛徹肺腑的哭泣聲在鄙人的耳畔久久迴響。踉踉蹌蹌推著棺木，走的路也因為無限的思念而變得漫長。鄙人在宋君的靈前告別，淚流滿面的同時，心裡也在想道：這千古奇冤將在何日得以昭雪呢？這一切宛如昨天發生的事。每當思念湧上心頭，宋君之亡靈也就不可思議地來到鄙人的身邊。

1 一八七六年，日本政府宣布停止對貴族及武士階級發放俸祿，按照原俸祿的數目分別領取面額不等的債券，是為「金祿公債」。至一九〇六年，公債全部給付完畢。

2 即西南戰爭。一八六七年到一八七七年期間，明治政府忙於應付日本各地的叛亂。

3 從德川幕府時代至明治初期，日本貨幣處於銀本位制。其後明治政府發行不能兌換金銀的「太政官札」、「民部省札」等紙幣，同時可兌換白銀的「兌換銀券」也有流通。

4 一九一三年「二次革命」爆發，黃興於南京宣布獨立，其後北洋政府軍南下，雙方交戰期間，南京城內的日本人商店遭掠奪、三人被殺。日本輿論認為外務省表現軟弱，同年九月五日，外務省政務局局長阿部守太郎遭平民岡田滿與宮本千代吉兩人刺殺而身亡。

5 路易・安東尼・德・聖茹斯特（Louis Antoine de Saint-Just，一七六七年～一七九四年），羅伯斯比爾的好友、雅各賓派領導人，「恐怖政治」的主要推手，熱月政變後被處決。

6 一六〇〇年的關原之戰是導致德川幕府成立的關鍵事件，後來積極參與倒幕運動的薩摩、長州藩，在當時均屬於與德川家交戰的「西軍」。

7 原文作「〇〇〇」，隱去不表之意。對照北一輝的其餘文字，此處似指孫文。

譯者後記

文／董炯明

二〇一〇年十一月，拙譯的朋友、中國大陸歷史學者傅國湧先生託人帶來一大疊複印件，打開一看，是日人北一輝於九十多年前撰寫的《支那革命外史》。傅先生夾了一張字條，大意是：明年乃辛亥百年，我託人轉交此書，兄能否把裡頭與辛亥革命有關的章節內容譯出？

北一輝是何方神聖？《支那革命外史》又是一本怎樣的書呢？拙譯一時茫無頭緒。好在置身資訊時代，查找資料頗為方便，打開搜尋網站，很快找到答案。

先簡單說說作者北一輝吧。作者本名北輝次郎，一八八三年出生於新潟縣佐渡郡。他是日本昭和初期的著名思想家、社會活動家、政治哲學家、國家主義和超國家主義的提倡者、法西斯理論思想家。一九〇六年時，二十三歲的他自費出版了《國體論與純正社會主義》，從社會主義的立場嚴厲批評以天皇主權說為中心的「國體論」，在反政府的社會主義運動陣營裡嶄露頭角。同年加入「革命評論社」以及「同盟會」，展開他投身中國革命的生涯。

這期間，一九一一年北一輝應宋教仁之邀，來到中國參與辛亥革命，活躍於上海、武昌和南京等地，此後他寓居上海。一九一三年因好友宋教仁被刺，北一輝自組調查團，意圖查明宋教仁遇刺之真相，遭日本駐上海領事勒令返國三年。返日期間，北一輝於一九一五年至一九一六年撰寫《支那革命外史》，滿腔熱情地介紹了中國革命，且積極主張中日建立軍事同盟。一九一六年六月北氏重返上海，但因中國民眾反日情緒高漲，自思再無可為中國革命效力之處，於是他開始將注意力轉回日本。為求中日兩國和平相處，北一輝主張推翻現行日本政治體制，徹底放棄以侵略中國為目標的傳統對華政策。同年他在上海撰寫《日本改造法案大綱》，主張以武力革命方式再造日本。年底回國加入右翼社會主義運動。一九二七年弟子西田稅在東京創設天劍黨，以北一輝的學說為建黨大綱，廣羅全國中下級軍官，圖謀法西斯革命。一九三六年，信奉法西斯主義的中下級軍官終於發動「二·二六」政變，但旋即失敗，事後北一輝也遭逮捕。一九三七年被日本政府以教唆政變的思想主導犯正式起訴，旋遭槍決。他的理論後來成為日本法西斯主義思想的理論根據。

再來說說北一輝的傳世力作《支那革命外史》。該書其實是分上下兩部分前後發表的。他先於一九一五年寫成前八章，以《支那革命外史》的書名出版。該書一出，即引起轟動，洛陽紙貴，廣受好評。次年他又增寫了第九章至十九章的內容，後來在出增訂本時，又多寫一章，如是而成二十章的洋洋大著。但前後兩部份的內容側重點是不同的。

上半部份乃北一輝本人的辛亥革命回憶錄，翔實而生動地介紹了他在中國親歷辛亥革命的情況。利用自己得以與革命領袖朝夕相處和置身於革命漩渦之中的優勢，北一輝對中國革命做零距離的觀察。從辛亥革命爆發到南北議和、袁世凱就任大總統，北氏夾敘夾議，深刻而精辟地闡明中國革命的基本特征。下半部份則通過對此期間政治情勢變化的檢討，展望今後中國革命的發展方向，以及與此相對應，日本應該採取的對華政策。北一輝在下半部份大肆宣揚軍國主義和武斷主義的主張，鼓吹日本應與革命中國聯手進行對外戰爭和擴張，建立霸權。北一輝本人也承認他在書的下半部份提出的主張「令膚淺的民主主義者感到錯愕」。北一輝又說：「前半部份對中國革命的說明，大家都高興地接受。但後半部份議論日本的外交革命，全部一變而為懷疑的態度。」

辛亥革命一百周年之際，拙譯不揣淺陋，先將該書的前九章，以及內容相關的第十四章一併譯出，命名為《一個日本人的辛亥革命親歷記》出版，以此紀念、緬懷辛亥先烈，並奉獻給廣大有志傳承青史的賢明讀者。

首先讀過拙譯稿的朋友向拙譯發問：這是一本很有價值的歷史文獻，為什麼九十多年過去了，都沒有引起海峽兩岸歷史學家的注意？也沒有將其譯成中文，以供研究辛亥革命之用？拙譯說自己一邊翻譯一邊也在琢磨這個問題，在翻譯結束時，問題的答案也就出來了——當然這僅僅是拙譯的個人理解。簡單來說，北一輝直截了當表現出的褒宋貶孫立場，會不會「嚇壞」了海峽兩岸的歷史學家？在海峽的一邊，國民黨向來視孫文為中華民國國父，把孫文抬到至高無上的神壇之上。神乃真理之化身，豈能犯錯？而在海峽的另一邊，「偉大領袖」把孫文稱為「革命的先行者」，又說「孫中山這位先生的確做過些好事，說過些好話，我在報告裡盡量把這些好東西抓出來了……將來我們的力量越大，我們就越要孫文，就越有好處，沒有壞處。我們應該有清醒的頭腦來舉起孫文這面旗幟。」總之，在兩黨不遺餘力的鼓吹之下，孫文被打造成一具神聖不可侵犯的專制偶像。有誰吃了豹子膽，膽敢動他一根毫毛？但正如拙譯之鄉諺所說：不怕不識貨，只怕貨比貨。北一輝用鐵的事實對宋孫兩人做無情的比較，高尚與卑劣立判。

作為真正的革命領袖，愛國主義與民族情操是必備的品格。一九〇八年，宋教仁還在日本留學，當時日清兩國就間島的主權所屬發生爭執。他的目標是推翻滿清、創建共和，但是宋教仁反對的只是清廷，而非整個中國。值此國難當頭之際，他的愛國情懷愈發熾烈。宋教仁在東京帝國圖書館發現幾種朝鮮王室編纂的古書，裡面明確記載了間島不是朝鮮的領土。這就是說，他可以利用在日本找到的材料證明該爭議地區不是日本的領土。為此，宋教仁撰寫了《間島問題》一書，在力挫強鄰的不法主張的同時，也相當於助了不共戴天的清朝政府一臂之力。對他而言，這實際上是一個尷尬之舉。有日本人建議宋教仁把此書賣給日本政府，所得款項正好用來資助革命，但為他嚴詞拒絕。宋教仁毅然把此書郵寄北京。據十幾天後的電訊報導，清國方面以他提供的證據有力地駁斥了日本方面的主張。日本以忙於處理其他事務為由，放棄了對間島的領土要求。這就是作為愛國的革命黨人在遇到國家的利益問題時所持的正確立場。與此相比，一九〇〇年孫文為了廣東的獨立，竟與日本駐台灣總督兒玉源太郎暗訂密約，在日軍支持下，聯絡日本軍人及浪人發動惠州起義，義軍須佯攻厦門，引起日軍直接出兵福建，而事成後福建則劃為日本勢力範圍。

更有甚者，一九一四年孫文在與袁世凱的政治鬥爭中敗北，他憤而寫信給當時的日本首相大隈重信，表示如果日本支持他討袁，那麼在討袁戰爭勝利後，他將保證日本在華利益，同時也承認日本在滿洲的既得利益（此函至今保存在早稻田大學圖書館）。宋、孫兩人一個愛國一個賣國，可謂涇渭分明矣。而在建國方略上，宋孫也大相逕庭。武昌起義前，在許多革命黨人的眼裡，革命以後實行的共和到底是什麼樣子？實在是非常模糊的。大致以為只要革命一成功，一切就都會好起來了。不過也有人在考慮共和的做法。孫文是一個，宋教仁是另一個。一九〇六年孫制定了《革命方略》，規定革命成功後要經過「軍法之治」、「約法之治」，然後才達到與一般民主共和國家相同的「憲法之治」。而「軍法之治」和「約法之治」加起來長達九年。

換言之，孫文的設想，乃是用專制手段來實現民主。但問題在於，一個擁有專制君主般權力的人或政府，到時候會自願放棄權力嗎？另外，誰能保證軍政府不會濫用權力，以權謀私和貪汙腐敗呢？宋教仁就想到這一點，所以針對孫文提出革命後共和政體應實行大總統制的想法，他針鋒相對提出應實行責任內閣制。武昌首義成功後，宋教仁起草並發布了《鄂州約法》，這是中國第一部共和制憲法文件，其中第二章「人民」中，公開宣布：「人民一律平等」，「人民可自由言論、著作刊行並集會自由」、「人民自由保有財產」、「人民自由保有身體，非依法律規定，不得逮捕審問處罰」。宋教仁堪稱為中國憲政第一人。

在本書第九章的尾段，北一輝提出兩大疑問：袁世凱怎麼成了大總統？孫文怎麼成了別人的扯線木偶？在譯完手上稿件的當下，拙譯也向各位賢明讀者提問：辛亥革命過去一百年了，中國人有長進嗎？那個血灑上海滬寧車站的湖南人的憲政理想，實現了沒有？

北一輝的書極難譯，謹向下列在翻譯過程中給予拙譯指導、幫助和鼓勵的朋友致以謝意：日本大學文理學部綜合文化研究所日吉秀松教授、ＮＨＫ香港分部許俊芳小姐、朝日新聞香港分部朱延雄先生、曾任職於台北皇冠的資深日文編輯郭清華小姐。

二〇一一年七月十五日

譯者補記

文／董炯明

拙譯當初為紀念辛亥革命一百周年而著手翻譯的北一輝名著《支那革命外史》，直到九年後的雙十節前夕，才得以由台北八旗文化正式出版，想來未免令人唏噓。

本書的翻譯（前半部份共十章）乃因吾友傅國湧先生之提議而起，於二〇一一年七月譯成。為求在中國大陸出版，拙譯曾拜訪中國各省市的大型出版社，可惜皆以「本書內容涉及重大歷史議題，需報請上級機關審批」云云，而一一被對方婉拒。萬般無奈之下，拙譯只有把譯稿打入冷宮。誰知貴人在四年後出現了。二〇一五年九月，拙譯在九龍旺角街頭偶遇久未見面的前香港明報記者許驥先生，他數年前曾採訪過拙譯，知道拙譯翻譯了《支那革命外史》，於是詢問本書出版了沒有？拙譯告以實情，許君感到忿忿不平。他說既然如此，何不考慮自己出書？拙譯說一文錢也可難倒英雄漢呀。他說，何不試著採用眾籌方式募集出書資金？眾籌是什麼東西，拙譯當時是一頭霧水。許君拍拍胸膛說，此事包在他身上，力爭三個月內出書。這不是天方夜譚吧？拙譯簡直不相信自己的耳朵。但奇跡真的發生了，二〇一五年十二月，本書前半部分以《一個日本人的辛亥革命親歷記》為名出版，支那革命外史的中譯本終於得以面世。美中不足的是印量有限（五百冊左右），而這有限的數目又僅能以網購方式提供給中國大陸的讀者。該譯本既未能在香港的書店上架，更無緣到達台灣讀者的書案——直到本書出版為止。

其中也有一些趣事，拙譯欲在此與讀者分享。在翻譯此書之前，拙譯並不知道北一輝的《支那革命外史》已有第一個中譯本。拙譯作於二〇一五年小規模出版後，翌年春天，出版社方面接到一封來自中國浙江的讀者來信，信中附上《苦竹》雜誌創刊號的封面、目錄及該社出版的新書預告頁照片（《苦竹》創刊號於一九四四年十月出版發行），並在目錄中發現雜誌選載了蔣遇圭所譯的《中國革命外史》緒言，而新書預告頁中《中國革命外史》也赫然在目。原來北一輝的書早已有中譯本！這在拙譯的朋友圈中掀起軒然大波。那麼，這個中譯本仍然留存於世間嗎？這是大家感興趣的問題。沒過多久，從拙譯的朋友、對圖書分類學頗有心得的香港資深記者潘惠蓮小姐處傳來好消息，她查到此書藏於台北中研院近史所郭廷以圖書館，根據藏書卡的紀錄，是在一九四五年由漢口的大楚報社出版，翻譯者的署名是苦竹社。這就又帶出一個有趣的問題：為什麼在《苦竹》創刊號的新書預告頁中寫著譯者是蔣遇圭，而由大楚報社出版時卻變成苦竹社翻譯了？《苦竹》雜誌和大楚報社都由胡蘭成一人經辦，那麼是不是蔣遇圭僅僅翻譯了開頭部分，以後因故無法繼續翻譯而由胡蘭成接手完成？也有人懷疑蔣遇圭和胡蘭成是否同一人？不久這消息傳到中國大陸的社交媒體，購買《一個日本人的辛亥革命親歷記》的民間歷史學者端木賜香對蔣遇圭的境遇大感興趣，她在社交媒體上連發兩文：《快來幫我們破大案，蔣遇圭是何方神聖？》（二〇一七年二月二十五日），《難不成有兩個蔣遇圭？》（二〇一七年三月十二日）。在後一篇文章中，她引用了拙譯的探索成果，茲轉錄如下：

潘小姐在『民國時期期刊全文數據庫』中查到七篇署名蔣遇圭的文章，潘寫道：『蔣氏於一九四二年至一九四七年發表過多篇有關城市發展和設計的學術文章，其中有刊在上海交通大學刊物上，可能是這方面的專才，但不知是否同一人。』

潘查到的文章就是此前在二月二十三日晚上查到的那些文章。

而拙譯在網上則查到由賈植芳、俞元桂主編的《中國現代文學總書目》，其中於頁三一七上有蔣遇圭的《聚沙》（一九四三年），頁五二二上有蔣遇圭的《嗜酒者》（一九四五年）。

另外拙譯又發現有一個古籍網站出售《嗜酒者》的電子版本或紙質複印本。於是拙譯託上海的朋友幫忙購買，而昨天朋友把電子版寄過來了。

拙譯首先著眼的是書中的『後記』，反復閱讀幾遍後終有收獲。

一、該書中的短篇小說寫於一九四二至一九四四年，出版於一九四五年。他在後記中寫道：『雖然這只是一個平凡的東西，然而在我的青春期，總算又留了一個記號啊。』所謂青春期，大致在十七歲至二十五歲之間吧，最多也不超過三十歲。這期間胡蘭成又是幾歲呢？胡氏生於一九〇六年，那麼一九四二年時他已三十六歲，一九四四年時則三十八歲，三十多歲總不能說還在青春期了。所以從年齡差距來看，蔣氏和胡氏不可能是同一人。

二、寫有關城市建設、鄉村建設、公路建設等論文的蔣遇圭與寫小說翻譯支那革命外史的蔣遇圭不過是同名同姓而已，兩者不是同一個人。前面提到的蔣遇圭是專業人士，他於一九四四年在《建設》雜誌上發表『都市建設的演進』學術論文。而後面這一位蔣遇圭呢，當時他處於飢寒交迫的狀態。請看後記中說：『本來去年（一九四四）就可以出版的，但是去年窮得連飯都吃不上。』

三、從後記內容來看，蔣氏似乎具有一點左傾色彩。後記中說：『郭沫若先生說過，文學是社會制度的革命宣言，我正是這句話的信徒，因此在我的文章裡總要對現社會和制度表現一點態度。』

四、拙譯也看了第一篇小說《虞美人》，是藉講李後主的故事嘲諷投降主義。而蔣氏也在後記中寫道：『虞美人是諷刺偽組織的存在的，也是一切依賴他人，不能自力更生者的借鏡。』所謂偽組織，顯然是指汪精衛政權了。

五、這篇後記寫於一九四五年年底，此時蔣氏已在第十戰區司令長官部工作了（估計是文宣方面的工作）。而此前的九月九日，中國派遣軍總司令官岡村寧次已向中華民國陸軍總司令何應欽投降，宣告中日戰爭結束。一九四四年胡蘭成在日本駐南京外交官池田篤紀的支持下到漢口辦《大楚報》，據說胡負責聯絡中共與日軍，希望共同對抗國軍。一九四五年底，大楚報出版《中國革命外史》（與《嗜酒者》的出版差不多同時期）。顯然，蔣氏非常了解大楚報的底細，也知道胡蘭成在汪政權中做過高官，何況蔣已在國民黨軍隊裡做事。於是拙譯做如下推理：蔣主動提出中國革命外史譯者不以他的名字署名，胡氏出於無奈，只能用苦竹社的名義了。

二〇一七年初夏，拙譯親赴台北南港，在郭廷以圖書館用四天時間閱讀了大楚報社出版的《中國革命外史》，從前後譯文的風格仍保持一致來看，拙譯深信該書從頭到尾皆是出於蔣遇圭之手。而且，譯筆比較稚嫩，也不像是文學大家胡蘭成的手筆。

話分兩頭，精於圖書分類學的潘惠蓮小姐在發現《中國革命外史》在台北郭廷以圖書館有館藏後，再接再勵，試圖尋找該書在中國大陸各圖書館的下落。皇天不負有心人，她終於發現廣州中山大學和南京大學的圖書館也藏有此書，於是託人幫忙借出此書。非常遺憾，兩家圖書館都說書庫中查無此書。也就是說，空餘一條紀錄了。誠然，在七十多年前出版的書，幾乎屬於孤本，在漫長的歲月中被某個孔乙已借去不還，也是大有可能的。

為充實本書內容，拙譯按照八旗文化的提議邀請王敬翔先生增譯了第十章至第十三章的內容。讀者可同時讀到王先生的精湛譯筆，閱讀體驗想必更為美好。

最後，拙譯要感謝日本學者六辻彰二、台北中研院近史所黃自進教授、中國大陸歷史學者傅國湧分別為本書寫下精采的導言，也要感謝香港資深媒體人蔡詠梅小姐和台北中央廣播公司黃美珍小姐對本書出版的協助。

二〇一九年九月十八日補筆

支那革命的真相
——來自日本的視角與立場
（支那革命外史）

作者｜北一輝　譯者｜董炯明、王敬翔
總編輯｜富察　責任編輯｜穆通安　特約編輯｜紐承豪　企劃｜蔡慧華
封面設計｜許紘維　內頁排版｜宸遠彩藝

社長｜郭重興　發行人兼出版總監｜曾大福
出版發行｜八旗文化／遠足文化事業股份有限公司
地址：新北市新店區民權路 108-2 號 9 樓　電話｜ 02-22181417
傳真｜ 02-86671065　客服專線｜ 0800-221029　信箱｜ gusa0601@gmail.com
Facebook ｜ facebook.com/gusapublishing　Blog ｜ gusapublishing.blogspot.com

法律顧問｜華洋法律事務所／蘇文生律師　印刷｜成陽印刷股份有限公司

出版日期｜ 2019 年 10 月／初版一刷
定價｜ 450 元

國家圖書館出版品預行編目（CIP）資料

支那革命的真相——
來自日本的視角與立場
北一輝著／董炯明、王敬翔譯／新北市／
八旗文化出版／遠足文化發行／ 2019.10
368 面 ; 14.8×19.5 公分
譯自 : 支那革命外史
ISBN 978-957-8654-80-8(平裝)

1. 辛亥革命　2. 民國史

628.1　108014499